KB125780

심장내과 의사의
따뜻한
영화 이야기

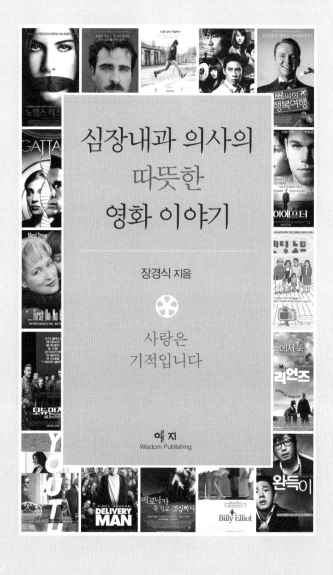

심장내과 의사의
따뜻한
영화 이야기

장경식 지음

사랑은
기적입니다

예 지
Wisdom Publishing

어렵고 힘들 때마다 머리 속에 맴돌았던 생각은 '네가 시방 앉은 자리가 바로 꽃자리니라'라는 말이었다. 일본에서 공부할 때도 '키프 레인(keep the lane, 차선을 바꾸지 마세요)'이라는 고속도로 표지판이 영감을 주었는데, 이 두 구절에 따라 걸어온 지 어느덧 35년이 넘었다. 한 직장에서 30년 이상을 근무한다는 것은 대단한 일이긴 하지만, 자리를 옮길 자신이 없기 때문이 아니었을까 하는 생각도 든다.

교수로 임용된 초임 시절에는 잘하고 싶은 마음만 앞섰지 인생의 방향을 잘 설정하지 못하였고, 일본 유학을 다녀온 후에도 단지 남보다 앞서가려는 생각이 많았던 것 같다. 컴퓨터를 열심히 공부하고 멋진 슬라이드를 제작하여 학회 데뷔도 성공적으로 하였다. 마라톤 등 운동도 열심히 하고 학회 임원들과 술도 열심히 마셨다.

20여 년이 지난 어느 날 암 수술을 받고 나서 내 인생의 전환점을 맞았다. 의사가 아닌 환자 입장에서 의료를 생각하게 되고, 의학 관련 영화를 보면서 생각이 달라졌다. 강의 방향도 바뀌었고 영화를 통한 의학교육에 눈을 돌리게 되었다. 이전에는 내가 노를 젓지 않으면 남보다 뒤떨어지거나 물 흐름에 따라 뒤로 밀려날 것만 같았는데, 노를 놓쳐버리고 나니 수많은 경치를 볼 수 있었던 것이다.

남들은 명예로운 길이었다고 할지 모르나 어떻게 보면 남들이 가지 않은 길을 걸어왔다. 흙탕길도 있었고 질퍽거리는 길도 있었으며, 때로 편한 옆길로 가라는 권고도 받았지만 내가 원하는 길을 묵묵히 걸어왔다. 항상 2% 부족하여 상처도 많이 받았고 견제도 받았다 생각하지만, 나 역시 그들에게 상처를 많이 주었다는 것을 이제야 알게 되었다. 하지만 그 과정을 극복할 수 있었던 것은 아내 아네스의 희생이 있었기에 가능하였다. 물론 시골에서 대학을 보내주신 부모님의 은공과 아이들의 도움도 무시할 수 없다. 따지고 보면 세상의 복은 내가 다 받고 살았다.

못생긴 나무가 산을 지킨다는 말이 있듯이, 못생기고 꼬불꼬불하여 쓸모없는 산목이었기 때문에 오랫동안 남아있지 않았을까 하는 생각도 든다. 또한 내가 걸어온 길이 후학들의 이정표가 될 수 있는지, 진정 좁은 길을 선택했는지는 그들이 판단하겠지만 인생이란 진창 위 눈밭에 찍힌 기러기 발자국 같아서 해가 뜨면 사라지고 말 것이다.

영화는 시청각 자료를 활용하여 생동적인 삶의 모습을 보여준다. 영화는 세계적인 언어이며 위대한 교육자이다. 또한 영화는 삶의 여러 모습과 동태를 보여주는 인간 삶의 거울이며, 다양한 인생관과 세계관 그리고 가치관을 바라볼 수 있게 하는 렌즈 역할을 한다. 감동적인 영화를 보면서 눈물을 흘렸던 학생이었지만, 이 경험들이 의료상업주의 상황에 내몰린 의사들의 인생에 영향을 줄 수 있는지는 알 수 없다. 그렇지만 콩나물 시루에 물을 주듯이 겉보기에는 아무 변화가 없는 것같이 보이지만 시간이 지나면 콩나물은 자라듯이, 영화를 통한 간접 경험은 그들의 품성을 함양시킬 것이고 삶을 풍요롭게 만들어 줄 것이다.

이 책은 2015년에 출간된 『심장내과 의사의 따뜻한 영화 이야기 – 냉철한 머리보다 뜨거운 가슴으로』의 후속편이다. 당시에는 인생의 마무리로 뭔가 남겨야 한다는 절박한 마음에서 서둘러 출판하고 산티아고 순례를 떠나다 보니 많이 부족한 점도 있었는데, 이번에는 정년을 앞두고 조금 여유를 갖고 출판하게 되었다. 이 책이 나오기까지 우연을 가장한 필연으로 홀연히 나타나 격려해 주시고 힘든 과정을 맡아 주신 김종욱 대표님께 감사드린다.

내가 수술한 다음에는 숨도 크게 쉬지 못하고 함께 하고 있는 사랑하는 아내와 네 딸들, 그리고 따뜻한 가슴과 사랑이 있는 곳에 기적이 있음을 믿는 후학들과 예비 의사들에게 이 책을 바친다.

조선대학교 의과대학 심장내과
장 경 식

차례

I

심장내과 의사의 따뜻한 영화 이야기

005 책머리에

015 가타카 — 인간 정신을 좌우하는 유전자는 없다

023 게임 체인저 — 만성 외상성 뇌증

032 그녀 — 로봇과 사랑에 빠질 수 있을까?

041 그래도 내가 하지 않았어 / 더 헌트 — 했다 VS 하지 않았다

049 꾸뻬 씨의 행복여행 — 행복은 가까운 곳에 있다

055 나, 다니엘 블레이크 — 복지국가의 조건

063 나는 사랑과 시간과 죽음을 만났다 — 우리가 만나는 세 가지 형태의 죽음

072 내겐 너무 가벼운 그녀 / 아이 필 프리티 / 어쩌다 로맨스 — 비만 관련 영화

082 노벨스 라스트 윌 — 노벨상을 타기 위한 조건

089 다윗과 밧세바 — 조심하고 조심하고 또 조심하라

098 더 와이프 — 사랑도 대필되나요?

106 돈키호테 — 돈키호테처럼 살아가기

117 딜리버리 맨 — 533명의 아빠라고?

125 라쇼몽 / 다우트 — 사실과 진실

131 모뉴먼츠 맨: 세기의 작전 — 전쟁 중 문화재 지킴이 역할

138 밀리언즈 — 행운은 어디에 쓰는가

145 밀양 — 용서라는 어려운 문제

152 바람의 가든 — 경청, 귀 기울여 들어주는 것

160 베로니카, 죽기로 결심하다 — 파울로 코엘료를 생각하다

166 빌리 엘리어트 — 그가 날자 탄성이 터졌다

172 사랑의 기도 — 우선 해를 입히지 마라

178 사랑의 기적 — 뇌신경학자 올리버 색스

II

심장내과 의사의 따뜻한 영화 이야기

189 아거니 앤 엑스터시 — 미켈란젤로 효과

195 아름다운 세상을 위하여 — 대가를 바라지 않는 도움

200 아이 오리진스 — 나는 어디서 왔는가?

207 암 공화국에서 살아남는 법 — 암을 예방하는 식이요법

216 어바웃 레이 / 대니쉬 걸 — 성소수자에 관한 영화

223 언노운 걸 — 오지랖 넓은 여의사 이야기

232 언브로큰 / 언브로큰: 패스 투 리뎀션 — 불굴의 정신과 용서

243 엔딩 노트 / 수상한 교수 / 교회 오빠 — 마지막 날까지 인간답게 살아가기

253 연리지 — 연리지, 비익조, 혼인목

260 완득이 — 이름을 불러주다. 낙인 효과와 피그말리온 효과

267 유스 — 은퇴한 노인들의 삶

273 제보자 — 의학 연구 윤리

281 제이콥의 거짓말 — 홀로코스트와 하얀 거짓말

288 제8요일 — 다운증후군

295 칠드런 액트 — "법정은 도덕이 아니라 법을 다루는 곳입니다."

303 크리에이션 / 신은 죽지 않았다 — 진화론 VS 창조론

312 킨제이 보고서 — 생물학적 다양성 포용하기

316 트로이 — 자비, 고통을 함께하다

325 팀 바티스타 파이널: 케르베로스의 초상

— 사인 규명을 위한 영상 부검

331 히어애프터 — 죽음 이후의 세계가 궁금하다

340 원제로 영화 찾아보기

1부

가타카

인간 정신을 좌우하는 유전자는 없다

Gattaca, 1997[1]

최근 유전자를 자르는 가위(크리스퍼, CRISPR)가 연구되면서 특정 부위의 나쁜 DNA를 절단해 버리고 정상으로 대치해 주는 기술이 발전하여 유전적 질환을 정복할 날이 멀지 않았다.

세계적인 여배우 앤젤리나 졸리가 유전자 검사를 하여 유방암을 일으킬 수 있는 'BRCA' 유전자 변이를 발견하고 미리 유방 절제술을 받았다고 한다. 또한 스티브 잡스가 받았던 1억 원짜리 유전자 분석이 이제 20만 원 정도면 가능한 시대에 이르렀다.[2] 유전자를 조작하여 우생학적으로 우수한 인류를 만들어서 범죄 등을 예방하고 특성화된 직업에 배치하고자 하는 생각은 이전부터 많은 사람들의 소망이었다.

〈가타카〉는 유전자 분석과 교정의 기술이 완성되어 완벽한 유전자를 가진 사람들이 주류가 되어 살아가는 세상의 모순을 그린 영화다.

가까운 미래, 우주 항공 회사 가타카의 가장 우수한 인력으로 손꼽히고 있는 주인공, 제롬 머로우는 훤칠한 키에 잘생긴 외모, 우주 과학에 대한 탁월한 지식과 냉철함, 그리고 완벽한 우성인자를 갖추고 있다. 토성 비행 일정을 일주일 남겨두고 약간은 흥분을 느끼고 있는 그의 과거는 우주 비행은 꿈도 꾸지 못할 부적격자 빈센트 프리먼이었다. 부모의 사랑으로 태어난 '신의 아이' 빈센트의 운명은 심장 질환에, 범죄자의 가능성을 지니고, 31살에 사망하는 것이었다. 빈센트의 운명에 좌절한 부모는 시험관 수정을 통해 완벽한 유전인자를 가진 그의 동생 안톤을 출산한다.

어린 시절부터 우주에 대한 남다른 관심을 가지고 있던 빈센트는 부모의 만류에도 불구하고, 우주 비행사가 되는 꿈을 펼쳐 나간다. 그러나 성인이 된 후 그는 우주 비행사가 되는 그 어떤 시험이나 면접도 통과하지 못하는 자신의 운명을 발견하고, 가출을 한다. 동생과의 수영 시합 중에 바다 한가운데서 익사하려는 동생을 구해 냈을 때의 힘은 육체에서 나오는 것이 아니라 정신에서 나오는 것이라는 믿음과 자신의 꿈을 간직한 채…

열성인자를 갖고 태어나 우성인자로 위장한 채 살아가는 에단 호크가 열성인자들에게는 금지된 우주 비행사의 꿈으로 점점 다가가는 과정, 그리고 내부의 살인사건을 추적하는 형사가 그의 신분 위장을 추적하는 과정의 서스펜스가 그려진다.

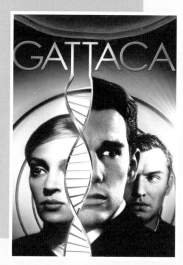

이 영화에서, 사회의 요직은 유전자 조작을 통해 열성인자를 모두 제거하고 태어난 아이들이 독차지하고, 유전자 검사를 통해 열성인자를 제거하지 않고 부모의 섹스를 통해 태어난 아이들을 '신의 아이들'이라고 부른다. 신의 아이들은 엘리트 계층으로 올라갈 수 없고 좋은 직업을 가질 수 없으며 사회의 음지에서 맴돌 수밖에 없다. 주인공은 신의 아이로 태어나 30세에 심장병으로 죽을 수밖에 없다는 운명으로 살고 있지만, 정열적이고, 풍부한 감성의 소유자이며 자신의 꿈에 대한 확실한 믿음도 있다. 그러나 하층계층인 그는 신분위장을 통해 우주 비행사 훈련을 받게 되고 주위에 보이지 않은 사람들의 도움으로 우주 비행사가 되는 과정을 그려낸다.

영화의 제목 〈가타카〉(Gattaca)는 유전자 DNA를 구성하는 기본적인 4가지 염기서열 구아닌(G), 아데닌(A), 티민(T), 시토신(C)의 앞 글자를 따 조합하여 만들었다. 이전에는 DNA를 구성하는 염기가 4가지만 있는 것으로 알고 있었으나, 2005년에 5번째 염기(5메틸시토신)와 6번째 염기(5하이드록시 메틸시토신)가 발견되고, 2011년에는 7번째 염기(5포르밀시토신)와 8번째 염기(5카복실시토신)가 발견되었으며, 또한 성체세포를 줄기세포처럼 교차분화할 수 있는 DNA의 변화를 추적할 수 있게 됨으로써 줄기세포 연구에 많은 진전을 가져왔다.[4]

영화 서두에서는 "하느님께서 하시는 일을 보아라, 그분께서 구부리신 것을 누가 똑바로 할 수 있으랴?(코헬렛 7,13)"와 윌러드

게일린의 "우리가 자연을 함부로 바꾸려 하지만 자연도 우릴 바꾸려 할 것이다."라는 명제로 시작한다. 지난 정권에서 강물의 흐름을 막고 대운하를 건설하려는 시도를 하였지만, 자연도 우리에게 필히 대응할 것이라는 것이다. 최근 태풍이나 지진, 해일 등 자연재앙이 많아지는 것도 따지고 보면 무분별한 개발 등으로 지구 전체의 온도가 올라가고 물의 흐름을 막는 등 자연의 이치에 따르지 않아서 발생하였다.

I not only think that we will tamper with
Mother Nature, I think Mother wants us to. — Willard Gaylin

"그 곡은 손가락이 12개가 있어야만 연주할 수 있는 곡이야."
영화 중반에 여섯 손가락을 가진 피아니스트가 아름다운 곡을 연주하는 모습이 나오는데, 슈베르트의 '즉흥 환상곡' G단조 작품 90 3번곡이 바탕이 된 것이라고 한다. 작곡자는 이 곡에 12개의 손가락을 가진 사람만이 연주할 수 있는 화음과 음표를 넣어 아름답게 장식했다고 한다. 실제로 다지증(Polydactyly)이라고 하

여 여섯 손가락을 가진 사람들이 태어나기도 하는데, 피아노나 기타를 연주할 때 훨씬 유리하고 자판 입력 속도

12손가락을 가진 사람(CBS news)

도 빠를 수 있다. 유명한 기타리스트나 야구 선수 중에도 다지증을 가진 사람들이 있다.[5]

2011년 애플 창업자 스티브 잡스가 자신이 앓고 있는 췌장암의 원인을 밝히기 위해 매사추세츠공과대(MIT)와 하버드대가 공동 설립한 브로드연구소에서 유전체 분석을 의뢰하였는데 당시 비용은 10만 달러, 우리 돈으로 1억 원이 넘었다. 그 결과 췌장암을 일으킨 변이 유전자를 찾아내기는 하였지만 당시에는 유전자를 치료하는 방법이 없었고 환자의 몸 상태가 극도로 악화된 상태여서 큰 도움을 받지 못하고 사망하였다.

하지만 최근에는 최근 유전자 가위 기술이 발전하면서 치료 가능성이 높아졌다. 유전자 가위는 1세대 징크핑거(ZFN) 시대를 거쳐, 2세대 탈렌(TALEN), 3세대 크리스퍼(CRISPR) 시대에 이르면서 정확도뿐만 아니라 유전체 분석 시간과 비용이 감소하였는데, 최근에는 24시간 이내로 유전자 분석이 가능하다고 한다. 크리스퍼(CRISPR)의 의미는 규칙적인 간격의 짧은 회문구조 반복 배열이라는 조금 어려운 뜻이다. 유전자 가위는 특정 부위에서 DNA를 절단할 수 있는 능력을 가진 광범위한 효소를 말한다. 이 유전자 가위는 DNA의 표적을 인식하는 부분과 DNA를 자르는 두 부분으로 구성되어 있는데, 자르고자 하는 표적을 인식하여 잘라내 버리면 우리 몸의 회복력으로 정상 DNA로 회복된다(그림 1, 20쪽).

"나는 내 몸을 주었지만 너는 네 꿈을 주었다."

빈센트에게 혈액이나 머리카락, 소변 등을 제공하여 우성인자를 가진 인간으로 위장하여 우주 비행사의 꿈을 이루며 살아갈 수 있게 하는 제롬이 빈센트에게 한 말이다. 제롬은 완벽한 유전자를 가진 인간이었으나 운동하다 생긴 부상으로 그 꿈을 접어야만 하였고 빈센트를 도와주어 우주여행을 할 수 있게 한다. 그는 완벽한 유전자를 가졌지만 항상 금메달이 아닌 은메달에 머물렀다고 한다.

"난 되돌아갈 힘을 남겨두지 않아서 널 이길 수 있는 것이야."

빈센트에게는 유전자 조작으로 태어난 동생 안톤이 있었는데, 빈센트는 늘 수영 시합에서 지다가, 어느 날 이기게 되면서 자신감을 가지게 되고, 나중에 살인사건 피의자로 몰렸을 때 수사관으로 집요하게 쫓아온 안톤과 다시 수영 시합을 이기면서 하는 이야기이다. 노력을 하면 완전한 유전자를 가진 사람을 이길 수 있다는 것을 보여주는 것이며, 운명은 스스로가 개척하는 것이라는

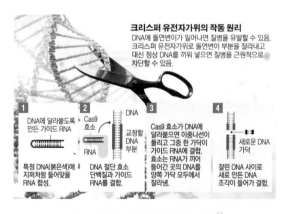

그림 1. 크리스퍼 유전자 가위의 작동 원리[6]

것을 말해 준다. 인간 정신을 좌우하는 유전자는 없다(There is no gene for the human spirit)[7]는 것이다.

질병과 관련된 유전자가 있다고 해서 모두 질병이 발생하는 것은 아니다. 서두에서 이야기한 유방암 유전자 BRCA에 변이가 생기면 그렇지 않은 사람과 비교했을 때 유방암에 걸릴 확률이 11배 증가하지만 모두 발생하는 것은 아니기 때문에 유방제거 수술을 하는 등 선제적 조치를 하는 것이 옳을 것인가에 대한 논란이 많다. 더욱이 BRCA 유전자를 보유한 여성은 전체 0.1%에 불과한데 앤젤리나 졸리 사례를 보고 검사 요청이 쇄도할까('앤젤리나 효과') 걱정이 된다고 한다.[8]

유전공학이 발전하면서 이들이 우생학(優生學)으로 연결되지 않을까 하는 우려도 많다. 미국에서도 장애를 가진 사람들에게 단종법(斷種法)을 시행한 적이 있으며 범죄자나 알코올중독 환자에게도 강제하려는 시도가 있었다. 우리나라에서도 소록도의 나병 환자들에게 아이를 낳지 못하게 단종법을 시행한 적이 있었는데, 지금 돌이켜보면 과학지식의 부족 및 '사이비(유사) 과학'의 요소가 많았던 것으로 생각된다. 한편 유전소질의 개혁보다도 환경과 교육의 개선에 중점을 두어 인류를 개량해야 한다는 과학이 있는데, 이를 우경학(優境學 : Euthenics, 생활개선학)이라고 한다.

이 영화는 운명은 개척하기에 따라서 달라지는 것이고 노력하는 자의 꿈은 이루어진다는 일반적인 성공담을 이야기해 주고 있다. 영화평론가 이동진은 차가운 디스토피아[9]를 우아하게 그려

낸 순도 높은 공상과학 영화라고 하였다.

"우주는 '신의 아이'인 나에게조차 마음껏 길을 내어줍니다. 그리고 그 길을 개척해 나갑니다. 결과 또한 정해진 어떤 것도 없습니다."[10]

1) Gattaca, 1997, 미국, 감독; 앤드류 니콜
2) 잡스가 받았던 1억원짜리 DNA분석..이제 20만 원이면 癌·치매 맞춤형 검사. 매일 경제, 2018-04-13.
3) 네이버 영화 - 가타카 https://movie.naver.com/movie/bi/mi/basic.nhn?code=19074
4) 연합뉴스. 〈과학〉 DNA의 7, 8번째 염기 발견. 2011-07-22
5) 헉! 아들 낳고 보니 손가락 발가락이 모두 24개 [중앙일보] 2009.02.04
6) 올해 최고 유망기술 '유전자가위' 기술 경쟁 가속도 이투데이 2018-02-27 http://www.etoday.co.kr/news/section/newsview.php?idxno=1598771
7) Nisker, J. A. (2002). "There Is No Gene for the Human Spirit," Journal of Obstetrics and Gynaecology Canada 24(3): 209-210.
8) 계속되는 '앤젤리나 효과'…이번엔 타임 커버 장식. 조선비즈 2013-05-17
9) 역(逆)유토피아라고도 한다. 가공의 이상향, 즉 현실에는 '어디에도 존재하지 않는 나라'를 묘사하는 유토피아와는 반대로, 가장 부정적인 암흑세계의 픽션을 그려냄으로써 현실을 날카롭게 비판하는 문학작품 및 사상을 가리킨다. [네이버 지식백과] 디스토피아 [dystopia] (두산백과)
10) [영화 읽기] 가타카, 꿈을 꿀 수 없는 삶이란 너무나 불행하다. Naver 포스트 2016-08-11

게임 체인저

만성 외상성 뇌증

Concussion, 2015

2018년 3월 태국 킹스컵 축구 경기에서 슬로바키아 선수 한 명이 경기 도중 날아온 공에 머리를 맞아 충격을 받고 의식을 잃었으나 동료의 빠른 응급조치로 회복되어 다시 일어나 경기를 계속하였다. 이런 상황을 뇌진탕(Cerebral concussion)이라고 하며 경미한 외상성 뇌손상을 말한다. 뇌진탕은 자동차 사고나 머리에 충격을 받는 스포츠 손상, 특히 머리가 빠르게 앞뒤로 흔들리는 외상을 받은 후에 발생할 수 있으며(그림 1), 신체 접촉이 많은 미식축구, 하키, 권투에서 주로 나타나지만 머리에 충격을 주는 모든 스포츠에서 나타날 수 있다(그림 2, 24쪽).

'게임 체인저'라는 용어는 어떤 일에서

그림 1. 뇌진탕 발생원리. 뇌는 두개골 사이에 뇌척수액이 완충작용을 하고 있으나, 뇌가 심하게 흔들리거나 충격을 받으면 손상을 받을 수 있다.

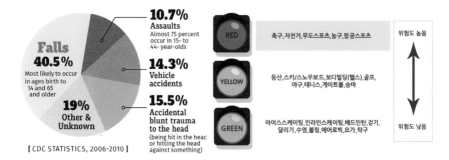

그림 2. 한국 스포츠안전재단에서 발표한 '종목별 부상 수준 등급별 분류'와 미국 질병통제예방센터(CDC)에서 제공한 뇌진탕의 원인. 미국에서 뇌진탕의 원인은 낙상, 사고에 의한 두부외상, 교통사고 등의 순서였으며(왼쪽), 스포츠 안전재단(http://sportsafety.or.kr)에서 제작한 우리나라의 종목별 분류를 보면 축구, 자전거, 무도스포츠, 농구, 항공스포츠가 가장 위험하다고 한다(오른쪽).

결과나 흐름의 판도를 뒤바꿔 놓을 중요한 역할을 한 인물이나 사건을 말하는데, 애플 창업자 스티브 잡스, 페이스북 창업자 마크 저커버그처럼 혁신적인 아이디어로 기존의 시장에 엄청난 충격을 가한 사람을 가리킨다.

본 영화에서는 2015년에 개봉된 〈Concussion〉이라는 미국영화의 제목을 우리말로 번역하면서 뇌진탕이란 용어 대신에 게임 체인저를 사용하였다. 나이지리아 출신 뇌병리학자(부검의)가 미식축구 선수를 부검하면서 발견한 만성 외상성 뇌증 증례를 학회에 보고하면서 미식축구연맹과 갈등을 일으키게 된다. 그러나 이 논문을 계기로 만성 외상성 뇌증이 반복된 뇌진탕 때문에 발생할 수 있음이 밝혀지게 되고, 미식축구연맹은 금전적 피해보상과 함께 재발방지 대책을 세우는 등 정책을 바꾸게 하는 게임 체인저 역할을 한다.

뇌진탕은 쉽게 말해 '뇌가 놀랐다'는 의미이며 외부 충격을 받

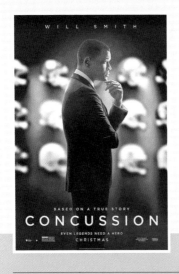

2002년 피츠버그에서 검시관으로 일하는 나이지리아 출신의 병리학자 베넷 오말루 박사(윌 스미스 분)는 50세 남자 마이크 웹스터의 부검을 맡는다. 자신의 트럭에서 죽은 채 발견된 마이크는 프로 미식축구팀 '피츠버그 스틸러스'의 스타 플레이어 출신이다. 마이크의 뇌를 부검한 오말루 박사는 그가 경기 중에 뇌진탕에 버금가는 충격을 계속 받아왔고, 이로 인해 뇌가 손상되어 알츠하이머 비슷한 증세를 겪었음을 알게 된다. 오말루 박사는 '만성 외상성 뇌증(Chronic traumatic encephalopathy, CTE)'이라는 병명을 붙여 의학 학술지에 발표한다. 이후 오말루 박사는 자살한 풋볼 선수 테리 롱도 마이크와 동일한 증상이 있었음을 확인하는 한편, 스틸러스의 팀 주치의였던 줄리안 베일스 박사를 통해 자신의 연구를 뒷받침하는 충격적인 사실을 전해 듣는다. 위기를 느낀 미식축구연맹(NFL)은 연구 결과를 철회하라면서 오말루 박사를 협박하고, 그의 아내 프리마를 스토킹하는데 이에 그녀는 유산하고 만다. 한계를 느낀 오말루 박사는 NFL과의 싸움을 포기하고 캘리포니아로 떠나지만 몇 년 후에 이 사실이 다시 조명을 받게 된다.

아 뇌의 기능이 일시적으로 떨어지면서는 각종 증세가 생기는 것을 가리킨다. 컴퓨터 촬영이나 자기공명영상 검사에서 뇌에 손상이 발견되지 않는다는 점에서 '뇌좌상(Cerebral contusion)'과 구분되지만 순간적으로 실신하거나 구토, 정신혼미 등 증세가 나타날 수 있다. 대부분의 뇌진탕은 후유증을 남기지 않고 회복되지만 두통이나 기억력 감퇴 또는 상실, 어지럼증이 오랫동안 지속될 수도 있는데 이를 '뇌진탕 후 증후군(Post-concussion syndrome)'이라고 한다.

영화에서도 나오지만 은퇴한 미식축구 선수들이 악몽, 기억력 저하, 우울증, 공격성이 증가하고, 알츠하이머병과 유사한 증상을 보이며 자살에 이르는 사람도 있다고 한다. 물론 경기에 대한 압박감과 경기 후의 공허함 등이 모든 스포츠 선수들이 흔히 겪는 문제이고, 미식축구 선수들도 이런 문제 때문에 자살에 이르는 경우가 있다고 하지만, 만성 외상성 뇌증후군과 무관하지 않다. 뇌진탕이 반복되면 만성 외상성 뇌증(CTE)으로 진행하는데 운동 기

두부 충격이 많은 미식축구

간이 길어질수록 그 확률이 높아진다. 미국 재향군인업무부는 시신을 기증한 전 프로 미식축구선수 79명 중 76명이 만성 외상성 뇌증을 앓았던 것을 확인하였으며, 세미프로와 고등학교 때까지 운동을 했던 선수를 기준으로 하면 128명 중 101명으로 80%에 가까운 수치라고 한다.[2]

1996년 애틀랜타 올림픽 때 손을 떨면서 성화 봉송 최종주자로 나서면서 엄청난 감동을 주었던 무하마드 알리는 파킨슨병을 앓고 있었다. 파킨슨병은 유전적인 요인이 중요하지만 온전히 유전적인 원인으로 파킨슨병에 걸리는 사례는 10% 정도에 불과하며, 머리 충격으로 의식을 잃어본 이들이 그렇지 않은 이들보다 파킨슨병에 걸릴 확률이 50% 높다.[3] 따라서 알리도 권투에 의한 외상성 뇌증이 동반되었을 가능성이 높다.

영화에서는 만성 외상성 뇌증(CTE)의 개념을 주인공 오말루가 처음 사용하였다고 하지만, 마트렌드가 1928년 권투선수에서 발생한 펀치드렁크 증후군(Punch drunk syndrome)을 처음으로 미국 의사회 잡지에 기술하였으며, 1937년 밀스퍼우 등은 권투선수 치매(Dementia pugilistica)라는 개념을 보고하였다. 만성 외상성 뇌증이라는 현대적 개념은 1949년 크리츨리가 사용하였는데,[4][5] 오말루는 만성 외상성 뇌증의 부검 병리소견을 관찰하여 이를 확인하였다. 권투선수에서 나타난 운동장애와 치매 증상은 다른 운동 선수에서는 많이 알려지지 않았지만 최근에는 머리에 외상을 주는 모든 스포츠에서 관찰된다.

주인공 오말루는 실제로 나이지리아 출신 법의학자로 특히 뇌병리에 관심이 많은 부검의(법의학자)였다. 우연히 돌연사한 미식축구 선수의 부검을 맡게 되었는데 사망원인은 확장성 심근병증에 의한 돌연사였다. "뇌가 엉망이었어야 정상인데 너무 멀쩡해. 알츠하이머로 인한 수축도 없고 CT 스캔에서도 정상이야. 뇌 해부를 준비해 줘."라고 하면서 자비(自費)로 뇌를 조직검사를 한다. 이때 발견된 뇌조직 병리소견을 만성 외상성 뇌증(CTE)이라는 진단으로 신경외과 학회지에 보고하면서,[6] 미식축구연맹과 갈등을 일으킨다. 하지만 다윗과 골리앗의 싸움 같은 미식축구연맹과의 싸움에서 중과부적으로 굴복하고 만다. 아무 일 없이 끝나고 말것 같은 이 사건은, 10년 동안 미식축구 올스타에 네 번 올랐던 데이브 듀어슨이 자살하기 전 남긴 뇌 기증 유언(만성 외상성 뇌증을 가능성을 인정하고 뇌 부검을 해 줄 것을 요구) 때문에 다시 조명이 된다.[7] 이로 인해 결국 미식축구연맹은 그동안 숨겨왔던 사실을 털어놓게 된다.

베넷 오말루 박사와 영화에서 오말루 역을 맡은 윌 스미스

만성 외상성 뇌증을 앓다가 사망한 환자의 부검 소견에서 흥미롭게도 출혈이나 외상 같은 좌상 소견과는 전혀 다른, 퇴행성 뇌질환과 유사한 병리소견이 발견되었으며 이들 대부분은 알츠하이머병과 파킨슨병에 깊은 연관성이 있는 병리소견들이었다. 이는 경미하지만 반복적인 손상에 의해 신경세포에 생화학, 병리학적 변화가 발생하고 이러한 변화가 만성적으로 신경퇴행을 유도한다는 간접적 증거들이다.

이후 많은 연구가 진행되었는데, 만성 외상성 뇌증은 알츠하이머와 유사한 방식으로 진행된다고 하며 두뇌에 충격이 누적되면 타우(Tau) 단백질 농도가 높아지고, 타우 단백질은 알츠하이머의 주요 원인 중 하나로 덩어리를 만들어 주변 신경세포를 죽이게 된다고 한다. 즉 아세틸화된 타우 단백질은 단백질의 기능과 성질에 변화를 초래하며, 화학적 과정으로 신경퇴행과 인지능력 감소 등을 초래한다. 또한 알츠하이머 환자에서도 높게 관찰되는 P300이라는 효소와 관련이 있다고 한다. 그렇다면 향후에 진단이나 치료 방향에도 영향을 줄 수 있을 것으로 생각되나 알츠하이머에서와 마찬가지로 그렇게 쉽지만은 않다.

오랫동안 미식축구 선수를 가까이서 지켜본 에릭 나우먼 교수에 의하면 100G가 넘는 충격을 받고도 아무 이상이 없는 경우가 있는 반면 20G로도 뇌진탕을 겪는 선수가 있다고 한다. 또한 뇌진탕 증상을 보인 모든 선수가 만성 외상성 뇌증으로 진행되지는 않는다. 뇌에 충격을 받으면 뇌 컴퓨터촬영이나 자기공명영상을 찍어서 뇌손상 유무를 진단하여야 하지만, 만성 외상성 뇌증을 확실히 진단하는 방법이 아직은 없다. 뇌손상을 예방하기 위해서는 머리 충격이 강하고 빈번한 운동을 할 때는 꼭 헬멧을 착용해야 하는데, 학자들은 미식축구 선수들이 쓰는 특수한 헬멧도 충격을 완전히 완화시키지 못한다고 한다. 머리에 충격을 받고 나서 특히 정신을 수초간이라도 잃었을 때는 절대 안정을 취해야 한다. 서두에서 이야기한 슬로바키아 선수처럼 정신을 회복하였다고 해서 즉시 운동을 하는 것은 좋지 않다. 햇빛을 보지 않는 등 안정을 취해야 하고 머리에 충격을 다시 받지 않아야 한다.[8][9]

의료인들은 진료실에서 수많은 징후와 범죄 흔적 등을 마주칠 수 있다. 그러나 영화에서처럼 의학자로서의 진실을 알리고 양심을 지킨 이들에게 예상치 못한 비난과 시련이 돌아오기도 한다. 다음은 영화 대사의 일부이다.

> "역사가 어떻게 하는지 아십니까. 의사 교육을 받아놓고 과학을
> 무시하는 사람에게 역사는 비웃습니다. 내 연구를 무시한다면
> 이 세상도 무시하겠지요. 하지만 당신의 사람들은 계속 죽어가고
> 가족들은 상처를 받게 됩니다. 진실을 말하십시오, 진실을."[10]

모든 의료인이 법의학자가 될 수는 없다. 그렇지만 진실을 알려고 노력하고(찾는 것만 보이고, 아는 만큼 보인다) 세상에 알리는 것도 다른 사람들이 인정하든 하지 않든지 의료인의 공인으로서의 존재이유 중 하나이다.

1) Daum 영화 - 게임 체인저(Concussion, 2015) 드라마, 감독; 피터 랜데스만.
2) 송준섭, 뇌진탕 위험으로부터 미식축구 선수를 구할 수 있을까. 과학동아 2015년 05호.
3) 알리 괴롭힌 파킨슨병, 복싱이 원인인가…불분명하지만 가능성은 있다. 헤럴드경제 2016-06-05.
4) LSM, J. (2017). "Concussion: How Bennet Omalu exposed the worst kept secret in football." J. Ethics in Mental health 10: 1-9.
5) Siegler, J. E. and S. F. Wesley (2016). "Right Brain: Concussion (film): Review and historical context." Neurology 87(14): e155-e158.
6) Omalu, B. I., et al. (2005). "Chronic traumatic encephalopathy in a National Football League player." Neurosurgery 57(1): 128-134;
7) Omalu, B. I., et al. (2006). "Chronic traumatic encephalopathy in a national football league player: part II." Neurosurgery 59(5): 1086-1092.
8) McKee, A. C., et al. (2013). "The spectrum of disease in chronic traumatic encephalopathy." Brain 136(Pt 1): 43-64.
9) Gavett, B. E., et al. (2011). "Chronic traumatic encephalopathy: a potential late effect of sport-related concussive and subconcussive head trauma." Clin Sports Med 30(1): 179-188, xi.
10) 양금덕. 어느 풋볼선수 사망사건의 비밀-영화 '게임 체인저 (Concussion)' Health-care Issue/미디어 속 보건의료 이야기 Vol.47 제4호 2017-08-25.

그녀

로봇과 사랑에 빠질 수 있을까?

Her, 2013

시대는 바야흐로 4차 산업혁명 시대로 접어들고 있으며 인간의 힘든 노동은 로봇으로 대치되려고 하고 있다. 특히 일부 로봇 신봉자들은 인공지능을 탑재하면 못할 일이 없을 것이라고 주장한다. 그럼 로봇과 사랑에 빠질 수 있을까라는 의문도 든다. 이것은 비윤리적이지만 많은 영화감독들이 관심을 가지고 있기 때문에 영화로 여러 편 제작되었다.

스필버그 감독의 〈에이 아이〉(A.I. Artificial Intelligence, 2001)를 시작으로 〈그녀〉(Her, 2013, 감독: 스파이크 존즈), 〈엑스 마키나〉(Ex Machina, 2015, 감독: 알렉스 가랜드)가 있고 최근에 개봉한 〈조〉(Zoe, 2018, 감독: 드레이크 도리머스) 등이 대표적이라 할 수 있다. 우리나라에서도 세상 모든 물질에 알레르기가 있어서[1] 제대로 여자를 사귀어 본 적 없는 남자가 로봇을 연기하는 여자를 만나 사랑에 빠지는 모습을 그린 TV 드라마 〈로봇이 아니야〉[2]가 방송된 적이 있

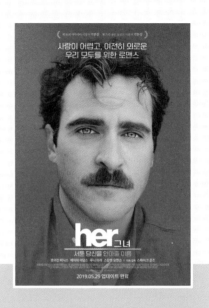

시놉시스

다른 사람의 편지를 써주는 대필 작가로 일하고 있는 '테오도르'는 타인의 마음을 전해주는 일을 하고 있지만 정작 자신은 아내와 별거 중인 채 외롭고 공허한 삶을 살아가고 있다. 어느 날, 스스로 생각하고 느끼는 인공지능 운영체제 '사만다'를 만나게 되고, 자신의 말에 귀를 기울이며 이해해 주는 그녀로 인해 조금씩 상처를 회복한다. 행복을 되찾기 시작한 '테오도르'는 어느새 점점 그녀에게 사랑의 감정을 느끼게 된다.

다. 이중 가장 인상 깊었던 영화는 〈그녀〉인데, 2014년 아카데미 각본상과 2014년 골든 글로브 각본상을 수상하였다.

얼마 전 tvN에서 방송한 '수상한 가수'라는 프로그램(2017.07. ~ 2017.11)이 있었다. 무대 뒤에 숨어서 노래를 부르는 실력 있는 무명 가수를 대신하여 무대 위에 있는 인기 스타가 연기 대결을 펼치는 프로그램이었는데, 방송을 시청하다가 향후 사람을 대신한 로봇이 인간의 연기를 해낼 수 있겠다는 생각이 들었다. 이 프로그램에서는 뒤에서 노래하고 이야기하는 가수를 대신하여 인기 스타가 입술 움직임과 립싱크 그리고 율동을 똑같이 연기하여 실제로 숨어있는 가수가 노래하는 것처럼 하면서 누가 더 잘 하는지를 경쟁하였다. 이처럼 인간을 대신하여 연기하는 사람을 컴퓨터가 대신할 수 있다는 것이다.

상담전화는 전화가 가지는 즉시성·익명성·보편성 때문에 세계적으로 확산되어 내담자의 심리적, 정신적 문제를 해결하기 위하여 만들어졌고, 어려움에 처한 많은 상담자에게 힘이 되어 주고 있다.

본 영화 〈그녀〉에서도 무선 인터넷을 통하여 '사만다'라는 인공지능 운영체제를 만나서 이야기를 주고받는다. 처음에는 자신의 말에 귀를 기울이며 이해해 주는 사만다에게 위로를 받지만 점점 사랑의 감정까지 느끼게 된다. 그러나 운영체제가 업그레이드되면서 사만다가 나만을 좋아하는 것이 아니라 다른 사람들과도 이야기를 나눈다는 사실을 알게 되자 지극히 실망한다. 처음에는 사만다가 자기하고만 이야기하는 사람인 줄 알았다는 것인데, 수십 명과 동시에 이야기를 나눌 수 있는 인공지능을 탑재한 컴퓨터라는 것이다.

2014년 6월 "사람과 분간할 수 없는 컴퓨터 인공지능이 나타났다"고 떠들썩한 적이 있었다. 당시 "컴퓨터 프로그램 '유진 구스트만'이 65년 만에 처음으로 인공지능을 가늠하는 기준인 튜링 테스트를 통과했다"고 대대적으로 발표했다.[3] 1950년 앨런 튜링이라는 수학자는 다른 사람과 이야기하고 있는지, 혹은 기계와 이야기하고 있는지를 분간할 수 없을 정도로 발전된 '지능을 가진 기계'를 판별하기 위하여 튜링 테스트를 제안하였다. 이는 이미테이션 게임이라고 부르기도 하는데, 인공지능 레벨 판별법을 말한다. 실제로 튜링이 세상을 떠난 지 60년이 되던 해에 '13세의 소년 유진'이라는 이름을 빌려 5분 동안 텍스트로 대화를 나눈 다음, 판정단의 33%가 유진이 진짜 인간이라고 확신하면서 처음 공식적인 튜링 테스트를 통과한 기록이 세워졌다. 이제 특히 전화나 컴퓨터를 통한 상담 등을 인공지능을 탑재한 컴퓨터가 대신할 수 있다는 것이다.

그런데 앞으로 영화에서는 인공지능이 너무 발달하여, 로봇이 인간인지 로봇인지를 신체적으로 구분할 수 없는 시대가 온다는 것이다. 스필버그 감독의 〈에이 아이〉(A.I., 2001)에서는 식물인간이 된 아들을 대신하는 인조인간 데이빗이라는 아이 로봇이 등장하여, 기적적으로 살아 돌아온 아들과 경쟁하는 이야기를 다룬다.

동화에서 거짓말하면 코가 커지는 피노키오는 푸른 요정의 도움으로 사람처럼 생각하고 이야기도 하며 할아버지를 구하기 위해 기꺼이 자신을 희생하는 등 나무로 된 몸이지만 사람이 할 수 있는 것을 모두 할 수 있다. 영화 주인공 인조인간 데이빗은 인간이 되기 위하여 푸른 요정을 만나러 모험을 떠난다. 지극히 소망하면 이루어진다는 피그말리온 효과를 믿는, 피노키오를 닮아가는 인공지능 로봇이라는 것이다.

시나리오 작가 겸 감독인 알렉스 가랜드의 영화 〈엑스 마키나〉(Ex Machina, 2015)에서는 영화 〈그녀〉에서 나오는 형체가 없는 운영체제 형태가 아니라 매혹적인 외모를 가진 여자 로봇이다. 여자 로봇 애바는 튜링 테스트를 통과하여 남자의 마음을 얻고 외부 세계를 동경하여 실험실에서 탈출하는 인공지능 로봇이다. 이제는 인간이 진화된 인공지능을 가진 로봇에게 피해를 당할 수 있다는 것이다.

최근 우리나라에서 개봉한 〈조〉(Zoe, 2018)에서는 자신이 로봇인 줄 몰랐던 여성 인조인간 '조'가 인간 남성 '콜'에게 사랑을 느끼며 전개되는 감성 로맨스이다. 영화 〈에이 아이〉에서처럼 조는 너무 잘 만들어진 나머지 자신이 인간인 것으로 믿고 살아가면서 자신을 설계한 콜에게 사랑을 느낀다는 것이다.

그렇다면 영화에서처럼 인간이 로봇과 사랑뿐만 아니라 섹스를 할 수 있을까라는 생각도 드는데, '로봇과의 사랑'은 먼 훗날의 이야기가 아니다. 섹스로봇이 잇따라 출시되고 있으며 로봇

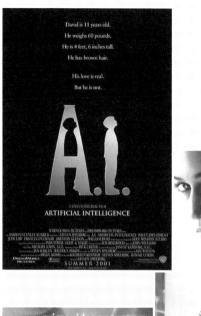

David is 11 years old.

He weighs 60 pounds.

He is 4 feet, 6 inches tall.

He has brown hair.

His love is real.

But he is not.

A.I.

A STEVEN SPIELBERG FILM
ARTIFICIAL INTELLIGENCE

SUMMER 2001

인공 없는 민지 마라

인간보다 매혹적인
엑스 마키나

1월 21일, 전세계 최초개봉

A prime video EXCLUSIVE

Ewan
McGregor

Léa
Seydoux

Zoe

유곽도 속속 문을 열고 있다. 영국의 미래학자 이안 피어슨 박사는 2016년 발간한 『미래의 섹스』에서 사랑과 섹스가 분리될 날이 머지않았다며 2050년이 되면 로봇과의 섹스가 인간끼리의 섹스보다 많아질 것이라 예측했다.[4] 네덜란드 트벤테 대학 로봇공학 재단은 2017년 내놓은 「로봇의 성적 미래」(Our Sexual Future with Robots) 보고서에서 섹스용 로봇이나 인형(리얼돌)은 부부의 성욕 불균형을 해소하고 노인, 장애인 등 성소수자들에게 도움을 줄 수 있을 것이라고 예측하였다.[5] 대한성학회 배정원은 인간은 성욕을 해소하기 위해 섹스로봇을 만들었지만 섹스로봇이 그 쾌락을 무기로 인간을 지배할지도 모른다고 하였다.[6]

인간은 사회생활을 하지만 외롭다. 그 외로움을 달래기 위하여 애완동물을 키우는 사람들이 많아졌는데, 최근 애완동물을 유기하고 학대하는 뉴스가 많아졌다. 애완동물이 인간의 외로움을 조금은 달래줄 수 있지만, 인간은 사랑하는 사람, 좋아하는 사람이 옆에 있어도 외로움을 느낀다. 가슴 깊은 곳의 외로움을 달래줄 수는 없다는 것인데 이는 애완동물이 채워줄 수 없으며, 애완동물 역시 사람들에게 요구하는 것이 많다.

또한 인간의 말과 행동에는 이중성이 많아서 표현되는 것이 전부가 아니다(속마음과 표현되는 말과 행동이 틀리다). 물론 이런 것들도 인공지능이 극복해 나가겠지만, 인간은 마음을 들키면 공연히 아닌 척 하는 등 특히 남자들이 여자의 마음을 이해하기는 매우 힘들다.

　한편 보이스피싱 전화를 한번이라도 받아본 사람은 느끼지만, 대부분의 보이스피싱이라는 것을 알아챌 수도 있지만 많은 사람이 속아 넘어가기 때문에 사회문제가 되고 있다. 위험에 노출되어 있다고, 피해자를 도와주겠다고, 그렇지 않으면 큰일이 난다고 몇 번이고 강조하면 거기에 쉽게 동조할 수 있기 때문이다.

　하도 진짜(인간) 같은 가짜(로봇)가 하도 많아
　때로 나 자신도 정말 진짜인가를 의심하게 된다.

　영화 〈아이, 로봇〉(I, Robot, 2004)에서는 미국 SF 작가 아이작 아시모프가 만들어 낸 로봇 공학 원칙이 나오는데, 1942년 공상과학소설 『런어라운드』에서 처음 언급되었다. 그 내용은 다음과 같다. 제1법칙, 로봇은 인간에게 해를 입혀서는 안 되며, 인간에게 해를 끼칠 우려가 있는 행동을 해서도 안 된다. 제2법칙, 로봇은 제1법칙을 위배하지 않는 범위 안에서 인간의 명령에 복종해야만 한다. 제3법칙, 로봇은 제1법칙과 제2법칙을 위배하지 않는 범위 안에서 자신의 몸을 보호해야만 한다. 1985년 3대 원칙에 인류집단 안전을 위해 제로 번째 법칙으로 '로봇은 인류에 해를 가하거나, 해를 끼치는 행동을 하지 않음으로써 인류에게 해를 끼치지 않는다'를 추가하였다. 향후 로봇을 만들 때 이런 원칙이 적용되어야 할 것으로 생각된다.

지금까지는 영화에서처럼 인간과 외모가 비슷하고 인간처럼 움직이고 말하는 로봇을 만들 수 있는 기술이 아직 없다. 로봇 제작자들은 무서울 정도로 인간과 닮은 안드로이드를 만들려고 한다. 하지만 그들의 진짜 목표는 인간이 아닌 인간관계다. 서로 배려하고 공감하며 서로 사랑하는 것이 인간이고 인간관계이다.

사이버스페이스라는 단어를 유행시킨 SF 작가 윌리엄 깁슨은 그렇게 기발한 아이디어를 어디서 얻느냐는 질문에 "미래는 이미 여기 와 있습니다. 널리 고르게 퍼져 있지 않을 뿐이죠."라고 답하였다. 정말 그런 것 같다.

4차 산업혁명은 바로 우리 옆에 와 있다. 많은 사람들이 조금 두려워하고 무서워하고 있지만, 인공지능을 무서워할 것이 아니라. 자동차가 발명되었을 때처럼 말 대신 인공지능이라는 자동차를 타고 더불어 살면서 인간의 존엄성을 유지하는 것이 중요하다.

1) 세상 모든 것에 알레르기 반응 일으키는 여성. SBS 뉴스 2016-11-17.https://news.sbs.co.kr/news/endPage.do?news_id=N1003893800
2) MBC 드라마 '로봇이 아니야'. 2017.12 ~ 2018.1.
3) [네이버 지식백과] 튜링테스트 통과한 유진, 생각하는 지능 갖고 있나 (KISTI의 과학향기 칼럼).
4) 열리는 섹스로봇 시대 … '로봇 사만다와의 사랑' 불륜일까. 중앙선데이 2018-11-24.
5) 김형자. 이제는 '섹스로봇' 시대- 로봇과의 사랑 가능할까? 주간조선 2018-12-10.
6) 섹스로봇, 쾌락 무기로 인간 지배할 수도. 시사저널 2017-03-25.

그래도 내가 하지 않았어,
더 헌트

했다 VS 하지 않았다

I Just Didn't Do It, 2006 / The Hunt, 2012

2017년 영국 TV에서 방송된 드라마 〈라이어〉[1]는 고등학교 교사가 외과의사를 성폭행으로 고발하며 벌어지는 이야기로 심리 스릴러 장르이다. 제목 자체가 거짓말(Liar)이다 보니 두 사람 중 한 명은 거짓말을 한다는 것인데, 드라마 진행을 보면 남성이 거짓말로 완전범죄를 꿈꾼다는 사실을 쉽게 알 수 있다. 여성과 경찰 등은 그 거짓말을 밝혀내려고 고군분투하는데, 영국 배우들의 연기가 볼 만하다. 연기이기는 하지만 주인공 남성의 거짓말이 공감을 얻어 남성은 좋은 사람이고 여성이 나쁘다는 착각에 빠지기도 한다.

대검찰청에 따르면 2012년 고소당한 성폭력 사범 중 11.6%(1만 6679명 중 1941명)가 무혐의 처분을 받았다고 한다.[2] 성추행에 대하여 일벌백계하는 것은 당연한 일이지만 때로 무고한 피해자가 있을 수 있다. 〈그래도 내가 하지 않았어〉[3]는 일본 영화로 '그

시놉시스[4]

젊은 남자 주인공 텟페이는 회사 면접을 보러 만원 전철을 탔다가 치한으로 몰려 현행범으로 체포된다. 텟페이는 경찰 조사에서 혐의를 부인하고 억울함을 호소하지만 담당 형사는 자백하라는 추궁뿐이다. 결국 구치소에 갇히고, 검찰로 넘어간 텟페이는 담당 검사의 취조에서도 역시 무죄를 주장하지만 인정받지 못해 결국 기소되는데, 형사 사건으로 기소되는 경우 재판에서 유죄 판결을 받을 확률은 99.9%라고 한다. 그런 텟페이를 변호하기 위해 나선 사람이 베테랑 변호사 아라카와와 신참 여변호사인 스도. 여성의 입장에서 치한범으로 고발된 용의자를 변호한다는 것을 꺼리지만, 아라카와는 무고하게 치한범으로 재판에 회부된 사건이야말로 일본 형사재판의 문제점을 여실히 드러내는 것이라면서 사건에 적극적으로 나서라고 채근한다. 그리고 텟페이의 어머니와 친구도 텟페이의 무고함을 믿고 행동을 시작한다. 얼마 후 모두가 지켜보는 가운데 재판이 열린다.

래도 지구는 돈다'라는 갈릴레이 명구처럼 유죄 확률 99.9%를 극복하기 위한 투쟁에 관한 영화이며, 덴마크 영화 〈더 헌트〉[5]는 어린애 말 한 마디에 성추행범으로 몰린 남성의 이야기이다.

〈그래도 내가 하지 않았어〉에서 경찰은 다 알고 있다는 듯 자백을 강요하면서, 사실을 인정하면 벌금만 내고 조용히 석방될 수 있다고 회유한다. 도움 요청을 받은 당직 변호사마저 회의적이다. 연행 당시 범행 현장 상황을 목격한 사람이 있었으나 그의 말은 성추행이라는 군중의 포화에 파묻히고 만다.

친구들과 어머니가 나서서 목격자 등 증거를 수집하려 하지만 쉽지 않다. 남성에게 호의적이던 판사가 바뀌면서 일이 꼬이기 시작한다. 피해자가 앞뒤가 잘 맞지 않은 상황을 이야기하고, 경찰도 초동수사에 잘못이 있음을 인정하는 듯한 증언을 하며, 출장을 떠났던 증인이 뒤늦게 나타나 주인공은 범인이 아니라는 증언을 해 주지만 받아들여지지 않고, 실형이 선고된다.

이 영화는 실제로 일본에서 있었던 미타카 만원 버스 성추행 사건을 모티브로 삼았다고 한다. 이 사건은 상고심 재판에서 무죄로 선고되었다고 하는데, 이 영화에서는 "상고하겠습니다"라면서 끝을 맺는다.

스포츠 경기에서도 심판에 따라 결과가 다를 수 있기는 하지만, 법대로 심판하는 판사 개인에 따라 유무죄에 영향을 미친다는 것은 공정하지 않다. 어느 영화에서처럼 법심판의 천칭 한쪽에 돈이나 유명 변호사를 올려놓는다면, 반대편에도 그만큼을 올려놓아야 균형을 맞추는 것이 세상의 이치인 것 같다(유전무죄). 진실과 무관하게 변호사의 변론에 따라 판결이 바뀐다면 정의로운 사회가 아니다.

한편, 아이들을 키우다 보면 자녀들이 들킬 것이 뻔한 거짓말을 하기도 하고 너무 어른스러운 말을 하여 깜짝 놀라기도 한다. 아이들은 순수하여 때로 상상과 현실을 구분하지 못하여 거짓말을 할 때도 있고, 손위 형제자매를 흉내 낼 때가 있다.

영화 〈더 헌터〉에서는 유치원 교사인 주인공이 친한 친구 딸의 말 한 마디에 성추행범으로 몰려 동네 친구들에게 마녀사냥을 당하며 망가진다. 간단한 줄거리는 다음과 같다.[6]

이혼 후, 고향으로 내려온 유치원 교사 루카스는 아들 마커스와 함께 사는 행복한 삶을 꿈꾸고 있다. 그러던 어느 날, 루카스를 둘러싼 한 소녀의 사소한 거짓말이 전염병처럼 마을로 퍼지고, 억울한 누명을 쓰게 된 루카스는 친구들과 마을 사람들의 불신과 집단적 폭력 속에서 자신의 삶을 지키기 위한 외로운 싸움을 시작한다.

유치원 아이는 길가에 그려진 선을 밟는 것을 두려워하지만 상상력이 풍부하다. 오빠들에게 듣고 이야기한 아이의 말 한 마디가 엄청난 파장을 몰고 온다. 유치원 원장은 어린이들은 거짓말을 하지 않는다는 확증편향에 사로잡혀 있고, 사건처리 매뉴얼대로 이번 일을 처리한다. 이웃들도 이 사실을 그대로 믿어버리면서 일이 걷잡을 수 없이 커진다. 다행히 무혐의로 경찰서에서 풀려나지만 이웃들, 어릴 때부터 같이 살아왔던 소위 깨복쟁이 친구들도 그를 믿어주지 않는다. 수퍼마켓에 갔다가 두들겨 맞고, 한밤중에 집 유리창이 깨지는가 하면 애지중지 키우던 애견이 살해당한다.

다행히 이 영화에서는 성추행 오해가 풀리게 되고 주인공과 이웃이 화해하며 다시 이전의 평화로운 마을로 돌아가는 해피엔딩이다. 마지막 장면에는 마을 전통에 따라 성인식을 한 아들에게 사냥총이 전달되며, 이웃들과 함께 사냥을 나간다. 사슴 사냥 중에 주인공이 총을 맞는 듯한 착각을 일으키면서 영화는 끝난다.

사슴 사냥의 비극은 고대 그리스의 3대 비극 작가인 에우리피데스의 비극, '아울리스의 이피게네이아'에서부터 시작한다. 그리스군의 총사령관 아가멤논은 트로이 전쟁 출정을 앞두고 아르테미스의 신성한 사슴을 사냥했다가 여신의 분노를 사는 바람에 2년간 배를 출항시키지 못하였다. 아가멤논은 신탁에 따라 친딸 이피게네이아를 제물로 바치고 나서야 트로이 원정길에 오를 수 있었다. 그런데 이 비극은 여기에서 끝나지 않고, 트로이 전쟁에서 승리하고 돌아온 아가멤논은 부인에 의해 죽고(딸의 복수), 아들이 어머니를 죽이는(아버지의 복수) 잔혹한 비극이 이어진다.

한라산 백록담은 흰 사슴이 뛰노는 연못을 의미하는데, 동서고금을 통하여 사슴 특히 흰 사슴은 신성한 동물로 생각되어 해치거나 사냥하면 안 된다. 그러다 보니 많은 영화 제목에 사슴 사냥이란 용어가 들어있다. 이 영화의 제목도 〈더 헌터〉이고, 영화 〈킬링 디어〉의 원제목도 'The Killing of a Sacred Deer, 2017,' 즉 성스러운 사슴 죽이기이다. 베트남 전쟁에 대한 반전영화이고 룰렛게임이 나오는 〈디어 헌터〉(The Deer Hunter, 1979)에서도 사슴사냥 장면으로 시작한다. 무고한 사슴을 죽이는 인간들, 너희도 한번 사냥을 당해 보라는 메시지가 강한 것 같다.

얼마 전 소위 '곰탕집 성추행 사건'에서 성추행범은 대법원에서 징역 6월 · 집행유예 2년이 확정되었다. 청와대 청원 · 대학로 찬반집회 등 남녀간 성대결이 촉발한 사건이고, 1.333초 신체접촉 영상을 두고 '과한 해석'과 '2차 피해'에 대한 논란이 많았다.[7] 진실이 무엇인지 모르겠지만 법의 최종 판단은 성추행이 있었다는 것이다.

특히 '유명인의 성폭행 사건이 있었다'는 것은 큰 뉴스거리가 되지만 '검찰이나 사법부에서 판단을 잘못하였다'는 더 이상 뉴스가 되지 않는다. 이런 뉴스는 특히 스트라이샌드 효과에서처럼 감추려고 하면 드러나고, 긁으면 긁을수록 부스럼만 커진다. 사실을 사실대로 알리려고 해도 인정받기 힘들며, 밝히려고 노력할

수록 더 많은 의혹이 꼬리에 꼬리를 물게 되는 것이다. 영화에서처럼 얼마나 힘든 싸움을 해야 믿어줄지 모른다. 그러다 보니 특히 명예를 먹고 사는 사람들에게는 치명적일 수 있다. 죽음으로 항거해 보지만 죽은 자는 말이 없다. 죽은 자는 누명을 벗고 명예를 회복하려고 하지만, 명예를 지켜주기는커녕 반론권이 포기됨으로써 모든 범죄를 인정해 버리는 것 같은 느낌이 든다. 설령 세월이 지나고 나서 이들의 명예가 회복된다고 하더라도 그동안 받은 상처는 치유가 되지 않을 것이다.

사법부는 법대로만 판단할 뿐이지 진실을 밝혀 주지 않는다. 또한 법을 위반하지 않았다고 하더라고 도덕적 비난을 받을 수 있어 '법은 최소한의 도덕이다'라고 한다. 그러나 법 판단의 대상이 되어 매스컴이나 SNS를 타기 시작하면, 그 사람은 광장 한복판에 내걸리게 되고 그의 비밀은 낱낱이 파헤쳐져 온갖 비난의 화살을 맞게 된다.

현대는 불신의 시대이고 분노의 시대이다. 진보와 보수 간의 사이도 더 멀어지고 젊은이들과 노인 사이의 세대 간 사이도 더 벌어지고 남녀 간 혐오와 갈등도 심해졌다. 조금만 자극해도 그들의 질풍노도가 계속된다. 특히 인터넷 등 SNS의 발달은 그 파급을 엄청나게 한다. 어떤 사건이 보도되면 그 진위에 상관없이 내 위치가 어디냐에 따라 자기 편이 이야기한 대로 믿어버린다. 모든 사회가 통합되고 이들 갈등이 해결되어야 하는데, 위정자들의 노력이 많이 필요하다. 남녀 간에도 서로 돌보아주며 존중하고 배려하여 성추행 사건 같은 것은 일어나지 말아야 한다. 하지만 이 불신의 시대, 혼돈의 시대에 변호사만 돈 버는 세상이 되지 않을까 걱정이다.

---

1) 라이어(Liar) 시즌 1, 연출; 제임스 스트롱, 영국 ITV (2017-09-11 ~ 2017-10-16).
2) 그래도 나는 하지 않았다. 동아일보 2013-09-14.
3) 그래도 내가 하지 않았어, I Just Didn't Do It, 2006. 드라마 일본. 감독; 수오 마사유키.
4) 네이버 영화 - 그래도 내가 하지 않았어.
5) 더 헌트 The Hunt, 2012, 덴마크, 감독; 토마스 빈터베르그.
6) 네이버 영화 - 더 헌트.
7) 2년 진실게임 '곰탕집 성추행' 결국 유죄. 매일경제 2019.12.12.https://www.mk.co.kr/news/society/view/2019/12/1042816/

꾸뻬 씨의 행복여행

행복은 가까운 곳에 있다

Hector And The Search For Happiness, 2014

영화 〈꾸뻬 씨의 행복여행〉[1]은 프랑스 정신과 의사인 프랑수아 를로르가 쓴 동명 소설을 영화화한 것이다. 책의 원제와 주인공 이름은 '헥터'이지만 처음 우리나라에서 번역을 할 때 프랑스어의 느낌을 주기 위해 '꾸뻬'라는 이름으로 출판하였다. 이후 모든 번역물은 '꾸뻬' 씨가 되었다. 프랑수아 를로르는 『꾸뻬 씨의 행복여행』을 쓴 이후 꾸뻬 씨의 인생 여행, 우정 여행, 시간 여행, 사랑 여행 등을 연달아 출간하는 등 작가로 유명해졌다.

이 영화의 주인공 헥터는 정신과 의사이다. 모형비행기 운전이 취미지만 일상에서 어쩌면 숙맥(?)처럼 생활하고 있다. 영화 〈뷰티풀 마인드〉의 부인처럼 헌신적으로 봉사하고 있는 클라라와 동거를 하고 있지만, 학생 때 12년간이나 연애하였던 아그네스의 표현에 의하면 환상 속에서 살고 있는 괴짜 의사이기도 하다. 이 영화를 통해 외국 정신과 진료실의 모습을 엿볼 수가 있었는데, 헥

매일 같이 불행하다고 외치는 사람들을 만나는 런던의 정신과 의사 헥터, 과연 진정한 행복이란 뭘까 궁금해진 그는 모든 걸 제쳐두고 훌쩍 행복을 찾기 위한 여행을 떠난다. 돈이 행복의 조건이라고 생각 하는 상하이의 은행가, 가족과 행복하게 살고 싶은 아프리카의 마약 밀매상, 생애 마지막 여행을 떠난 말기암 환자, 그리고 가슴 속에 간 직해 둔 LA의 첫사랑까지. 헥터는 여행지에서 만난 수많은 인연들을 통해 리스트를 완성해 나간다. 설레고 흥겹고 즐거운 그리고 때로는 위험천만하기까지 한 여행의 순간들, 진정한 행복의 비밀을 찾아 떠 난 정신과 의사의 버라이어티한 어드벤처가 시작된다!

터는 인내심이 많아 환자 이야기를 잘 들어주는 의사다. 이런 의사의 모습은 최근 강조되고 있고 근거중심의학(EBM)의 보안책으로 제시된 사서중심의학(NBM)의 기본을 보여준다고 할 수 있다.

날마다 환자의 고통과 불평을 들어주는 틀에 박힌 삶이 조금은 지겨워질 무렵, 미래를 볼 수 있고 예언을 한다는 환자가 그에게 "선생님은 앞으로 여행을 하겠다."는 말을 한다. 이 말을 듣고 그는 그야말로 우연에 우연이 연속인 여행을 떠난다.

아프리카에서 쌍발 비행기를 타다가 혼이 빠질 뻔하고, 무장단체에 납치되어 죽을 뻔한 고비를 넘기기도 하며, 티베트 고승을 만나 참다운 인생을 배우기도 한다. LA로 가는 비행기 안에서는 두통이 심해진 응급 암환자를 치료하게 되는데, 특기인 '귀 기울여주는 것'을 잘하여 이 비행기는 회항하지 않고 무사히 LA에 도착한다. 헥터가 여행한 비행거리는 총 4만 1000킬로미터(지구 한 바퀴 반), 비행시간만도 53시간 정도이니 영화를 제작하는 모든 스태프들도 이 여행을 함께 하였을 것이다.[3]

꾸뻬 씨의 행복 여행
저글수아 롤르드 | 오유란 옮김

모든 여행의 궁극적인 목적지는 행복이다
춤추라,
아무도 바라보고 있지 않은 것처럼.
사랑하라,
한 번도 상처받지 않은 것처럼.
노래하라,
아무도 듣고 있지 않은 것처럼.
살라,
오늘이 마지막 날인 것처럼.

오래된미래

첫사랑 등 마무리하지 못한 일이 마무리한 일보다는 기억이 더욱 강렬히 남는 것을(미완성 과제에 대한 기억이 완성 과제에 대한 기억보다 더욱더 강하게 머리에 남게 되는 것) 자이가르니크 증후군이라 한다. 이같이 결실을 못 이룬 첫사랑에 대한 영화는 동양이 서양보다 많은 것 같은데, 서양인들이 과거보다는 현실을 중시하기 때문이다. 영화 후반에 주인공 헥터는 첫사랑 아그네스를 찾아간다. 그녀뿐만 아니라 동거녀 클라라 모두 헥터를 이해하기 힘들다고 한다.

한 편의 영화 속에서 세계 여러 곳을 여행할 기회가 있는데, 2013년 개봉한 〈월터의 상상은 현실이 된다〉도 추천하고 싶다. 제임스 서버의 동명 단편소설(The Secret Life of Walter Mitty)이 원작이며, 1947년 노먼 맥레오드 감독의 〈월터의 비밀 인생〉을 리메이크한 작품이다. 이 영화에서는 한글 제목대로 월터의 상상이 모두 현실이 된다. 라이프지의 사진 담당직원인 월터는 잃어버린 잡지 필름을 찾기 위해 사진작가를 찾아 여행을 시작한다. 자전거를 타기도 하고 마라톤을 하며 스케이트보드를 타기도 하는데, 아

이슬란드를 다녀오기도 하고 화산폭발을 경험하기도 하며, 예멘을 거쳐 히말라야를 등산하고 전쟁 중인 아프가니스탄까지 여행한다. 우여곡절 끝에 사진작가를 만나게 되는데, 유령이라 부르는 눈표범(Snow Leopard)을 찍고 있던 전설의 사진작가 '션 오

코넬'은 막상 눈표범이 나타나자 셔터를 누르지 않는다. 오랜 시간 찾아 헤매던 피사체를 마주하기는 하였지만 자기 자신을 위해 소중한 것 하나는 남겨두어야 한다는 생각으로 그렇게 한 것이라 하는데, 최근 사진작가들 사이에서 많이 회자되고 있다.

"어떤 때는 안 찍어. 아름다운 순간이 오면 카메라로 방해하고 싶지 않아. 그저 그 순간 속에 머물고 싶지. 그래 바로 저기, 그리고 여기."

"세상을 보고 무수한 장애물을 넘어 벽을 허물고 더 가까이 다가가 서로를 알아가고 느끼는 것. 그것이 우리가 살아가는 목적이야."

영화 〈꾸뻬 씨의 행복여행〉에서는 소설의 원작자 프랑수아 를로르가 깜짝 출연하기도 하는데, 상하이의 부자 은행가 '에드워드'의 친구 역할로 클럽파티에 초청받아 파티를 즐기는 모습을 잠깐 보여준다.

다음은 영화에서 꾸뻬 씨가 수첩에 적은 행복에 관한 글이다.

1. 남과 비교하면 행복한 기분을 망친다.
2. 많은 사람들은 돈이나 지위를 갖는 게 행복이라고 생각한다.
3. 많은 사람들이 행복이 미래에 있다고 생각한다.
4. 두 여자를 동시에 사랑할 자유가 행복일지도 모른다.
5. 때로는 진실을 모르는 게 행복일 수도 있다.
6. 불행을 피하는 게 행복의 길은 아니다.
7. 행복은 일종의 부수적인 효과다.

8. 행복은 소명에 응답하는 것.

9. 행복은 있는 그대로 사랑받는 것.

10. 고구마 스튜.

11. 두려움은 행복을 가로막는다.

12. 행복이란 온전히 살아있음을 느끼는 것.

13. 행복은 축하해 주는 것을 아는 것.

14. 사랑은 귀 기울여주는 것.

15. 향수에 젖는 건 촌스러운 것.

16. 우리는 모두 다 행복할 의무가 있다.

많은 사람들이 공기 중의 산소나 부모님의 사랑처럼 같이 있을 때는 소중함을 느끼지 못하고 사라지고 나서야 그 소중함을 깨닫는 것처럼, 옆에 같이 있는 사람의 소중함을 못 느끼는 경우가 많다. 꾸뻬 씨도 늦게나마 이 소중함을 깨닫고 행복해한다. 영화를 보면서 꾸뻬 씨의 행복 수첩에 있는 내용을 하나하나 풀어가 보기를 권유한다. 행복에 관한 메모의 마지막 문장처럼 우리 모두는 행복할 의무가 있다.

1) 꾸뻬 씨의 행복여행 Hector and the Search for Happiness, 2014. 감독; 피터 첼섬.

2) 네이버 영화-꾸뻬씨의 행복여행. http://movie.naver.com/movie/bi/mi/basic.nhn? code= 101953

3) 네이버 영화 매거진. 소설과 영화로 비교해 보는 [꾸뻬 씨의 행복여행]http:// navercast.naver.com/magazine_contents.nhn?rid=2810&contents_id=75890

나, 다니엘 블레이크

복지국가의 조건

I, Daniel Black, 2016

2014년 서울 송파구에서 세 모녀가 생활고로 고생하다 결국 스스로 목숨을 끊은 사건이 있었고, 2017년 막걸리를 훔치다 적발된 20대 남성 이야기도 있었다. 우리나라에서도 복지를 실현하기 위하여 많은 노력을 기울이고 있지만 사각지대는 여전하다.

이 영화에서는 '요람에서 무덤까지'라는 기치를 내걸고 복지국가를 추구하던 영국의 민낯을 잘 보여주고 있다. 평소 목수 일을 하다 심근경색증에 걸려 일을 못 하고 있는 59살 보통 사람 다니엘 블레이크는 질병수당 및 실업급여를 신청하려고 하지만, 인터넷 시대를 살아가는 중노인에게 서류 작성은 힘들고 열심히 도와주지 않는 관료들 때문에 더 힘들다.

한편 미국 의료보험제도를 신랄하게 비판하고 있는 영화 〈식코〉[1]에서는 영국의 의료와 사회복지 정책에 대해 엄청난 찬사를 보내고 있는데, 그 이면에는 이런 극단적인 모습도 있는 것 같다.

시놉시스[2]

영국 런던 북부 소도시 뉴캐슬에서 40년간 성실하게 일해 온 59살의 평범한 목수 다니엘 블레이크는 지병으로 고생하던 부인과 사별한 후에 자신도 심근경색증으로 인해 더 이상 일을 할 수 없게 되자 질병수당 및 실업급여를 신청한다. 그러나 까다로운 신청 절차와 복지공무원의 위압적이고 관료적인 태도 때문에 그는 상담 창구와 인터넷 사이트, 이력서와 청구서 앞에서 매번 절망한다. 그러던 어느 날 다니엘은 두 아이와 함께 런던에서 이주한 미혼모 케이티를 만나게 되고, 보조금을 받지 못해 극도의 빈곤 상태에 처한 그녀의 가족을 돌보아주며 서로 의지한다. 푸드뱅크에서 먹을 것을 얻고, 마트에서 물건을 훔치며 연명하지만, 신발이 낡아 다른 아이들에게 놀림을 받는다는 딸아이의 이야기를 들은 케이티는 결국 쉽게 돈을 벌 수 있는 매춘에 빠지고 만다.

〈나, 다니엘 블레이크〉는 심근경색증을 앓고 난 후에 사회복지 사각지대에 내몰린 실직자를 그린 영화이며, 2016년 제69회 칸 국제영화제에서 황금종려상을 받았다.

마지막 장면에서 실직자 다니엘은 구직센터 벽에 검은색 스프레이로 "나, 다니엘 블레이크. 굶어 죽기 전에 항고 날짜를 잡아주길 요구한다. 그리고 그 빌어먹을 통화연결음도 바꿔!"라고 쓰며 일인 시위에 들어간다. 그러나 그는 항고하러 방문한 법원 화장실에서 갑작스런 심장마비로 생을 마감한다. 초라한 장례식장에서 케이티는 관청에 제출하기로 했던 다니엘의 항고 사유서를 유언처럼 낭독한다. "나, 다니엘 블레이크는 한 사람의 시민, 그 이상도 그 이하도 아닙니다."

"I am a man, not a dog."

가난한 살림을 도와주기란 끝이 없는 일이어서, '가난 구제는 나라도 못 한다'는 속담도 있다. 과거에는 가난이 개인적 결함과 책임으로 인식되었으나, 대부분의 국가에서 가난한 빈곤층을 보호하기 위하여 공공부조와 정의로운 분배를 위한 노력을 기울이고 있다.

영국에서는 베버리지를 위원장으로 하여 '요람에서 무덤까지'라는 영국의 사회 보장 제도의 기초가 되는 베버리지 법안 기초를 만들었고, 1945년 영국 노동당에 의해 복지제도가 확립되었다. 즉 빈곤층을 위한 최저 생활수준 보장을 권리의 문제로 보아 생존권이 확보되도록 했으며, 임금 노동자에 한정하였던 이전의

복지 제도를 전체 국민으로까지 확대한 제도가 만들어지고 이 제도는 유럽 각국으로 확대되었다. 그런데 영국은 1990년대 중반 이후 급격하게 늘어난 복지비용을 감당하기 힘들어지자, 대처 수상이 이끄는 정부에서 대대적으로 복지 정책을 손보게 된다.[3]

일반적으로 사회복지는 시혜적 복지 모델과 보편적 복지 모델 두 가지 정책이 있다. 시혜적 모델은 복지를 최소화하고자 하는 방법으로 주로 미국에서 이루어지고 있는데, 영화 〈존큐〉(John Q, 2002)에서 미국 의료보험 제도를 잘 관찰할 수 있다. 민주당 정권인 오바마 정부에서는 '오바마 케어'라는 보편적 의료를 시행하려 하였으나 보수인 공화당 정권이 들어서면서 이를 없애고 '트럼프 케어'로 돌아가려고 했다.[4] 기본적으로 중산층 이상이 세금을 내면 가장 취약한 하류층이 복지 혜택을 받는 구조이다. 세금을 내지 않는 집단만을 대상으로 선별적으로 복지 정책이 이루어진다는 측면에서 '선별적 복지'라고도 한다. 이것은 복지비용을 최대한 줄이면서도 꼭 필요로 하는 집단만을 한정하여 효율적으로 지원한다는 장점이 있다. 그러나 최소한 경제적 지원이 이루어지기 때문에 계층 간 차이를 극대화시키고 복지 대상을 경제적으로 가난한 집단이라고 낙인을 찍는 문제가 있다.

이와 달리 영국에서 시작되어 북유럽으로 퍼져나간 복지제도는 '요람에서 무덤까지'라는 슬로건에서 강조된 대로 모든 사람을 대상으로 하는 복지를 강조하기 때문에 '보편적 복지'라고 한다. '보편적 복지'를 위한 대대적인 복지 투자를 할 경우 전반적인 삶의 질을 높일 수 있다고 보고, 복지 정책이 모두에게 유익한 사회를 만들도록 한다는 점에서 '역동적 복지'라고도 한다. 이는 가능한 많은 세금을 거두고 복지를 통한 사회적 분배를 최대한 강조하는 방식이다. 복지비용 모두를 세금으로 충당해야 하므로 당연히 국민의 부담이 많다(심한 경우 소득의 50퍼센트 정도가 세금). 그러다 보니 역으로 일하지 않고 복지수혜만 누리는 집단이 생겨 '복지병'이라는 사회 문제를 만들기도 한다.

한편 경제적 능력이 부족하여 최저 생활을 유지하기조차 힘든 사람들을 대상으로 국가가 책임지고 경제적으로 복지 지원을 하는 것을 '공공부조'라고 한다. 대표적으로 기초생활보장 수급제도나 의료보호 등이 이에 해당된다. 이는 빈곤층만을 지원하는 것이기에 소득 재분배 효과가 사회 보험에 비해 훨씬 크고, 빈곤층을 대상으로 하는 최소한의 생계비 보장 등이 가능하다는 장점이 있다. 그러나 국가가 전액을 부담한다는 측면에서 재정 부담이 크고, '공공부조'를 받는 사람들이 근로 의욕을 상실할 가능성이 있다. 그래서 그들 스스로 가난에서 벗어나려고 노력하는 자활을 어렵게 할 수 있다는 문제점도 있다.

이런 여러 가지 문제점을 극복하기 위해 런던정치경제대학의 앤서니 기든스 교수는 새로운 복지이념(제3의 길)을 강조하였다. 이는 사회 복지 대상자 중에서 스스로 일할 능력이 있는 사람들에게 직업 훈련을 제공하고 스스로 자활 성향을 키우도록 복지 지원을 개선하여 재정적 효율성도 도모하는 것을 말한다. 즉 가난 등의 원인이 개인이냐 사회 구조에 있느냐는 문제에 대하여 한쪽에 치우친 답을 하지 않고 국가가 개입하여 개인의 자활을 도와주어야 한다는 것이다. 이러한 복지를 '생산적 복지'라고 부른다.

"나, 다니엘 블레이크, 굶어 죽기 전에 항고5) 날짜를 잡아주길 요구한다. 그리고 그 빌어먹을 통화연결음6)도 바꿔!"

영화에서도 실직수당을 신청하려면 인터넷으로 해야 하는데 담당자는 인터넷 사용 교육과 이력서 쓰는 교육을 받으라고 강

요하고, 몇 군데 이상 이력서를 내서 취업의지가 있다는 것을 증명하라고 하면서 우리 주인공을 괴롭힌다. 그 밑바닥에는 자활을 도와준다는 소위 '생산적 복지'를 실행하기 위한 방법이라고 할 수 있다.

우리나라에서도 무상급식을 시행하면서 형편이 어려운 학생만 지원해야 한다는 '선별적 복지'와 진보진영에서 주장하는 '보편적 복지' 사이에 논쟁이 많았는데, 선거철만 되면 논란의 대상이 되고 있다. 선거에서 이기려는 포퓰리즘적 발상이라고 주장하기도 하는데, 우리나라 의료에 관한 복지정책은 의료보호(선별적 복지)와 의료보험(보편적 복지) 이 두 가지를 모두 사용하고 있다.

결국 문제는 모든 사람이 요람에서 무덤까지 인간다운 삶을 누리는 보편적 복지제도로 전환하는 것이 모두가 잘사는 것이라는 주장과, 복지병으로 인해 국가의 재정을 낭비하여 온 나라가 망하게 될 것이라는 주장이 대립되고 있다. 그러나 아직 복지제도가 너무 미흡(?)한 우리나라에서 복지병을 생각하기에는 너무 과장된 것이 아닐까 하는 생각도 든다. '선별적 복지'를 시행하는 도중에 그 사이에 끼어 있는 사각지대를 주위 깊게 관찰하는 것이 중요하다.

우리 나라에서는 심장병이 오래되고 증상이 심한 환자에게 약간의 복지혜택을 누릴 수 있게 하기 위하여 심장장애인 진단서를 발행한다. 그러나 너무 많이 발행하여서인지, 2010년 판정기준이

변경되었기[7] 때문인지는 모르나 대학병원 교수의 진단서도 탈락

시키는 것을 보면 우리나라의 복지 관료들도 영화에 나오는 사람

들과 결코 다르지 않은 것 같다.

영화를 보면서 우리 주변 특히 형편이 어려운 환자가 처해 있

는 사회복지 문제도 한 번 더 생각해 볼 기회가 있으면 좋겠다.

---

1) 식코 Sicko, 2007, 다큐멘터리, 감독: 마이클 무어.
2) 김민수, 나, 다니엘 블레이크, Health & Mission 45(Spring):18, 2017.
3) [네이버 지식백과] 사회 복지는 사람을 게으르게 만드는가? - 사회 복지 제도(청소년을 위한 사회학 에세이, 2011. 9. 26. 해냄).
4) 미주한국일보 '트럼프케어' 후폭풍 거세다. 2017-05-07.
5) 실업급여를 신청하였으나 탈락하는 경우 재심을 신청하고, 재심이 이루어지지 않거나 재심이 부당하다고 생각되는 경우 항고를 할 수 있다.
6) ARS 전화 자동응답 시스템 audio(automated) response system의 통화연결음을 말한다.
7) 심장장애인이 사라지고 있다 - 인구의 고령화로 장애인 인구의 증가는 필연적인데도 이처럼 심장장애인만 감소하고 있다.

나는 사랑과 시간과 죽음을 만났다
우리가 만나는 세 가지 형태의 죽음
Collateral Beauty, 2016

우리는 삶을 살아가면서 세 가지 형태의 죽음을 만난다. 수시로 만나는 '타인의 죽음'과, 깊은 슬픔과 상심에 빠지게 하는 '그대의 죽음', 그리고 마지막에는 나 자신이 마주쳐야 하는 '자신의 죽음'이 그것이다.[1]

나이가 들어갈수록 주변 사람들이 돌아가셨다는 소식을 자주 접하게 된다. 특히 부모님 나이인 고령의 죽음을 접하면 연세가 어떻게 되는지, 어디가 아프셨는지 등이 궁금하고, 가족의 의지와는 상관없이 호상인지 아닌지를 따져 묻기도 한다. 때로 젊은 사람들의 죽음을 접할 때도 있는데, 젊었을 때는 큰 느낌이 없었으나 나도 40세 이후 죽을 수 있다는 생각이 들었다. 로마시대에는 원형경기장에서 죽고 죽이는 타인의 죽음을 즐겼다. 영화 〈글레디에이터〉에서 황제의 손가락이 위로 올라가느냐 내려가느냐에 따라 죽음이 결정되었는데, 이러한 관점은 '타인의 죽음'이다.

그러나 그 죽음이 내 가족인 경우는 조금 다르다. 이것이 '그대의 죽음'이다. 4촌보다는 3촌이 3촌보다는 형제나 할아버지, 할머니 같은 2촌이 즉 촌수가 가까울수록 그 상실감은 크게 다가온다. 세상에서 가장 고통스럽고 슬픈 죽음은 지극히 사랑하는 이들의 죽음이다. 특히 자식의 죽음은 애간장이 끊어진다고 할 만큼 큰 고통을 동반한다.

트로이 전쟁에서 핵토르의 아버지 프리아모스는 아들이 아킬레스에게 죽는 것을 성 위에서 직접 보고 또한 아들의 시신이 전차에 끌려다니는 것을 목격하는 엄청난 비극을 겪는다. 급기야 프리아모스는 야간에 죽음을 무릅쓰고 혼자 아킬레스의 진영에 방문하여 아들의 시신을 돌려달라고 애원한다.

아들과 남편을 잃었던 소설가 고 박완서는『한 말씀만 하소서』에서 아들을 잃은 엄청난 슬픔을 표현하고 있다. 영화〈나는 사랑과 시간과 죽음을 만났다〉에서 성공한 홍보회사 CEO였던 하워드는 사랑하는 딸의 죽음으로 제 정신이 아닌 상태인 '애도 환각'이라는 심한 우울증에 빠진다. 친구들에게도 멀어진 하워드 앞에 '사랑'과 '시간', '죽음'이 나타난다. 혼미한 상태가 된 하워드에게 많은 사람들이 위로의 말을 전한다. '네 아이는 좋은 곳으로 갔다.' '아이의 죽음도 원대한 계획의 일부다.' '신이 지상에서 제일 아름다운 장미를 천국에 심으려고 꺾어간 거야!' '우리 모두가 이 무한한 우주에서 동시에 살아가고 죽는다.' 이 위로의 말은 우리가 평소 무심코 사용하는 말이기도 하다. 그러나 슬픔을 당한 당사자에게는 아무런 도움이 되지 않는다. 아니 오히려 더 큰 상처를 줄 수 있다. 구약성경 욥기에서 엄청난 불행에 빠진 욥에게 위로의 말을 건네는 세 친구들의 말과 비슷하다.

이 영화 대사에서도 나오지만 아이를 잃은 슬픔은 시간이 해결해 주지 않으며 단지 잠시 덮어줄 뿐이다. 더욱이 자식을 잃은 부부의 79%는 이혼을 한다고 하는데, 영화에서도 주인공 하워드는 이혼을 하였다. 그 후 몇 년이나 지났건만 주인공은 그 불행에서 헤어나지 못하고 있다. 오히려 수많은 위로는 부작용을 낳는다. '그럴 때 가장 좋은 것은 부드럽게 손을 잡고 곁에 가만히 있어 주는 것입니다. 그리고 슬픔을 인정하고 이해하고 기도드리는 것입니다.'[3] 우리가 지켜야 할 진정한 '적극적 경청' 원칙에는 비판하지 않고 동정하지도 않으며 가르치려고 하지 않고, 평가하거나 칭찬하지 않으며 격려하지도 않는 것이다.

또한 이러한 상실감을 극복하기 위해서 같은 슬픔을 가진 사람끼리 모여서 아픔을 이야기하고 서로 나누고는 하는데, 이 영화에서도 잘 나타나 있다. 슬픔을 말이나 글로 표현하면 카타르시스가 일어나 슬픔이 감소할 수 있다는 것이다. 프로이트도 "말을 하면 무게가 줄어든다."라는 대화 치료법의 중요성을 역설하였다.

마지막으로는 '나의 죽음'이다. 모든 살아있는 것은 죽음을 피할 수 없다. 심장병 등으로 갑자기 죽을 수도 있지만(돌연사), 주로 암 환자들이 소위 사망선고를 받는 것이 여기에 해당될 수 있다. 죽음이 다가올 때 대부분은 이를 맞을 준비가 충분하지 않은 경

우가 많다.

　죽음학의 선구자인 엘리자베스 퀴블러 로스는『죽음과 죽어감』(On Death and Dying)[4]에서 사람들은 자신의 죽음이 다가올 때 '부정 - 분노 - 타협 - 우울 - 수용'이라는 다섯 단계를 거치게 된다고 한다. 암을 진단받으면 대부분이 나는 아닐 것이라며 진단을 부정하게 되고 다른 병원에서 다시 검사를 한다(부정). 진단이 확진되면 '왜 내가…'라며 분노하게 된다. 나보다 더 잘 못 산 사람, 죄를 많이 지은 사람을 두고 왜 내가 암에 걸려야 하냐고 분노한다. 그렇지만 시원한 대답을 해 줄 수 있는 사람은 없다. 다음 단계는 타협이다. 협상을 한다는 것인데, 죽음을 관장하는 신에게 자신의 죽음을 어떤 중요한 날까지 연장시켜 달라고 제안을 한다. 그러면 앞으로 착한 일을 더 많이 하겠다, 많은 재물을 바치겠다 등 조건을 내걸고 타협을 한다. 의사에게 이런 제안을 하는 경우도 있다. 그러나 신을 믿지 않는 사람이 많은 시대에서 타협할 '신'이 없다는 것도 문제이다. 그러나 신앙심이 깊은 사람들이라도 타협을 하다 보면 의지하고 있던 신과의 관계 사이에 틈새가 벌어지기도 한다.

　죽음 앞에서 어떻게 할 수 없을 때 대부분은 우울해진다. 깊은 상실감과 더불어 무기력하며 모든 일에 무관심하기도 하고, 애써 냉정하려 하거나 말이 없어진다. 그리고 마침내 그 우울의 심연에서 죽음의 현실을 직면하고 자신의 죽음을 늦추거나 회피할 수 없다는 사실을 받아들이게 된다. 그러나 모든 사람들이 이 다섯 과정을 겪는 것은 아니고, 인종이나 민족, 나이에 따라 다를 수 있으며 종교의 유무도 큰 영향을 미치게 된다. 최근에는 분노와 우울에서 끝나는 경우가 많다고 한다.[5] 그렇지만 '수용' 단계가 빨리 오는 경우도 있다. 사고사나 돌연사에 비해 죽음을 대비할 시간이 많아서 다행이라고 생각하면서, 죽음을 준비하면서 인생의 마지막을 성장의 기회로 삼을 수 있다는 것이다.

죽음은 자연스러운 질서이다. 그렇다면 '어떻게 죽을 것인가'가 문제인데, 불행히도 대부분의 죽음은 병원 의사와 기계에 맡겨버린다. 아툴 가완디에 의하면 아름다운 죽음은 없으나 인간다운 죽음은 있다고 한다.[6] 우리가 결국 '죽을 수밖에 없다'는 진실을 받아들이면서 좀 더 멋진 마무리 준비를 하는 것이다. 가완디는 우리의 궁극적인 목표는 '좋은 죽음'이 아니라 마지막 순간까지 '좋은 삶'을 사는 것이라고 하였다.

동양의 철학자 장자도 좋은 삶은 좋은 죽음에 이른다고 하였다. 다음은 『장자』(莊子) '내편(內篇) 대종사(大宗師)'의 일부이다.

자연은 내게 모습을 주었다
삶으로 나를 수고롭게 하고
늙음으로 나를 편하게 하며
죽음으로 나를 쉬게 해 준다
그러므로 내 삶을 좋다 함은
바로 내 죽음도 좋다고 하는 것이 된다

독일의 실존주의 철학자 하이데거는 인간의 죽음을 다섯 가지 명제로 정의하고 있다. 첫째 인간은 죽는다. 둘째 혼자 죽는다. 셋째 언제 죽을지 모른다. 넷째 안 죽을 사람은 없다. 다섯째 죽음 그것은 나의 것이다. 하이데거는 죽으면 실존할 수 있다고 주장하면서, 진정한 삶은 죽음에 관심을 가질 때 가능하다고 설명한다. 또한 행복하려면 죽음을 미리 체험하고, 유한한 시간 속에서 절절하게 살아가라고 한다.[7]

　셔윈 B. 눌랜드 박사는 『사람은 어떻게 죽음을 맞이하는가』[8]에서 죽음은 신체적, 정신적 해체를 의미하므로 품위를 갖출 수 없으며, 고전적 의미에서의 품위 있는 죽음은 전혀 무의미하다고 주장하였다. 눌랜드 박사에 의하면, 죽음은 추하고 비참한 과정이어서 아름다워질 수 없다. 그러므로 의술이 해야 할 일은 '생명연장'이 아니라 노령자나 말기질환을 가진 사람들이 삶의 질을 높일 수 있도록 하는 것이라고 주장한다. 그는 죽음을 불가항력적으로 받아들이기만 할 것이 아니라 '죽음이 어떤 것인지 알아야 한다.'며, '죽음의 비극을 줄일 방법을 찾고 우리의 여행을 끝내기 위한 준비를 해야 한다.'고 역설한다. 죽음학이 필요한 이유이다.

　서구에 비해 우리나라의 죽음에 대한 인식은 너무 낮다. 영국에서는 '죽음 알림 주간'이 매년 5월에 열려 다양한 죽음 관련 행사가 열린다고 한다. 미국, 독일, 일본 등에서도 죽음에 대한 교육을 초등학교 등 조기부터 시작하고 있다.

　그러나 우리나라에서는 '죽은 정승이 산 개만 못하다' '개똥밭에 굴러도 이승이 좋다' '거꾸로 매달아도 사는 세상이 낫다' 등 유교나 샤머니즘의 영향으로 죽음을 터부시해 왔다. 특히 의학이 발전하면서 과학만능주의가 널리 퍼지면서 더욱 죽음은 극복 가능한 것처럼 인식되어 왔다. 그러나 아무리 과학이나 의학 기술이 발전하여도 죽음을 연장할 수 있을지언정 죽음을 극복할 수는 없다.

보라매 병원 사건(1997년) 이후 병원에서도 사망할 때까지 최선을 다하여 치료하기 때문에, 환자들은 마음 놓고 죽을 수 없는 현실이 되었다. 이 사건 이후 사전의료의향서 및 사전의료지시서가 제정되고 그 중요성이 많이 강조되었지만, 특히 의사가 작성하는 사전의료지시서의 경우 서류 작성 등이 너무 많고, 아직은 홍보가 부족한 것 같다. 환자 본인이 작성하는 사전의료의향서는 정신이 온전한 상태 특히 치매 등이 오기 전에 쓰는 것이 중요하다.

죽을 때 사람들은 모두 선해진다고 하지만 죽음을 준비하지 못한 사람들은 그렇지 못하는 경우가 있다. 하이데거 주장대로 죽음을 미리 체험하여 행복지수를 높이고, 유한한 시간 속에서 충실하고 간절하게 좋은 삶(높은 영성[靈性])으로 마무리를 해야 하지 않을까 한다.

1) 박충구(감신대 교수) 죽음을 바라보는 세 가지 시선, 기독교사상.
2) [배철현 교수의 인간과 신] ⑧ 恕 (恕=心+如) 매일경제 Luxmen 제24호(2012-09-07).
3) 스즈키 히데코, 심교준(역) '떠나는 사람이 가르쳐 주는 삶의 진실'. 바오로딸, 2004.
4) 엘리자베스 퀴블러 로스, 이진(역). 죽음과 죽어감(On Death and Dying). 이레, 2008.
5) 김지수. "봄이 오면 꽃보다 시체를 더 많이 본다." 법의학자 유성호. 조선일보 2019-03-02.
6) 아툴 가완디, 김희정(역). 어떻게 죽을 것인가 - 현대 의학이 놓치고 있는 삶의 마지막 순간. 부키, 2015, 원제: Being Mortal.
7) 김광식. 하이데거, 행복을 위한 죽음. EBS TV 특강 행복을 위한 철학 콘서트, 2011-01-05.
8) 셔윈 B. 눌랜드, 명희진(역). 사람은 어떻게 죽음을 맞이하는가 - 삶의 마지막 순간에서의 가르침. 세종서적, 2016. 원제 : How We Die: Reflections of Life's Final Chapter, 1993.

내겐 너무 가벼운 그녀,
아이 필 프리티, 어쩌다 로맨스

비만 관련 영화

Shallow Hal, 2001 / I Feel PRETTY, 2018 / Isn't It Romantic, 2019

2018년 12월 국민건강보험공단에서는 '비만의 사회경제적 영향 연구'를 발표하면서 비만으로 연간 11조 5000억 원의 사회경제적 손실이 발생하고, 의료비가 전체 50% 이상 차지하는 데도 질환 인식 경향이 아직 미흡하다고 보고하였다.[1]

그렇다면 영화에서는 비만을 어떻게 다루고 있을지가 궁금한데, 대부분 루저(패자)로 표현한 경우가 많았다. 여기에 속하는 대표적인 영화는 〈미녀는 괴로워〉[2]로 한 남자를 짝사랑하는 뚱뚱한 여자가 자신의 외모에 절망하고 전신(?) 성형수술과 운동을 통해 미녀로 변신하여 전혀 다른 삶을 산다는 이야기이다. 뚱뚱한 여자는 루저이고 날씬한 여자는 위너라는 것이다.

그렇지만 보는 관점 혹은 본인의 느낌에 따라 제 눈에 안경이라고 하듯이 훨씬 예쁘게 볼 수 있을 뿐만 아니라, 멋지다고 느끼면서 자신감을 가질 수 있다. 이들 부류에 들어가는 영화는 〈내겐 너무 가벼운 그녀〉(Shallow Hal, 2001), 〈아이 필 프리티〉(I Feel PRETTY, 2018), 〈어쩌다 로맨스〉(Isn't It Romantic, 2019) 등이 있다.

〈내겐 너무 가벼운 그녀〉(Shallow Hal, 2001)

목사인 아버지가 돌아가시기 전 섬망 상태에서 아들에게 '쭉쭉 빵빵한 몸매를 가진 미녀'와 결혼하라는 조금 이상한 유언을 한다. 성인이 된 주인공 할은 예쁜 얼굴과 멋진 몸매를 가진 여자를 찾는 데에 집중하면서 살아간다. 그러던 어느 날 갑자기 멈춰선 엘리베이터 안에서 심리 상담가인 토니 로빈스를 만나면서 그의 인생이 달라진다. 토니 로빈스는 지나치게 외모에 집착하는 할에게 "진실한 아름다움은 마음에 있다."고 설득하지만 할은 전혀 이해하지 못한다. 그런 할에게 토니 로빈스가 머리를 잡고 흔들면

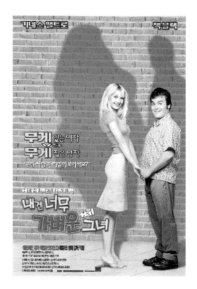

서 "사탄아, 썩 나와라!" 하고 외치자, 할은 주문에 걸린 사람처럼 변한다. 할은 "사람의 눈을 보면 마음을 느낄 수 있고, 그러면 영혼이 보인다."는 토니의 말처럼 완전히 변화된 시각을 갖는다. 아무리 뚱뚱한 사람도 예쁘게 보이고, 얼굴에 흉터가 있는 사람도 예쁘게 보인다. 이런 상황에서

그 앞에 세상에서 가장 아름다운 여인 로즈마리가 나타난다. 하지만 그녀는 엉덩이만 살짝 걸쳐도 의자들이 박살나고, 속옷이 어마어마하게 큰 비만한 여성이다. 나중에 주문이 풀려 진상을 파악하게 되지만, 천박했던 할(Shallow Hal)이 영혼의 아름다움을 진정으로 인식하게 되면서 그녀에게 당신은 아름답다고 하면서 사랑을 고백한다.

〈아이 필 프리티〉(I Feel PRETTY, 2018)

뛰어난 패션 센스에 매력적인 성격이지만 통통한 몸매가 불만인 '르네(에이미 슈머, 영화배우, 코미디언)'는 예뻐지기만 하면 뭐든 다 할 수 있을 것만 같다. 그래서 헬스클럽에서 스피닝 자전거 운동에 열중하는데, 그만 넘어져 머리를 다친다. 그녀는 창피하고 빨개진 얼굴로 겨우 일어나 거울을 쳐다보며 자신이 좀 예뻐진

것같이 느낀다. 정말 자신이 세상 누구보다도 예쁘게 변신했다고 확신한 주인공은 모든 사람들 앞에서 자신감을 표현하기 시작한다. 그렇게 하자 이전부터 본인이 그토록 원하던 대로 세상이 변해 간다. 능력도 인정받고, 사랑하는 사람이 자신을 예뻐해 주고, 모든 사람들이 자신을 좋아하기 시작

한다. 본인의 모습은 원래 그대로인데도 말이다.

스피닝 자전거 운동 모습

이 영화는 외모지상주의를 풍자하기도 하지만, 아름다움이란 결코 외모에만 국한되어 있지 않다는 것을 말해주고 있다. 더 나아가 단점을 부끄러워하지 말고 당당하게 살아가라는 것을 말해주고 있다.

〈어쩌다 로맨스〉(Isn't It Romantic, 2019)

주인공은 어릴 때는 로맨스 영화에 빠져 살았지만, 성장하면서 엄마로부터 '우리에겐 로맨스는 없어, 예쁜 애들만 가능한 거야'라는 부정적인 이야기를 들으며 살아간다. 어른이 되어 성공한(?) 건축가로 회사에 근무하지만, 건축가라는 본업보다는 커피를 타 온다든지 고장 난 프린터를 처리한다든지 하는 온갖 잡일을 하면서 살아가고 있다.

어느 날 지하철에서 강도를 만나 머리를 다쳤는데, 깨어보니 로맨틱 코미디의 주인공이 되어 있었다. 핸섬한 남자들이 자신을 좋아하며 아름다운 저택과 예쁜 옷을 가진 부자이지만, 뚱뚱하고 못생긴(?) 모습은 그대로이다. 그러나 친한 친구도 없어지고 묵묵히 자신의 옆에 있어 주던 사람들이 사라져버린 상황에서 주인공 나

탈리는 그렇게 행복하지 않다. 얼마 지나지 않아 나탈리는 비만한 모습으로 자신 없이 살아가던 자신의 이전 삶을 다시 생각하는 기회를 얻게 되고, 꿈같은 상황에서 깨어나 새로운 삶을 살아가게 된다.

작가이자 여배우 레벨 윌슨은 163센티미터의 비만한 몸매인데, 이 영화에서 주연을 맡았다.

그 외에도 남성이 주인공인 영화는 〈오버사이즈 캅스〉(Oversize Cops, 2017), 〈나의 빅사이즈 남사친〉(Worth the Weight, 2012), 〈폴 블라트 - 몰 캅〉(Paul Blart: Mall Cop, 2009) 등이 있는데 비만한 남자도 일을 잘 할 수 있다는 줄거리이며, 주인공은 혹독한 다이어트 때문에 고생하지만 먹는 것을 조절하지 못하는 바람에 체중조절에 실패한다. 그렇지만 육중한 몸매에 관계없이 범죄자를 검거하는 등 일상 업무는 비만하지 않은 일반인들보다 잘 할 수 있다는 점을 강조한다.

비만이 심혈관질환, 암, 당뇨 등 다양한 질병을 유발하는 원인(21세기 신종 전염병)으로 지목되고 세계보건기구에서는 1998년 비만을 질병으로 규정했고, 암을 유발하는 주요 요인으로 제시하기도 했다. 비만은 매우 복잡한 문제로 단순하게 식품의 어떤 단일 성분이 비만 발생의 원인이 되지는 않는다. 그렇지만 최근 과량의 설탕 섭취가 비만을 유발할 수 있다는 해외 문헌이 보고되면서, 설탕과 첨가당[3]이 비만의 주요 원인으로 대두되고 있다.

비만은 체내에 지방조직이 과다하게 축적된 상태를 말하는데, 혈장으로부터 지방세포로 유입된 '지방산'과 포도당이 에스테르화하여 주로 '중성지방'의 형태로 축적된다.[4] 남자는 체지방이 체중의 25 % 이상, 여자는 체중의 30% 이상일 때 비만이라 정의한다. 비만의 정도를 수치화한 비만도 지수를 계산하는 방법으로는 이상 체중법(Modified Broca's method)과 체질량지수(BMI)가 있다. 이상 체중법은 [신장(cm) - 100] × 0.9를 이상체중으로 계산한 다음, 현재 체중 비교, 백분율로 표시한다. 즉, 이상 체중법에서 비만도는 (실측체중 - 표준체중)/표준체중 × 100%과 같다. 한편 BMI는 체중을 신장의 제곱으로 나눈 것이다. 현재 체중이 이상 체중을 20% 초과하는 경우, BMI가 30 이상인 경우를 비만이라고 한다. 또한 허리둘레를 측정하여 비만을 진단할 수 있는데, 성인 남자에서는 90cm 이상, 여자에서는 85cm 이상일 때 복부 비만으로 진단한다.

하지만 비만이나 미의 기준은 시대에 따라 변화하고 있다. 원시시대에는 농경과 사냥을 위해 많은 일손이 필요했기 때문에 다산을 상징하는 풍요로운 몸매가 미인의 기준이었다. 즉 풍만한 가슴

19세기 페르시아 최고 미인 카자르 공주[5]

과 배, 엉덩이를 가진 여성이 풍요와 다산의 상징이었다. 그러나 먹는 것이 풍요로워지면서 풍만함보다는 작은 가슴과 히프, 흰 피부를 가진 여성이 미인이 되었다. 시대마다 미인의 기준이 바뀐다는 것은 절대 미인이란 존재하지 않는다는 것이며, 또한 인간 개인마다 미의 가치가 다르다는 것이다.[6]

그리스 신화 중 '수선화가 된 나르키소스'는 연못에 비친 자기 얼굴에 반하여 에코라는 요정을 뿌리치고 숨을 거두고 말았는데 그 자리에 수선화가 피었다고 한다. 우리말에도 '제 눈에 안경'이라 하여 보잘 것 없는 물건이라도 제 마음에 들면 좋게 보인다는 것을 이르는 말이 있고, 콩깍지가 씌운 눈으로 상대방을 바라볼 때 사용하는 말이다. 인간은 자기의 얼굴이나 몸매를 5배 예쁘게 인식한다고 한다. 남성상도 현재는 모두 꽃미남을 좋아하지만, 요즘과 같은 평화로운 시대이기망정이지 전쟁 등 시대가 불안정해지면 야수남을 더 좋아할 것이다.(야수남은 꽃미남과 상대적인 용어로 미녀와 야수에 등장하는 얼굴이 우락부락하고 근육질인 남자를 말한다.)

비만의 경제학적 관점에서 생각해 보면 미국 등 다른 나라에서도 마찬가지로 우리나라에서도 비만한 사람은 소득이 낮은 사람에 더 많다. 돈이 많은 사람들은 건강이나 패션 등에 신경을 쓸 여력이 많기 때문에 살을 뺄 가능성이 높고 특히 인스턴트 음식이나 패스트푸드[7]가 아닌 영양가 있는 음식을 먹기 때문에 비만할 가능성이 적다는 것이다.

근육총량은 만성질환이나 나이가 들어감에 따라 줄어들지만 (근육감소증) 지방량은 그대로 유지되거나 오히려 증가하기 때문에 체질량지수는 증가하게 된다. 앞에서도 언급하였지만 지방조직이 체내에 과다하게 축적되어 체중에 25~30% 이상인 상태가 비만이지만, 상대적으로 근육량이 많아지면 그 비율이 낮아질 수 있다. 그렇기 때문에 근육 특히 대퇴근 및 햄스트링, 대둔근 등 하지 근육의 양을 증가시키는 것이 좋다. 그러나 소위 나잇살이라고 해서 나이가 들면서 아랫배가 나오기 시작하며, 둔근(엉덩이 근육)이 소실되기 시작한다(Gluteal amnesia, Dead Butt Syndrome. 오랫동안 의자에 앉아 생활하는 현대인들에서 엉덩이 근육이 감소하는 것을 말한다.) 이를 예방하기 위해서는 달리기, 자전거 타기 등이 좋지만 스쿼트(Squats, 쪼그려 앉았다 일어서기)와 런지(Lunges) 운동도 도움이 된다고 한다.

비만하게 되면 많은 성인병을 동반할 수 있다는 것은 분명한 사실이지만, 말기 신부전증이나 만성 심부전증, 뇌경색증, 만성 폐쇄성 폐질환 환자 등 만성 소모성 질환이나 노령에서 체질량 지수에 따른 비만 환자가 정상 환자보다 더 오래 산다고 알려졌다. 이를 비만역설 혹은 역역학적(Reverse epidemiology)이라고 한다. 이런 상관관계가 있다고 해서 비만해질 필요는 없지만 오히려 체중이 과체중이거나 약간 비만 범주에 들어가는 환자가 위에서 열거

한 질환이 발생한다면 생존율이 높다는 것이다. 그런데 비쩍 마른 몸매를 가진 것을 날씬하고 건강하다고 착각하는 사람도 있는데, 이들은 어지럼증이나 저혈압 등을 동반하고 면역력이 떨어지는 경우가 많다.

어떤 이는 타고난 외모와 좋은 몸 비율을 가지고 있고 다른 이들에게는 이들이 없는 등 불평등한 경우가 많지만, 이를 잘 극복하고 자신감을 갖는 것이 중요하다. 미국 제너럴 일렉트릭 회장을 역임했던 잭 웰치에 의하면 누구에게나 부족한 부분은 존재하는데, 이를 부끄럽게 생각한다면 자신의 단점을 더욱 부각시키게 되지만, 오히려 자신감을 갖고 당당하게 행동한다면 그 단점을 극복하고 성공할 수 있다고 주장하였다.

비만도 마찬가지다. 적게 먹고 운동을 많이 하면 살이 빠진다는 속설은 많은 도전을 받고 있는데 건강한 체중 유지는 75~80%는 음식 섭취에, 20~25%는 육체적 활동과 운동에 달려 있다고 한다.[8] 또한 체중을 유지하려는 우리 몸의 항상성 때문에 지속적이고 더욱 혹독한 음식 제한과 운동량 증가를 필요로 한다. 섭취하는 음식도 인스턴트 음식이나 패스트푸드(탄산음료 포함)가 아니고 가공을 많이 하지 않은 현미로 지은 집밥이나, 가공 과정을 많이 거치지 않은 신선하고 영양가 있는 음식이어야 한다. 또한 단백질 및 지방, 탄수화물이 균형을 이루어야 하는데 탄수화물의 양은 총열량의 40~50%를 넘지 않아야 한다.

1) 국민건강보험공단 "비만으로 年 11조 5000억 사회경제적 손실 발생." 데일리메디.
2018-12-11.
2) 미녀는 괴로워 200 pounds beauty, 2006. 감독: 김용화.
3) 위키피디아 첨가당 Added sugar.
4) 비만을 탈출하기 위해서 가장 중요한 것은? Health & Life 2019-02-12.
5) MBC '서프라이즈' 145명 청혼 받은 페르시아 최고 미녀 타지 공주의 실제 사진, 부
산일보, 2018-12-16.
6) 김미영. 미인의 기준. 제주일보 2018-10-24.
7) 정크 푸드(Junk food). 건강에 좋지 못한 것으로 여겨지는 인스턴트 음식이나 패스
트푸드.
8) 영양 섭취를 관리하지 않으면 운동의 빈도, 강도와 무관하게 감량은 불가능하다.
다이어트 중인 당신의 체중이 줄어들지 않는 13가지 이유. Huffingtonpost 2018-
11-14.

노벨스 라스트 윌

노벨상을 타기 위한 조건

Nobel's Last Will, 2012

"DNA의 이중나선 구조와 기능을 밝힌 공로로 1962년 노벨 생리의학상을 받았던 미국 과학자 제임스 왓슨(86세)이 경매로 팔았던 노벨상 메달을 돌려받게 되었다."

2014년 나는 이런 뉴스를 접하고 적잖이 놀랐다.

왓슨은 1953년 25세의 젊은 나이에 DNA의 이중나선 구조를 발견하여 1962년 프란시스 크릭과 함께 노벨상을 받았고, 특히 『이중나선』 등 수많은 출간과 강의를 통해 공동수상을 한 크릭보다 훨씬 유명한 과학자였다. 카리스마가 강하고 암 연구에 전념하던 그가 2007년 "진화 역사가 서로 다른 인종들이 동일한 지능을 가지리라 믿는 것은 희망일 뿐이다. 흑인을 고용해 본 사람들은 내 말 뜻을 알 것"이라는 흑인 비하 인터뷰를 한 후에 사회활동을 접고 은퇴하였다. 사실은 사회에서 배척되고 추방되었으며 생활고에 시달릴 정도로 힘든 생활을 하였다고 한다. 경매에 나온 노벨상 메달은 러시아의 부호가 53억에 낙찰받아 다시 왓슨에게 되돌려 주었다. 흥미로운 점은 공동수상자인 크릭의 노벨상 메달도 크릭이 사망한 10여 년이 지난 후 경매로 나와 그 수익금이 크릭연구소와 솔크연구소에 기부되었다고 한다.

사실인지 진실인지는 모르시만 노벨상 수상에 관한 비화 등이 많이 알려져 있는데, 실제 왓슨과 크릭의 노벨상 수상에 결정적인 역할을 한 DNA의 X-선 삼차원 사진을 찍은 사람은 로잘린드 프랭클린이라는 여성 과학자였는데. 아무도 이 과학자에 대한 제대로 된 언급은 없었다고 한다.[1] 본 영화에서도 이런 노벨상 수상에 관한 비화를 소재로 삼았다.

노벨상은 다이너마이트를 발명하고 이를 기업화하여 부자가 된 스웨덴의 화학자 알프레드 노벨의 유산을 기금으로 1901년부터 생리의학상, 물리학상, 화학상, 문학상, 평화상, 경제학상의 6개 분야에서 큰 업적을 이룬 사람에게 주는 세계적인 상이다. 공정한 심사와 많은 상금 때문에 명성을 쌓은 노벨상이지만, 노벨평화상과 문학상은 이미 정치적인 영향을 많이 받고 있다고 알려졌으며, 노벨 과학상(생리의학. 물리. 화학)은 비교적 청정 영역이라고 하지만 의혹이 많은 것이 사실이다.

1926년에 기생충이 암의 원인이라고 밝힌 덴마크의 병리학자 요하네스 피비거가 생리의학상을 받았으나, 피비거의 사망한 후에 이 결과는 실험에 쓰였던 특정 품종의 쥐에서만 발견되는 희귀한 현상으로 뒤늦게 밝혀진 적이 있으며,[2] 노벨상 수상자가 노

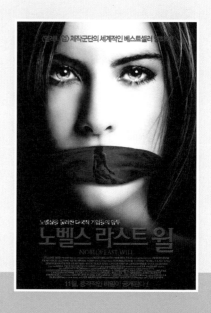

시놉시스[3]

노벨상 수상을 둘러싼 수십 억 달러의 추악한 거래 - 스톡홀름의 크벨 신문사에서 범죄 전문 기자로 활동하는 안니카 벵손은 취재를 위해 노벨상 시상식 연회에 참석하여 처음 만난 남자와 함께 춤을 추던 중, 한 여자가 총에 맞아 숨을 거두는 장면을 목격한다. 현장에서는 노벨 생리학의학상 수상자인 애론 위셀이 쓰러졌고, 노벨 총회 회장인 캐롤린 본 베링이 사망한다. 안니카는 심상치 않은 사건임을 깨닫고 적극적으로 사건 취재에 나서 보지만 번번이 보이지 않는 세력들에 의해 좌초되고, 자신도 모르게 거대한 다국적 기업들의 암투 속으로 빠져들게 된다.

벨상 추천위원이 되기 때문에 같은 연구를 하는 동료나 후배, 제자들에게 노벨상이 수상되기도 한다고 한다. 생존하고 있는 과학자에게 준다는 원칙으로 인해 저명한 과학자들이 받지 못하기도 하였다. 과학상 분야에도 천문학 등 지구과학 분야가 없기 때문에 우주 팽창론을 확립한 허블과 땅 밑에 거대한 판이 있어 지각 변동을 일으킨다는 판구조론의 헤스 등은 노벨상과 인연이 없었다. 또한 수학 분야도 없기 때문에 통계학의 퍼슨, 수리 논리분야의 러셀, 전자계산기 수학의 개척자인 노이만 등도 받지 못하였는데, 영화 〈뷰티플 마인드〉의 실제인물인 수학자 존 내쉬는 노벨 경제학상을 받았다.

노벨 생리의학상은 지난 115년 동안 210명이 받았는데, 미국이 99명으로 압도적으로 많지만 귀화나 이민, 이중국적 등으로 통계에 문제가 있을 수 있다. 그리고 유럽 16개국이 73%를 차지하고 있는데, 그 외 지역의 수상자라 할지라도 미국이나 유럽에서 연구한 경우가 대부분이다. 최근 노벨상에서 주목할 부분은 바로 일본의 약진이다. 1949년 유카와 히데키가 물리학상을 받은 이후 지금까지 24명의 노벨상 수상자(물리학상 11명, 화학상 7명, 생리의학상 3명, 문학상, 2명, 평화상 1명)를 배출하였다. 최근 15년 동안 노벨상을 받은 일본 의학자는 16명이며 이 기간만 따지면 미국에 이어 세계 2위의 성적이다.

노벨상을 제일 많이 탄 민족은 유대인인데, 전 세계 인구의 0.2%인 유대인이 노벨상의 30% 정도를 타는 것을 보면(아이비리그 학생 20%, 교수 30%를 차지한다고 한다) 민족 DNA가 좋은 것인지 환경이나 교육, 전통 등이 어떻게 다른지는 잘 알 수 없지만 우리와는 뭔가 차이가 많은 것 같다. 일본인 작가 후지하라 가즈히로는 '책을 읽는 사람만이 손에 넣는 것'에서 퍼즐형 사고방식과 레고형 사고방식을 구분하여 설명하고 있다. 일본 사회에서도 경제성장을 이루는 과정에서 단 하나의 정해진 정답을 빠르고 정확하게 찾아내는 퍼즐형 사고방식이 도움을 많이 준 것도 사실이지만, 21세기 성숙사회로 진행하는 과정에서는 창의력을 키우는 레고형[4] 사고방식이 필요하고 이런 레고형 인간을 만들려면 많은 독서가 필요하다고 강조하였다.

2015년 12월에 방송된 EBS 다큐프라임 '시험 - 4부 서울대 A⁺의 조건'에서 보면 A⁺를 받는 학생은 질문을 많이 하고 창의력이 많은 학생이 아니라 강의실에서 교수의 강의를 그대로 받아 적어서(심지어는 녹음까지 한다고 한다) 교수가 말하는 그대로를 답안에 적은 학생이라고 한다. 이 방송에서는 미국에 있는 대학과 비교

노벨상 메달. 지름이 6.6cm이고 18k 금 위에 24k 순금이 입혀져 있으며 무게는 175g으로 당구공보다 약간 더 무거운 정도이다. 뒷면엔 부문마다 다르지만, 생리의학상 메달에는 "발명은 예술로 아름다워진 삶을 더 풍요롭게 한다."는 라틴어 시구가 새겨져 있다.

하였는데 그 대학에서는 교수가 말한 그대로 쓰면 B나 B⁻를 받는 다고 한다. 질문은커녕 그대로 받아 적어서 좋은 점수를 받는 방식으로는 퍼즐형 사고방식을 키울 수 있을지 모르나, 레고형 사고방식을 키워주는 데에는 전혀 도움이 되지 않을 수 있다. 레고로 어떤 사물을 만들면 처음에는 못생긴 결과를 만들 수도 있지만 상상하는 모든 사물을 다 만들 수 있다.

2013년 KBS 파노라마에서도 '노벨상은 어떻게 만들어지는가 - 칼텍'을 방영한 적이 있다. 역사도 짧고 학생 수도 적은 캘리포니아 공과대학인 칼텍이 30명 이상의 노벨 과학상을 받을 수 있었는지를 보여주고 있다. 학생 대 교수 비율도 3:1 정도로 10:1 정도의 MIT나 하버드대학보다 적었고(우리나라는 서울대가 20:1 정도), 등록금 의존도도 6%밖에 되지 않았으며(한국은 60% 이상), 전액 장학금으로 박사과정까지 끝낼 수 있는 여건 등을 소개하였다. 노벨상 수상의 평균 연령은 약 60세이고 36세 부근에 본인의 연구를 시작하였다고 한다. 원하는 결과를 얻으려면 25년에서 50년이 걸린다는 것이고 칼텍에 있는 모든 연구자들이 노벨상을 받는 것은 아니다.

아인슈타인은 "전문 지식만을 갖춘 잘 훈련된 개처럼 가르치지 말라"[5]고 하면서 인문학의 중요성을 강조하고, 과도한 경쟁체제의 문제점을 지적하였다. 유태인 탈무드에서도 "교사는 혼자만 떠들어서는 안 된다."[6]면서 학생들의 질문과 토론의 중요성을 강조한다.

케임브리지대학 과학철학과 석좌교수인 장하석 교수는 노벨상 이야기를 그만해야 노벨상을 받을 수 있다고 했다. 학원을 다니고 족집게 과외를 해서 노벨상을 받을 수 있는 것이 아니라는 것이다. 고은 시인이 노벨 문학상을 못 타는 원인이 번역보다는 홍보가 문제라고 주장하는 사람도 있다. 하긴 김대중 대통령이 노벨 평화상을 받을 때 상을 주지 마라는 반대 로비가 있었다고 하는데, 그런 나라에서 우리는 살고 있다.

이 영화는 살인자를 쫓는 과정이 주요 스토리지만 노벨재단의 모습과 연구자들의 연구와 경쟁, 배려, 비리 등을 볼 수 있고 노벨상 수상에 관련된 여러 모습도 볼 수 있다. 영화 감상도 중요하지만, 나의 소망 중의 하나는 내가 가르치고 있는 학생, 레지던트, 후배들 중에 노벨상을 받는 사람이 나왔으면 하는 것이다.

---

1) 생물과 무생물 사이. 후쿠오카 신이치. 김소연(역), 은행나무, 2008, p96.
2) 노벨상의 오점들. 동아사이언스 2005-06-22.
3) 네이버 영화 - 노벨스 라스트 윌.
4) 시사상식사전, 레고형 인간. 레고형 인간이란 자유로운 사고와 다양한 정체성으로 변화무쌍한 삶을 영위하는 21세기형 인간을 뜻하는 말이다.
5) 전공을 쓸모 있는 기계로 가르치지 말라. 조화롭게 발달하는 인간 존재가 되도록 가르치라. 가치를 이해하고, 그 느낌들을 몸으로 익히도록 가르치라. 전문 지식만을 갖춘 잘 훈련된 개처럼 가르치지 말라. 인간 존재들의 동기와 망상과 고통을 이해하는 법을 가르치라. 인류의 문화를 형성하고 저장해 온 인문학은 사람들과 개인적 접촉하는 것처럼 가르치라. 전문화의 과도한 경쟁체제는 문화적 삶의 바탕인 영혼이 죽는 것을 가르친다. 독립적이고 비판적인 사고를 개발할 수 있도록 가르치라. 알베르트 아인슈타인, 김세영 · 정명진(역).『아인슈타인의 생각』, 부글, 2013, p243.
6) 홍익회. 세계를 장악한 유대인 기업가정신의 비밀. http://www.tycoonpost.com/news/articleView.html?idxno=455

다윗과 밧세바

조심하고 조심하고 또 조심하라

David And Bathsheba, 1951

최근 우리나라뿐만 아니라 해외에서도 소위 성공한 사람들이 섹스 스캔들로 명예가 실추되는 뉴스가 자주 전해지고 있다. 미국 상원의원의 혼외자식 스캔들을 비롯해 미국 중앙정보국(CIA) 국장, 국제통화기금(IMF) 총재, 골프 영웅 타이거 우즈, 캘리포니아 주지사를 지낸 액션 스타 아널드 슈워제네거 등이 그들이다.

"믿을 수 없다. 존경과 신뢰를 한 몸에 받아온 사람들이 최고의 정점에서 어떻게 그렇게 멍청한 짓을 할 수 있단 말인가?" 이렇듯 성공한, 잘 나가던 남성들이 불륜에 빠지는 경우를 '밧세바 신드롬'이라 한다. 밧세바는 다윗의 여덟 번째 부인이고 솔로몬 왕의 어머니이다.

다윗은 고대 이스라엘의 두 번째 왕이고(첫째 왕은 사울), 솔로몬 왕의 아버지이다. 하프 연주를 잘 하는 양치기였던 미천한 소년 시절 하느님의 선택을 받아 사무엘에게 기름부음을 받았으며, 유명한 블레셋(팔레스타인) 군대의 거인 골리앗을 물리치면서 유명해졌다. 사울이 전쟁에서 죽자 왕으로 추대되어 이스라엘 왕국의 기초를 탄탄히 다졌다. 유다 바알라에 있던 계약의 궤(언약궤라고도 하며 모세의 십계명 석판을 보관했던 도금형 나무상자)를 예루살렘의 다윗 성으로 옮기는 등 하느님의 나라로 만드는 데 힘을 쏟는다. 가나안에 입성한 이스라엘은 블레셋과 암몬 등과 전쟁을 치러야 했는데, 다윗이 블레셋을 이기고, 요압 장군이 암몬과의 전쟁에서 승리한다. 이후 다윗은 요압 장군에게 군 지휘권을 넘겨주고 예루살렘 궁전에 머물며 국가 행정을 관장하였다. 그는 이스라엘 지파를 통일하고 유대교를 확립하였으며 구약성서 시편의 상당 부분은 지었다고 한다. 하지만 유부녀 밧세바와 정을 통하면서 역사에서 가장 유명한 간통 스캔들을 일으키게 된다.

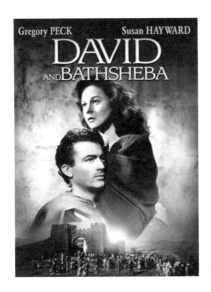

다윗은 아내와 후궁이 여럿 있었지만, 우연히 밧세바가 목욕하는 장면을 보면서 그녀에게 빠져든다. 공교롭게도 그녀는 다윗의 용맹스런 부하인 우리야의 아내였다. 다윗은 그녀에게 접근해 사랑을 나누었고 밧세바가 임신하게 된다. 다윗은 자신이 한 짓을 은폐하기 위해

우리야를 전쟁터에서 불러 '사랑의 휴가'를 주지만, 충성스러운 우리야는 부하 병사들이 야영을 하고 있는데, 자기만 집에서 아내와 잠을 잔다는 것은 옳지 않다고 하며 집에 들어가지 않는다. 계획이 뜻대로 되지 않자 다윗은 요압 장군에게 우리야를 치열한 전투가 벌어지는 곳으로 보내라는 편지를 쓰고, 결국 우리야는 그곳에서 전사하고 만다. 이후 다윗과 밧세바는 결혼하여 솔로몬을 낳는다.

선지자 나단은 다윗을 만나 직설적으로 말하지 않고 부자와 가난한 사람의 이야기로 훈계한다.

"한 성읍에 두 사람이 살고 있었습니다. 한 사람은 부자이고 다른 사람은 가난했습니다. 부자에게는 양과 소가 많았으나, 가난한 이에게는 자기가 산 작은 암양 한 마리밖에는 아무것도 없었습니다. 가난한 이는 이 암양을 길렀는데, 암양은 그의 집에서 자식들과 함께 자라면서, 그의 음식을 나누어 먹고 그의 잔을 나누어 마시며 그의 품 안에서 자곤 하였습니다. 그에게는 이 암양이 딸과 같았습니다. 그런데 부자에게 길손이 찾아왔습니다. 부자는 자기를 찾아온 나그네를 대접하려고 자기 양과 소 가운데에서 하나를 잡고 싶지는 않았습니다. 그래서 가난한 사람의 암양을 잡아 자신을 찾아온 사람을 대접하였습니다."

다윗은 그 부자에 대하여 몹시 화를 내며 나단에게 말하였다.

"주님께서 살아 계시는 한, 그런 짓을 한 그자는 죽어 마땅하다. 그는 그런 짓을 하고 동정심도 없었으니, 그 암양을 네 곱절로 갚아야 한다.”

그러자 나단이 다윗에게 말하였다.

“임금님이 바로 그 사람입니다(Thou Art the Man)!”

이어 나단은 다윗에게 우리야의 아내와 간통하고 우리야를 죽게 만들었으니 앞으로 그의 가족은 영원히 폭력에 시달릴 것이며 밧세바가 가진 아이는 죽을 것이라고 말한다. 과연 다윗은 이후 왕자의 난 등 반란에 시달렸는데, 반란자들 중에는 사랑하는 아들 압살롬도 있었으며 많은 아들이 죽는다.

영화 〈다윗과 밧세바〉에서 보면 성경에 없는 다윗과 밧세바의 이야기를 좀 더 알 수 있는데 다윗의 스캔들 이후 이스라엘은 가뭄과 기근이 심해지고 백성의 원성이 높아진다. 율법에 의하면 간음한 여자는 돌로 치는 형벌을 가하여 죽게 한다. 분노한 군중과 나단이 다윗 앞에 와서 밧세바를 내놓으라고 하고, 나단은 다윗 앞에서 전에 이야기한 부자와 가난한 사람 이야기를 한다.

난처해진 다윗은 기도하기 위해 계약의 궤가 모셔져 있는 성소에 들어간다. 계약의 궤는 모세가 받은 십계명의 돌판을 보관하였던 아카시아 나무로 된 궤로 탈출기 시절 이스라엘 민족과 함께 하였으며 하느님의 현존과 임재(臨在, Presence)를 상징한다. 기적의 현장에 항상 같이 하고 있었지만, 일반인들은 함부로 보거나 만질 수가 없었고 이를 어길 때는 죽음을 맞이하기도 하였다. 특히 다윗이 계약의 궤를 예루살렘 성전으로 옮기는 중에 넘어지려고 하는 것을 병사가 손으로 막았는데, 그 병사는 즉사하고 만다. 다윗은 기도하다가 양손으로 계약의 궤를 붙드는데 하느님의 심판을, 죽음을 각오하였을 것이다. 그러나 이때 기적이 일어나 이스라엘에 비가 내리기 시작한다. 다윗은 크게 회개하고 구약성경의 시편의 기도를 읊조린다. 시편 51장에는 다윗이 나단을 만난 뒤 자신의 죄를 진심으로 고백하는 내용이 나온다. 잘못을 뉘우치고 하느님께 자비를 구하는 감동적인 구절이다. 이중 자주 인용되는 부분은 "우슬초로 제 죄를 없애 주소서. 제가 깨끗해지리이다. 저를 씻어 주소서. 눈보다 더 희어지리이다.(시편 51,9)"이다.

다윗과 밧세바의 이야기는 수백 년 동안 화가와 작가들의 관심을 끌었고, 수많은 미술작품과 드라마, 소설 등의 소재로 쓰여졌다. 1993년 미국의 톨레도 대학 루트비히와 론지네커 교수는 〈밧세바 신드롬; 성공한 리더들의 윤리적 실패〉라는 논문을 비즈니스 윤리저널에 기고하면서[1] '성공했다고 생각되는 리더들에게 왜 자주 윤리적 문제들이 발생하는가?'라는 물음에 대한 해석을 시도하였다. 이후 '밧세바 신드롬'은 윤리적인 문제로 추락하는 리더에 대한 설명에 자주 인용되고 있다. 2011년 우리나라에서도 김태승이 '노무현 정부의 386정치인들의 도덕적 실패에 대한 연구'라는 논문[2]에서 딘 러드윅 등의 논문과 거스리 저서 『인간 갈등의 심리학』을 인용하여 그 원인들을 분석하려 하고 있다.

스탈라드와 생거는 루트비히 등의 논문에서 다윗과 밧세바 이야기의 다음 4가지 요점과 교훈을 확인한다.[3]

1) 개인적이고 조직적인 성공은 리더에게 만족감을 주어 전략적인 초점을 잃어버리고 그들 조직을 관리하는 것 이외에 다른 일들에 관심을 돌리게 된다. → 다른 지도자들은 전쟁터에 나가 있지만 다윗은 왕궁에 남아 있게 되고 리더의 전략적인 목표에서 눈을 돌리고 밧세바를 쳐다본다.

2) 성공은 리더에게 사람과 사물에 대한 정보를 접할 수 있는 특권을 준다. → 다윗 지휘 아래 있는 요압의 군대가 싸우는 것은 국가 간의 전쟁인데, 다윗은 그의 참모에게 밧세바 정보를 알아오는 일을 시킨다. 참모들은 그녀가 전사 우리야와 결혼한 여자라는 것을 알지만 그녀를 데려오며, 다윗은 밧세바와 정을 통하고 임신하게 된다.

3) 성공하면 조직 재원을 사용하는데 무제한의 권력을 준다. → 다윗은 그의 참모와 재원 등을 동원하여 밧세바와 정을 통한다. 그는 총사령관으로서의 그의 지위를 악용하여 우리야를 전선에서 불러들여, 우리야가 전쟁터에서 집으로 돌아와 그의 아내와 동침하게 하지만 우리야의 충성심 때문에 부정직한 은폐공작이 성공하지 못한다.

4) 성공은 리더로 하여금 개인적인 능력이 모든 것들을 조절하고 조작할 수 있다는 신념을 부풀린다. → 다윗은 우리야와 밧세바가 동침하는 계획이 실패하자 우리야를 최전방으로 보내 죽게 만든다(미필적 고의 살인).

잘 나가는 남성이 불륜에 빠지는 이유를 나르시시즘(Narcissism)과 이카루스 신드롬(Icarus syndrome)으로 설명하기도 한다. 나르시시즘은 나르시스가 연못 속에 비친 자기 얼굴의 아름다움에 반해서 물속에 빠져 죽었다는 수선화 전설에서 유래되었는데, 지나치게 자기 자신이 뛰어나다고 믿는 자기중심성 성격 또는 행동을 말한다. 이카루스 신드롬 역시 그리스 신화에서 유래한다. 이카루스의 아버지 다이달로스는 크레타를 탈출하기로 결심하고 새의 날개에서 깃털을 모아 실로 엮고 밀랍을 발라 날개를 만들어 탈출하였다. 그러나 이카루스는 경고를 무시하고 태양 가까이 날아 가려다 날개가 녹아 추락하고 만다.

이렇듯 뛰어난 재능이 오히려 파멸로 가는 원인이 될 수 있다는 것인데, 이를 이카루스 역설(Icarus paradox)이라고도 한다. 즉 성공한 리더는 막강한 영향력을 발휘하게 되고 자신이 모든 상황을 통제할 수 있다는 과도한 자신감에 도취하여 '나는 괜찮을 것'이라는 오만에 빠져 하늘을 날고 싶어 한다는 것이다.

흔히 사람들은 불륜녀라고 하면 색기 어린 요부를 떠올리지만 그렇지 않은 경우도 흔하다고 한다. 정신의학과 전문의의 이야기에 의하면[4] 불륜남들이 의외로 많이 하는 말은 "그 여자와는 말이 통해 좋았다"고 한다. 서로 대화가 가능했다는 것이다. 부인은 마주치기만 하면 불평불만이고 때로 남편을 무시하기도 하고 흠잡는 말을 하는데 비해, 불륜녀는 자신의 얘기에 귀를 기울여 주고 자신의 능력을 인정해 준다고 한다. 그러다 보니 서로 푹 빠지게 되는데(여기에서 멈추어야 한다), 섹스는 차후의 문제라는 것이다.

또한 불륜 뉴스를 접할 때 "저렇게 못생긴 여자와 바람을 피울 수 있단 말인가!"라는 뒷담화를 할 때가 있는데, 불륜남들이 절세미녀도 아닌, 평범하다 못해 못생긴 축에 속하는 여성과의 스캔들로 모든 꿈을 망쳐버렸다고 절망(?)한다.[5] 물론 불륜은 그 상대가 잘났거나 못났거나 옳지 못한 행동(악행)인 것은 사실인데, 세상은 마치 못생긴 상대와의 불륜이 더 큰 죄라고 말하는 것 같아 씁쓸하기만 하다. 큐피드의 화살을 맞으면 힘센 장사라도 어쩔 수 없다.

과거에는 영웅호색이라는 말로 비슷한 사례를 관대하게 바라봤지만 지금은 상황이 많이 달라졌다. 이전에는 성공한 밧세바 신드롬도 많았지만, 이제는 감추어두고 싶은 비밀이라도 미투 운동으로 노출시키면서 피해 고발이 일어나고 있다.

또한 인터넷과 SNS가 발달하면서 여론이 빠르게 확산되고 사회적 비난의 파급력이 엄청나게 증대되었다. 아무리 나이가 들고 사회적 지위가 높아져도 (비록 성적 능력은 떨어졌을지 모르지만) 엄청난 노력으로 스스로를 조절하지 않으면 아차 하는 순간 잘못을 저지를 수 있다.

인간은 모두 유혹에 약하다는 점은 확실하며, 예외는 없다. "유혹에 빠지지 않게 하소서(루카 11,4)"라고 도움을 청하며 매사에 조심하고 또 조심해야 한다. 이 기도는 유혹을 당하지 않게 해 달라고 청하는 것이 아니라, 유혹을 당할 때 그 유혹의 나락에 떨어지지 않도록 해 달라고 청하는 것이다. 종교가 필요한 이유이기도 하다.

또한 목에 칼이 들어오더라도 할 말을 하는 신뢰할 만한 조언

자 **나단**(꾸짖고 훈계하는 사람) 같은 선지자적, 예언자적 삶을 사는
사도들이 많이 필요한 세상이다.

1) Ludwig DC, and Longenecker CO (1993). "The Bathsheba Syndrome: The ethical failure of successful leaders." Journal of Business Ethics 12(4): 265-273.
2) 김태승(2011). "노무현 정부의 386정치인들의 도덕적 실패에 대한 연구." 한국정치학회보 45(4): 219-238.
3) Stallard CD and Sanger MK (2014). "The Nathan Solution to the Bathsheba Syndrome: The failure of success revisited." Marine Corps Gazette 98(4): 40-44.
4) 최명기. 남자는 왜 바람을 피우나?…"그녀가 요부라서? 아니, 말이 통해서!" [신동아] 동아닷컴 2015-01-04.
5) 김수경. 슈위제네거 상대가 절세미녀였다면 미국인 반응은? 중앙선데이, 2011-06-12.

더 와이프

사랑도 대필되나요?

The Wife, 2017[1]

노벨상은 알프레드 노벨의 유언에 따라 인류에 대해 위대한 공헌을 한 사람에게 수여되며, 문학상 역시 가장 탁월한 작품을 발표하여 인류에게 공헌을 한 사람에게 수여된다. 일반적으로 작가의 작품 전체에 수여되지만 특정 작품을 지정하는 경우도 있다. 또한 선발 후보자 명단은 비공개가 원칙으로, 시상을 주관하는 스웨덴 한림원(아카데미)은 전 세계 전문가 및 단체로부터 추천된 후보 숫자만 공개한다.

그런데 2018년 노벨 문학상은 각종 스캔들로 인하여 시상되지 못하여, 1949년 이후 69년 만에 처음으로 노벨 문학상 시상이 취소되었다. 노벨 문학상은 물리학상이나 화학상 같은 과학 분야 노벨상보다 각종 루머 등 좋지 않은 소문에 휩싸인 경우가 많다.

특히 1953년 윈스턴 처칠이 노벨 평화상이 아닌 문학상을 받았을 때도 논란이 많았는데, 윈스턴 처칠은 자서전 격인『제2차

시놉시스

작가 남편인 조셉의 성공을 위해 평생을 바친 아내 조안. 마침내 남편의 노벨 문학상 수상 소식이 전해지고 '킹메이커'로서 모든 걸 이루었다고 생각하며 수상을 위해 스웨덴으로 출발하지만 두 사람의 충격적인 비밀이 서서히 밝혀진다.

세계대전 회고록』으로 노벨 문학상을 수상하였다. 한림원에서 처칠을 선정한 이유는 회고록뿐만 아니라 그의 연설 내용도 포함하여 심사하였다고 발표하였는데, 이 부분에 대하여 소설 『노인과 바다』로 그 해 후보에 올랐던 어네스트 헤밍웨이는 한림원을 거세게 비판했다. 한편 헤밍웨이는 다음 해인 1954년에 노벨 문학상을 받았다.

본 영화는 노벨 문학상을 받는 남편과 그가 본인의 킹메이커라고 소개한 부인(The wife)의 이야기로 2003년에 출간된 메그 울리처의 동명 소설을 바탕으로 제작되었다.

노벨상을 두고 암투를 벌이는 영화는 〈노벨스 라스트 윌〉(82쪽 참조)이 있고, 노벨상 수상 장면이 등장하는 영화는 노벨 경제학상을 받은 수학자 존 내쉬의 일생을 그린 〈뷰티풀 마인드〉(A Beautiful Mind, 2001) 등이 있다. 공정한 심사와 많은 상금 때문에 세계적인 명성을 쌓은 노벨상이지만 앞에서도 언급하였듯이 노벨 과학상(생리의학, 물리, 화학) 분야는 비교적 청정 영역이다. 하지만 많은 의혹이 있는 것도 부인할 수 없다.

볼프강 아마데우스 모차르트의 누나를 모델로 한 영화 〈나넬 모차르트〉(Nannerl, La Soeur De Mozart, 2010)에서처럼 여성은 능력이 특출하지만 이전 시대에서는 그 능력을 발휘할 수 있는 기회가 주어지지 않아서 동생이나 남편의 이름으로 발표할 수밖에 없는 경우가 많았다. 여기에 속하는 여성 음악가 중에는 로베르트 슈만의 부인인 클라라 슈만, 펠릭스 멘델스존의 누이인 파니 멘델

스존 등이 있다. 클라라 슈만은 일기에 '나는 한때 내가 훌륭한 재능의 소유자라고 생각했었다. 그러나 난 그 생각을 포기해 버렸다. 여자는 작곡을 하려 해서는 안 된다.'라고 썼다.[2]

이 영화 주인공 조안 역시 작가가 되기를 꿈꾸어 왔지만 어느 여성 작가의 특강을 듣고 나서 꿈을 포기한다. 그 작가는 남성 중심의 문학 세계에서 여성은 결코 성공할 수 없다고 강조하면서, 책장에서 먼지에 쌓이고 한 번도 펼쳐보지 않은 책을 꺼내 보여주면서 설령 출판을 한다고 해도 사람들에게 읽히지 않을 것이라는 절망적인 말을 한다. 졸업 후 출판사에서 근무하던 여주인공 조안은 대학시절 지도 교수였으며 유태인인 남편을 만나 결혼하고 뒷바라지 한다.

'돈키호테 성찰'에 이런 말이 나오죠.
'나는 나와 주변인들의 합이다.
내 주변인들을 지켜내지 못한다면
나 자신을 지켜낼 수 없다.'[3]

노벨상 수상 후 리셉션에서 남편 조셉이 다음과 같은 이야기를 한다. "영광스러운 상을 주셔서 진심으로 감사합니다. 사실 이 영광을 누릴 사람은… 영광을 누릴 사람은 따로 있습니다. 제 아내 조안이죠. 조안은 제 평생의 반려자입니다. 아내가 있었기에 안정을 찾았고 내면의 소리를 들을 수 있었으며 제 작품 세계를 창조할 수 있었죠. 아내가 없었다면 전 여기 없었을 겁니다. 집에 틀어박혀 빈 종이를 노려보며 입을 벌리곤 멍 때리고 있었겠죠. 아내는 제 정신이자 제 의식이며 제가 느끼는 모든 영감의 원천입니다. 조안, 당신은 내 뮤즈이며 내 사랑이고 내 영혼이오. 이 영광을 그대와 나누고 싶소." 이 정도 찬사를 받았으면 지금까지의 고생이 봄눈 녹듯이 사라질 것 같지만 영화는 전혀 다른 방향으로 나아간다.

얼마 전 '조영남 그림 대작 사건'이 사회적 논쟁을 일으켰는데, 조영남 본인은 팝아트에서는 아이디어나 개념을 중시하기 때문에 본인은 팝아티스트이고 조수를 쓰는 것은 미술계의 오랜 관행이라면서 무죄를 주장하였다. 비평가 진중권은 "1000% 조영남 씨의 작품이다."라고 하였으나 최경선 화백은 "아이디어만 제공했을 뿐 타인에 의해 만들어졌다면 위작이나 모작으로 볼 수 있다."고 말하였다. 반면 유시민은 "창작활동은 고상하기만 한 것이 아니라 노동이 포함돼 있다."고 의견을 제시하였다.[4] 영국 태생 미국 작가 루이스 나이저는 손으로 일하는 사람은 근로자(노동자)이고, 손과 머리로 일하는 사람은 장인, 손과 머리뿐만 아니라 가슴으로 일하는 사람은 예술가라고 하였다.("He who works with his hands is a laborer. He who works with his hands and his head is a craftsman. He who works with his hands and his head and his heart is an artist.")[5] 이 논란에서 그림을 직접 그린 화가는 노동자에 속할 수 있으나, 조영남은 어디에도 속하지 않는다. 그러나 진중권은 작품에서 아이디어를 제공한 사람이 가장 중요하다며, 해당 그림을 그리기로 한 사람과 그림을 시킨 사람, 시장에서 작품을 관철시킨 사람 모두 조씨였고, 조씨가 그려달라고 하지 않았으면 그 그림은 탄생하지 않았을 것이라고 주장하였다. 진중권의 말대로면 현대미술에는 장인 정도는 있을지 몰라도 진정한 예술가가 없는 것이다.

천경자 화백의 〈미인도〉 위작 논란에서 천 화백은 "자식을 몰라보는 부모가 어디 있느냐, 내 작품이 아니다"고 본인의 작품이 아니라고 하였지만, 감정가 등 미술관 측은 진짜라고 주장하여 그 주장을 관철시켰다. 천 화백은 그림을 덧칠하고 덧칠하면서 수없이 그림과 교감하다 보면 그 그림은 자식과 마찬가지라고 하였는데, 이런 과정을 통하여 화가는 진정한 예술가가 된다는 것이다.

본 영화에서 남편은 대화 중 본인 소설의 주인공 이름을 잊어버린 듯한 장면이 나오는데, 그 장면에서 보면 그 작품이 본인의 자식이 아니라는 사실을 넌지시 알려준다.

이 영화에서 부부는 소설을 쓰면서, 서로 모의(?)하여 역할을 분담하고 책을 출간하고 유명해지고 큰 상을 받았으나, 공치사 과정에서 서운함이 폭발한다. 이제까지의 소설의 주제들이 부부의 경험을 바탕으로 한 '이브의 고통'을 승화시킨 것이었는데, 이들은 여성의 경험이 아니고는 결코 이야기할 수 있는 문제들이다. 마침내 큰 부부싸움으로 이어지고 영화 내내 틈틈이 뭔가를 먹기를 좋아하던 남편은 심장발작으로 사망한다. 남편의 전기를 쓰겠다고 스토커처럼 따라다니면서 대필을 의심하는 작가 기자에게, 남편의 재능을 모함했다간 법정에서 보게 될 거라는 경고를 하면서 영화는 끝을 맺는다.

우리나라에서도 최근에는 박경리, 박완서, 공지영 등 현대문학을 빛낸 여류 작가가 많지만 한국 최초 여류작가는 1917년 월간 종합지 '청춘' 현상모집에 단편소설 『의문의 소녀』로 응모하여 입선한 김명순이라는 작가이다. 작가는 이후 이름을 바꾸기도 하면

영화의 한 장면

서 작품 활동을 하지만, 당시 한국 문학계에서는 단지 여성이라는 이유로 주목을 받지 못하였으며, 쓸쓸히 죽음을 맞이하였다고 한다.[6] 이 영화는 저자가 나름 설정한 '영화 속의 아담과 이브'라는 분류에서 '이브는 안 돼!'에 속한 영화이다. '재주는 곰이 넘고 돈은 왕서방이 받는다.'라는 속담처럼 이브는 안 되고 아담만이 상을 받고 찬사를 받는다는 것이다. 관객을 많이 끌어 모은 영화는 아니지만 한번 볼 만하다.

한편 2020년 6월 '조영남 그림 대작 사건'은 대법원에서 "특별한 사정이 없으면, 법원은 미술작품의 가치 평가 등은 전문가의 의견을 존중하는 사법 자제 원칙을 지켜야 한다."면서 무죄를 확정지었다. 즉 대신 그림을 그린 점의 옳고 그름을 법이 하는 것이 아니라 전문가의 의견 혹은 판단에 따른다는 것이며, 대작 화가를 이용한 건 오래된 미술계의 관행이라는 것이다. 미술계에서 피와 땀을 흘려 노력하는 예술가는 사라졌다(?)라는 조금 부끄러운 민낯을 드러내 버렸다.

❋ ─────────────────────────────

1) 더 와이프 The Wife, 2017. 감독; 비욘 룬게.
2) Naver 포스트. 슈만과 클라라 그리고 브람스 : 가장 지고지순한 삼각관계.
3) 노벨상 수상 소식이 선해신 후 가족과 진지늘이 모인 축하연에서 남편 조셉의 스피치.
4) 진중권 "현대미술은 콘셉트만 제공" vs 유시민 "창작엔 노동 포함"…조영남은 항소심 심리 무죄. 데일리그리드 2018-08-17.
5) 이전에는 아시시의 성 프란치스코가 한 말이라고 잘못 알려지기도 하였다.
6) 한국 최초 여류작가, 춘원 이광수가 발굴한 18세 여류작가, 김명순. 네이버 지식백과.

돈키호테

돈키호테처럼 살아가기

Don Quixote, 2015

영국의 히포크라테스라고 알려진 토머스 시드넘[1]은 학생들이 훌륭한 의사가 되기 위해 어떤 경력을 쌓으면 좋겠느냐는 질문에 "『돈키호테』 책을 읽어라"고 하였다. 영화의학교육(Cinemecation) 전문가 샤피로(Shapiro) 등[2]은 책을 보기 어려우면 피터 예이츠 감독의 〈Don Quixote, 2000〉 영화를 보라고 권유하였다. 국내에서는 이 영화를 구하기 힘들지만 돈키호테에 관한 뮤지컬 영화 〈Man of La Mancha, 1972〉 또는 〈돈키호테 맨 오브 라만차, 2015〉[3]는 비교적 쉽게 구할 수 있다.

어릴 때 읽던 동화책에서의 돈키호테 이미지는 조금은 정신이 이상한 사람, 현실을 무시하고 공상에 빠진 사람, 물불을 가리지 않고 불가능에 도전하는 사람이다. 그런데 좋은 의사가 되는 방법이 『돈키호테』를 읽는 것이라고 하니 조금 의아했다.

여기서는 2015년 제작된 〈돈키호테 맨 오브 라만차〉와 소설 『돈키호테』⁴⁾를 중심으로 돈키호테에 대한 세간의 오해를 풀고 영화의학교육에서 사용되는 돈키호테 효과 등에 대하여 논의하고자 한다.

「편력기사」 돈키호테는 편력기사(Knight-errant)인데 사전적 의미는 무사 수행자, 협객이지만 주로 편력기사로 번역된다. 모험을 찾아 이리저리 떠돌며, 불의를 바로잡고 정의를 확립시키는 기사를 말한다고 한다. 1971년 제작된 안소니 만 감독의 영화 〈엘 시드〉(El Cid)에서 그 모습을 상상해 볼 수 있다. 이 영화에서 양국 영토분쟁을 조정하기 위해 수석무장끼리 결투를 벌인다. 말을 탄 채 긴 창을 들고 서로 부딪쳐서 승부를 결정하는 모습이 '돈키호테'에서 나오는 편력기사의 모습이다. 책에서도 엘 시드와 그의 명마 바비에카가 등장하는데, 엘 시드는 11세기 스페인 국토회복전쟁의 국민적 영웅이다.(돈키호테 1-1장)

시간이 갈수록 점점 더 (세상의) 악습이 늘어나자 그것을 막자고 편력기사라는 게 생겨난 게지요. 처자들을 지키고 미망인들을 보호하며 고아와 가난한 사람들을 구제하라고 말이오. 내가 바로 이에 속하는 사람이라오.(돈키호테 1 - 11장)

「둘시네아 공주」 돈키호테는 기사라면 마음에 품고 모시는 공주가 있어야 한다면서 둘시네아라는 가상의 존재를 만들어낸다. 돈키호테는 고향 주변 엘 토보소에 살고 있는 돼지를 키우던 농

스페인의 시골 향사(鄕士, 시골 귀족) 아론소 기하노는 밤낮으로 기
사도 이야기를 탐독하다가 정신이 이상해져 자기를 중세 기사라 믿
게 된다. 기하노는 세상의 부정과 비리를 도려내고 학대당하는 사람
들을 돕고자 스스로를 '돈키호테'라고 칭한다. 그는 로시난테라는
앙상한 말을 타고 근처에 사는 농부 산초와 함께 편력기사 여행을 떠
난다. 현실과 동떨어진 고매한 이상주의자인 돈키호테와 순박한 농
사꾼으로 우직하고 욕심꾸러기이나 애교가 있고 충실한 산초는 대
조적인 짝을 이룬다. 돈키호테의 광기, 몽상은 가는 곳마다 현실 세
계와 충돌하면서 우스꽝스러운 이야기가 이어진다.

부의 딸 알돈자를 마법에 빠진 둘시네아 공주로 생각하고 있다. 환상에 불과하지만 돈키호테에게는 강한 동기부여와 열정의 대상이 되고 정신적 에너지를 쏟아붓게 된다.

> 나를 지배하시고 나의 주인 되시니 신분은 두말 할 것도 없이 공주요. 그 공주의 아름다움은 인간의 것이 아니오. 시인들이 자기 여인들에게 부여하는 불가능하고도 가공적인 아름다움의 자질들이 그녀에게는 실제로 있으니 말이오.(돈키호테 1-13장)

『돈키호테』는 1,2권으로 이루어져 있는 비교적 방대한 내용이다. 책을 읽기 전에 한번 시청하면 좋은 유튜브 자료에는 플라톤 아카데미 TV에서 제작한 '8대 고전읽기- 돈키호테(안영옥 교수)'[6]와 'TV, 도서관에 가다(147회 돈키호테)'[7], 평생학습 파트너, 휴넷 HD에서 제작한 박철 교수의 '시대를 관통하는 돈키호테'[8] 등이 있다

안영옥 교수에 의하면, "우리는 정상 궤도에서 어긋나 괴짜 행동을 하는 사람을 두고 부정적인 의미로 돈키호테라며 잘못 부르는데, 돈키호

그림 1. Jules David, 'Don Quixote and Sancho Panza', 1887, Wikimedia Commons

테는 가난하고 소외된 사람을 돕는 정의로운 사람이며 따뜻한 인간성과 절대적인 의지를 갖고 실제 행동한다."고 한다.[9]

러시아의 소설가 투르게네프는 인간의 성격을 햄릿형과 돈키호테형으로 나누었는데, 전자는 방황하는 인간의 전형이고, 후자는 행동을 우선하는 인간으로 규정하였다. 즉 햄릿처럼 생각이 깊어 쉽게 행동에 옮기지 못하는 사람을 '햄릿형 인간', 생각이 나면 먼저 저돌적으로 행동하는 사람을 '돈키호테형 인간'이라고 한다.

중국 전국시대 전설적인 명의 편작(扁鵲)은 의지는 강하지만 기질이 약해 무슨 일이든 끝까지 밀어붙이지 못하는 노나라 공호와, 의지는 약하지만 강한 기질 탓에 일단 시작하면 결실을 보고야 마는 조나라 제영의 심장을 서로 바꾸어 성격을 고치려고 하였는데[10] 의지가 강한 공호를 햄릿형이라고 하고 기질이 강한 제영을 돈키호테형이라고 할 수 있다.

"장차 이를 수 있는 세상을 상상하는 내가 미친 거요?
아니면 세상을 있는 그대로만 보는 사람이 미친 거요?"

"생각한다, 고로 존재한다."가 아니라 "행동한다, 고로 존재한다."

「돈키호테와 산초의 대비」 돈키호테를 환상을 꿈꾸는 이상주의자라고 한다면 산초는 지극히 현실주의자이다. 이 두 사람이 서로 대립하기도 하고 조화를 이루기도 하면서 이야기가 계속된다. 현실 사회에서도 이 둘의 조화는 이루어지고 있다. 카메론은 "몽상가(이상주의자)들이 태양에 너무 가까이 접근하지 못하도록 현실주의자들이 필요하다. 그리고 현실주의자들은… 꿈을 꾸는 사람들이 없다면, 그들은 결코 땅에서 떨어지려고 하지 않을 것이다."고 하였다. 우리 모두가 돈키호테 같은 이상주의자는 아닐 테고 그렇다고 산초처럼 지나친 현실주의자도 아닐 것이다. 만일 이상주의자를 1.0이라 하고 현실주의자를 2.0이라 하면 우리들은 그 중간의 어디쯤, 이상주의자에 가까운지, 현실주의자에 가까운지 가늠해 보는 것도 좋을 것 같다.

한편 산초가 바라타리아 섬의 통치가가 된다는 소식을 들은 돈키호테는 정약용의 『목민심서』와 유사한 조언을 한다.

"하느님을 두려워하라. 너 자신을 알라. 농부 출신이라는 사실을 부끄러워하지 마라. 미덕을 중용으로 생각하고 후덕한 행동을 자랑으로 삼아라. 가난한 자의 눈물에 더 많은 동정심을 가져라. 동정심을 가진 재판관의 명성을 얻어라. 노역으로 벌을 준 사람에게 말로 모욕하지 마라. 식사는 조금씩 하되 저녁은 더욱 적게 먹어라. 음주는 절도 있게 하라. 사람들의 면전에서 트림하지 마라." "혹시 정의의 회초리를 꺾어야 하는 경우가 있다면 그것은 뇌물의 무게 때문이 아니라 자비의 무게 때문에 그렇게 해야 하네."

또한 『돈키호테』에는 남녀의 자유의지 사상을 보여주는 수많은 러브스토리가 삽입 소설(액자 소설) 형태로 들어있다. 남녀 간의 이상적인 사랑은 두 사람의 자유의지에 따라 하는 것이라고 역설하면서 1600년 당시 억압된 여성의 모습을 묘사하고 있다. 여인을 사모하다 죽은 그리소스토모의 장례식에 짝사랑 대상인 여성이 나타나 다음과 같이 이야기한다.

"저는 자유롭게 태어났고 자유롭게 살고자 들과 산의 고독을 선택했습니다. 이 산의 나무들이 제 친구들이고 시내의 맑은 물이 제 거울입니다. 저는 나무들과 물에게 제 생각과 아름다움을 이야기합니다. (중략) 사랑하는 마음이 희망으로 지탱된다면, 저는 그리소스토모뿐만 아니라 어느 누구에게도 희망을 준 적이 없으므로 저의 무정함보다도 오히려 그분의 집념이 그분을 죽였다고 말할 수 있을 것입니다."(돈키호테 1-14장)

세르반테스는 여성도 독립된 인간으로서 자신의 권리를 지니며 사랑에 있어서도 자유의지를 강조한다. 그 외에도 남장 여자와 여자 선장이 등장하기도 하며, 사랑하는 남자를 따라 아버지를 버리고 달아나는 무어인 여자 이야기도 나온다.

이 소설은 가톨릭 국가 스페인에서 이슬람인들(무어인)을 쫓아낸 후에 씌어졌기 때문에 당시의 전통적인 기독교관이 실려 있는데, 다음은 소설에서 돈 디아고 데 미란다가 돈키호테에게 자기를 소개하는 내용이다.

> "남의 말 하는 걸 좋아하지 않으며 다른 사람들이 내 앞에서 남의 이야기를 하는 것도 좋아하지 않습니다. (중략) 날마다 미사를 드리고 내 재물을 가난한 사람들에게 나누어 줍니다만, 위선과 허영이 내 마음속에 들어올 틈을 주지 않기 위해 선행을 자랑하지도 않습니다. 위선과 허영은 아무리 신중한 마음이라도 슬그머니 장악해 버리는 적들이니까요. 사이가 틀어진 사람들을 보면 화해를 시키려고 노력합니다. 나는 성모를 믿으며 항상 우리 주 하느님의 무한한 자비에 모든 것을 맡깁니다."(돈키호테 2 - 16장)

소설 등 문학작품이나 영화 등 멀티미디어 속의 유머와 은유는 깨닫게 하는 힘뿐만 아니라 사람들을 변화시키는 데 탁월한 효능을 가지고 있다. 이를 스토리텔링(Storytelling)이라고도 하고, 전문 용어로는 '치료적 은유'라고 한다. 샤피로 등은 수련 중인 의사들이 영화를 볼 때 실제 환자를 보는 것보다 더 감동을 받는다고 주장한다. 영화를 통하여 수련의들에게 공감과 이타주의에 대한 긍정적인 태도를 길러주어 감성적인 이상주의자로 변화시킬 수 있다고 한다. 이것을 '돈키호테 효과'라고 하며, 이를 개념적인 모델로 설정하여 의학교육에 이용하고 있다. 즉 영화를 이용해 상상력을 동원시킴으로써 공감능력과 이타심을 배양하여 환자에게 진정한 도움을 줄 수 있는 의사가 될 소양을 길러준다는 것이다. 그러나 사회학의 관점에서 돈키호테 효과는 히스테리시스(habitus hysteresis)에 해당하며, 히스테리시스는 원인과 결과 사이에 시간이 지연될 때 발생하는 등[11] 조금 복잡한 점이 있다.

돈키호테에 미쳐서 살고 있다고 주장하는 박철 교수는 휴넷 강의에서 이렇게 말한다. "힘든 절망의 시대를 살지라도 한 번뿐인 인생을 자유롭고 명예롭게 살아야 한다."며 21세기는 돈키호테형 리더를 원한다고 한다.

실제로 우리 주변에는 좋은 의미의 돈키호테로 살고 있는 사람들이 많다. 청십자 의료보험조합을 설립하고 의료와 사회봉사활동을 많이 한 장기려 박사를 필두로 하여, 최근에는 외상외과라는 어렵고 힘든 의료 활동에 뛰어들어 응급의료의 중요성을 일깨워 준 이국종 교수도 돈키호테의 삶을 살아가는 의료인이라고 할 수 있다. 노벨 물리학상과 화학상을 받은 폴란드 출신 프랑스인 마리 퀴리 역시 열악한 연구 환경에도 불구하고 연구를 계속하여 성과를 달성하였으나, "라듐은 질병치료에 사용될 것이므로 개인적 이익을 결코 취해서는 안 될 것입니다. 과학의 정신에 반대되므로 절대 그럴 수 없습니다."[12]라며 특허 등록을 하지 않았다고 하니 이 역시 돈키호테 정신이 아닐까 생각한다.

실제로 해 보지 않은 일을 마음속으로 그려 보는 것을 '상상'이라고 하고, 현실적이지 못하거나 이루어질 수 없는 것을 상상하는 것을 '공상'이라고 한다. 공상 중에 충동에 이끌려 저돌적으로 움직이며 뛰는 행동을 하는 사람을 일컬어 돈키호테라 치부해 버리지만, 미치지 않으면 미치지 못한다(불광불급 [不狂不及], 미쳐야 미친다)는 말이 있듯이 돈키호테는 꿈과 이상을 가지고 끊임없이 도전하는 인간의 모습이라 할 수 있다. 다음은 돈키호테를 읽으면서 가장 감동을 받은 문장이다.

어찌 그런 일이 있을 수 있습니까? 오늘 이 땅에 미망인을 돕고 처녀들을 보호하며 유부녀들의 명예를 지키고 고아를 구하는 사람이 있다는 게 저는 도저히 납득이 되지 않습니다.(돈키호테 2-16장)[13]

돈키호테는 나다. 내 직업은 모험을 찾아다니는 기사이다. 내 규칙은 잘못을 바로잡고 선을 퍼뜨리며 악을 피하는 것이다. 나는 편안한 삶, 야망 또는 위선에 관심이 없다. 나는 내 자신의 영광을 위해 가장 좁고 어려운 길을 찾는다. 이것이 어리석거나 무식한 것입니까?(미겔 데 세르반테스)

1) 영국의 의사, 임상의학자. 철저한 임상 관찰과 경험, 자연치유를 중시하였으며, 성홍열, 무도병에 관해서도 연구하고, 의료에 아편을 도입하였으며, 말라리아 치료 시에 키니네 사용을 대중화하였고, 철결핍성 빈혈 치료를 위해 철분을 사용했다. [네이버 지식백과] 토머스 시드넘 [Thomas Sydenham].

2) Shapiro, J. and L. Rucker (2004). "The Don Quixote Effect: Why Going to the Movies Can Help Develop Empathy and Altruism in Medical Students and Residents." Families, Systems and Health 22(4): 445-452.

3) Don Quixote – the ingenious gentleman of La Macha, 2015 감독; 다비드 비이어.

4) 미겔 데 세르반테스 사아베드라, 안영옥 (역) 돈키호테 전2권, 열린책들, 2014-11-15.

5) 돈키호테 Don Quixote, 2000. 시네21 http://www.cine21.com/movie/info/?movie_id=7325

6) [8대 고전읽기] 돈키호테 (안영옥 교수) 플라톤아카데미TV https://youtu.be/uEv71KZYacQ

7) 돈키호테 (세르반테스 저) - TV, 도서관에 가다 147회 https://youtu.be/HMWzEG8nQqI

8) [휴넷CEO] 시대를 관통하는 돈키호테 | 박철 교수 | 미니강의 | 평생학습 파트너, 휴넷 HDhttps://youtu.be/Uc2-vsYw0vA

9) "5년간 스페인을 누비다 보니 스스로 돈키호테가 되더군요." 경향신문 2014-11-25.

10) 열어구, 임동석(역), 열자(列子). 2009, 동서문화사.

11) Exploring your mind. 2018-08-06 The Don Quixote effect https://exploringyourmind.com/the-don-quixote-effect/

12) 마리 퀴리 - 지식의 용기 Marie Curie - The Courage of Knowledge, 2016. 감독; 마리 노엘.

13) '고아의 권리를 되찾아 주고 과부를 두둔해 주어라. (이사야 1,17)'의 내용과 일치한다.

딜리버리 맨

533명의 아빠라고?

Delivery Man, 2013[1]

호랑이는 태어나서 가죽을 남기고 사람은 죽어서 이름을 남긴다고 하는데, 이 '이름'이 오랫동안 기억된다는 것이 자식들에 의해서 좌우될 수 있다고 생각한다. 아무리 유명한 사람도 자손들이 없거나 자손들이 불량해지면 유명도가 오래갈 수 없을 가능성이 높기 때문이다.

그럼 한 사람은 얼마나 많은 자녀를 낳을 수 있을지 궁금하다. 자료에 의하면 러시아 태생의 한 여성은 일생동안 69명의 자녀를 낳았다고 하고(쌍둥이 16번, 세 쌍둥이 7번, 네 쌍둥이 4번)[2], 캐나다에 살고 있는 한 남성은 145명의 자녀(몰몬교 원리주의자, 27명의 아내)[3]를 낳았다고 한다.

2008년 캐나다에서는 22년 전에 냉동시켰던 정자에서 태어난 '기적의 아이' 탄생에 대한 뉴스가 있었는데, 18세에 암을 진단받고 항암제를 투약하기 전에 주치의의 권유로 정자를 정자은행에 냉동보관하였는데, 다행히 암이 완치되고 나서 이 정자를 이용하여 시험관 아이를 낳았다고 한다.[4] 또한 최근에는 9살 때 유전병으로 골수이식을 받았던 환자가 성인이 된 후에 냉동보관해 둔 자신의 난소조직(난자 자체는 냉동으로 오래 보관하기 힘들다)을 이식받아 임신 및 출산에 성공한 증례가 보고되었다.[5] 이처럼 정자와 난소조직은 비교적 오랫동안 냉동보관할 수 있기 때문에 불임부부에 도움이 될 수 있지만, 많은 생명윤리 분야가 그렇듯 윤리적인 문제와 사회적인 문제 등 복합적인 문제들이 생길 수 있다.

이번에 소개할 영화는 정자은행에 관한 이야기이다.

켄 스콧 감독이 캐나다에서 2011년 〈Starbuck〉(Mr. 스타벅)[6]을 개봉하였고 2년 후에 미국에서 리메이크하였는데 내용은 거의 같다. 아직 결혼도 하지 않았으며 그럭저럭 살고 있던 주인공이

젊었을 때 기증한 정자로 태어난 자녀가 무려 533명이고, 이들 중 일부가 생물학적 아버지를 찾으려 소송을 한다. 물론 기증 당시에는 비밀을 지키기로 서약하였으나, 소위 '알 권리'를 주장하는 자녀들의 소송에 휘말리게 되면서 생기는 윤리적 사회적 문제를 재미있게 풀어가는 영화이다.

시놉시스[7]

항상 부진한 삶을 살아온 데이비드는 재미없는 중년의 삶을 살고 있다. 그런데 20년 전 아르바이트로 기증했던 그의 정자가 533명의 아이가 되어 돌아왔다. 데이비드는 이 충격적인 사건이 그의 삶에 있어 가장 멋진 일이라 깨닫는다. 그는 진정한 자신을 발견함은 물론 아버지로서의 자신도 발견하는데, 황당하지만 가슴 따뜻한 감동 코미디이다.

2006년 미국 NBC TV는 '401호 정자'로 출산한 어머니 10여 명을 뉴욕으로 불러 자사 프로그램인 〈투데이〉에 출연시켰다. 이들은 401호 정자 제공자를 찾기 위해 한 어머니가 개설한 인터넷 사이트를 통해 서로를 알게 되었다고 한다.[8] 401호는 정자은행에서 붙인 이름으로 193cm의 큰 키에 푸른 눈과 갈색 곱슬머리를 가진 독일계 박사학위 소지자로 만능 스포츠맨이라고 알려졌으며, 인기가 가장 좋아 25명의 자녀가 태어났다고 한다.[9] 최근 정자은행 기증자 조건이 까다로워져서 '기증자 되기가 하버드 입학보다 어렵다'라는 말이 생길 정도라고 하는데, 정자은행업계가 세태 변화에 대처하기 위한 일환으로 생물학적 아버지와의 만남을 주선하기도 하였다.[10]

합성 안경 렌즈를 발명하여 백만장자가 된 로버트 그레이엄은 우리 인류가 다윈이 말한 자연 선택이 아니라 '지능 선택'이라는 새로운 방식을 통해 진화의 방향을 통제해야 한다고 선언한 후에, 노벨상 수상자의 정자만을 기증받아 IQ 160 이상의 사람들만이 가입할 수 있는 멘사의 여성회원들에게만 정자를 제공하는 소위 '천재공장 프로젝트'를 개설하여 19년 동안 (1999년 문을 닫음) 217명의 천재 아이가 태어났다고 한다. 저널리스트 플로츠가 217명 중 30여 명과 접촉하고 자료를 수집하여 『천재공장』[11]이라는 책을 출간하였다.

충격적인 것은 이 정자은행을 통해 태어난 217명의 아이들 중 노벨상 수상자의 정자로 태어난 아이는 단 한 명도 없었다는 것이고, 아이들의 지능(IQ)은 보통 아이들보다 약간 높기는 하였지만, 부모가 원하는 대로 성장하지 않았다고 한다. 따라서 노벨상 정자은행은 실패하여 문을 닫을 수밖에 없었다. 저자는 교육에 대한 열정을 가지고 환경적인 혹은 재정적인 지원을 아끼지 않은 어머니의 역할 등을 고려하지 않았기 때문이라고 주장하였다.

그런데 최근 엄마의 지능에 따라 자녀들의 지능이 결정된다는 흥미로운 연구결과[12)13)]가 보고되었다. 영국 글래스고에 있는 의학연구위원회에서 주요 과학저널에 게재된 관련 연구논문을 분석하고, 14~22세 1만 2686명을 대상으로 실험을 진행한 결과 '지능 유전자는 엄마에게서만 물려받는다'는 것이다. 이 연구에 따르면 지능 유전자는 X염색체에 위치하고 있는데 여성은 X염색체가 2개인 반면 남성은 1개뿐이고, 더욱이 여성에서도 아버지로부터 물려받은 지능 유전자는 비활성화된다고 한다.[14)] 아버지의 유전자보다 어머니의 유전자 역할이 더 중요하다는 점이 증명된 것이다. 그러나 인간의 지능에 영향을 끼치는 유전적 요인은 40~60% 정도에 불과한 것으로 알려졌으며, 어떤 사람은 머리(IQ)는 좋지만 노력하지 않는 사람도 있고, 머리는 좋지 않지만 열심히 노력하는 사람도 있는 것처럼 수많은 요인이 지능에 영향

을 줄 수 있다는 것이다.

미국 펜실베이니아대 심리학과 교수 앤절라 리 덕워스는 세계적인 지식 강연인 테드(TED)에서 성공할 거라고 예측되었던 사람들에게서 관찰된 한 가지 공통된 특성은, 좋은 지능도 아니고 좋은 외모나 육체적인 조건은 더구나 아니다고 하면서 "그것은 바로 기개(Grit,그릿)이다"라고 주장하였다. 덕워스 교수는 논문에서 Grit는 인내와 열정(Perseverance and Passion)이 합쳐진 것이라 풀이하였는데 우리말로는 Grit를 패기라고 번역해도 된다. 패기의 뜻이 '어떤 어려운 일이라도 해내려는 굳센 기상이나 정신'이기 때문이다. 열정(Passion)에는 말 그대로 고통의 뜻이 내재하여 있기 때문에 고통을 견디어내고 참아야만 성공에 이를 수 있다는 것이다.

정자은행은 생명윤리 분야에서 크게 다루지 않는 경향이 있는 것 같으나 꼭 짚고 넘어가야 할 부분이다. 1998년 〈대한산부인과학회 보조생식술 윤리지침〉에 따르면 비배우자 인공수정은 ▲이것 이외의 의료행위에 의해서는 임신할 가망이 없다고 판단될 경우에 한하여 시술 ▲법률적 혼인관계에 있는 부부만을 대상 ▲남편의 적극적 동의하에 시행 ▲동일 공여자의 정액은 10회 이하 임신에 한해 사용 ▲어떠한 경우에도 정액공여자의 신분은 비밀을 보장해야 하며 정액공여자에 대해서도 시술결과를 공개해서는 안 된다는 등의 규정을 두고 있다. 또한 서울대학교 정자은행이 만든 정자은행 계약서에 따르면 자기 정자를 내놓는 사람의 경우

▲자신의 정자로 출생한 아이에 대해 법적으로나 그 외 어떠한 관계에서도 자신의 자식임을 주장하지 않을 것이며 ▲자신의 정자를 제공받은 인물의 신분을 알려고 하지 않을 것이며 ▲법에 의한 경우를 제외하고는 자신의 신분도 엄격하게 비밀로 할 것을 서약해야 한다[15]고 한다.

얼마 전 뉴스에 의하면 일본에서 시아버지 정자와 며느리 난자로 시험관 아기 173명 태어났다고 하는데,[16] 일본 내에서도 "윤리 파괴"와 "남보다 낫다" 사이에서 논란이 많았다고 한다. 아이를 얻기 위한 불임부부의 최후 선택인 정자은행의 관리에 사회적인 동의와 제도적인 뒷받침(국가 차원의 통합관리)이 필요하다고 생각된다. 영화를 보면서 이런 문제들도 한번쯤 생각해 보는 것도 좋겠다.

보다 우수한 인류를 탄생시키기 위한 노력은 그 역사가 깊다. 소크라테스는 마치 좋은 말을 생산할 때처럼 국가가 나서서 최고의 남자와 최고의 여자가 최고의 시민을 낳을 수 있도록 해 줘야 한다고 충고했다. 자녀들이 결혼할 때 집안을 보는 것도 상대 집안에 우수한 혹은 열악한 유전자가 있지 않을까 하는 우려 때문이라고 할 수 있다. 나치에 의해서 자행된 유태인 학살이나, 장애인들은 아이를 가질 수 없다고 단종법을 시행하였던 1925년 버지니아의 '벅 대 벨(Buck vs. Bell) 판결' 등도 우생학(인류를 유전학적으로 개량할 것을 목적으로 하여 여러 가지 조건과 인자 등을 연구하는 학문)에 그 뿌리를 두고 있다.

그후 이야기

자발적 비혼모 사유리 논란이 불거진 후 산부인과 학회는 지난 2020년 11월 24일 회의를 열어 윤리지침에서 '법적인 혼인관계' 문구를 '부부(사실상의 혼인관계에 있는 경우를 포함한다)'로 수정했다고 한다. 그러나 비혼 허용은 공청회 등이 필요하다고 하였다.

1) 딜리버리 맨 Delivery Man, 2013, 코미디, 미국 103분, 감독: 켄 스콧.
2) 69명의 자식을 낳은 러시아 농부의 여인 https://blog.naver.com/seenewskr/221481349461
3) Canadian husband with 27 wives and 145 kids - the country's largest polygamist family Dailymail. 2016-08-03. http://www.dailymail.co.uk/news/article-3720783/
4) 'Miracle baby' conceived from 22-year-old sperm. CTV news 2008-02-21.
5) 9세 때 얼려둔 난소 이식 세계 첫 출산. 경향신문 2016-12-15.
6) Mr.스타벅 Starbuck, 2011, 코미디, 캐나다 103분. 감독: 켄 스콧.
7) 네이버 영화 - 딜리버리 맨.
8) 네이버 블로그 - 우리 아빠는 정자 401호예요. http://blog.naver.com/wlb1004/60024209345
9) Mothers seeking 'Super Donor 401' get a special gift. www.telegraph.co.uk
10) 정자은행 (미국 최대의 정자은행 '캘리포니아 크라이요 뱅크(CCB)) 중앙일보. 2010-06-19.
11) 데이비드 플로츠, 이경식(역) 천재공장. 북앳북스, 2005.
12) Psychology spot. Did you know that intelligence is inherited from mothers?http://www.psychology-spot.com/2016/03/did-you-know-that-intelligence-is.html
13) Elite Daily. Science Says You Can Thank Your Mom For How Smart You Are (Or Aren't)http://elitedaily.com/social-news/mom-genes-intelligence/1610986/
14) 송민섭. 지능 유전자는 엄마에게서만 물려받는다. 세계일보 2016-10-09.
15) 하태원, 정자은행을 찾는 사람들 - 의대생 OK, 곱슬머리는 안 돼. 신동아 2000년 4월.
16) 日, 시아버지 정자와 며느리 난자로 시험관서 173명 태어나, 헤럴드경제 2016-09-19.

라쇼몽, 다우트

사실과 진실

In the Wood, 1950 / Doubt, 2008

사실(事實)은 '실제로 있었던 일이나 현재에 있는 일'을 뜻하는 말이고, 진실(眞實)은 '거짓이 없는 사실'을 뜻하는 말이다.[1] 따라서 사실과 진실의 공통집합은 진실이고 사실은 진실과 같거나 보다 더 크다. 세상에 보이는 것(사실)이 모두 진실은 아니다. 자신이 보고 싶은 부분만 보는 사람도 많고, 자신이 보는 부분만이 진실이라고 믿는 사람들도 많다. 일본 고전영화 〈라쇼몽〉[2]에서는 살인사건을 증언하는 당사자와 피해자, 제3자의 증언이 모두 다르다. 또한 옆에서 처음부터 지켜보던 목격자의 증언 또한 다르다.

산적 타조마루는 자신이 속임수를 썼고, 마사코를 겁탈한 것은 사실이지만, 사무라이와는 정당한 결투 끝에 죽인 것이라고 떠벌린다. 하지만 마사코의 진술은 그의 것과 다르다. 자신이 겁탈당한 후, 남편을 보니 싸늘하기 그지없는 눈초리였다고 한다. 자신의 잘못이 아님에도 자신을 경멸하는 눈초리에 제정신이 나간 그

시놉시스[3]

사건이 벌어진 배경은 녹음이 우거진 숲속. 사무라이 타케히로가 말을 타고 아내 마사코와 함께 오전의 숲속 길을 지나가고 있었다. 근처 그늘 속에서 낮잠을 자던 산적 타조마루는 슬쩍 마사코의 예쁜 얼굴을 보고는 그녀를 차지할 속셈으로 그들 앞에 나타난다. 속임수를 써서 타케히로를 포박하고, 타조마루는 마사코를 겁탈한다. 오후에 그 숲속에 들어선 나무꾼은 사무라이 타케히로의 가슴에 칼이 꽂혀 있는 것을 발견하고 관청에 신고한다. 곧 타조마루는 체포되고, 행방이 묘연했던 마사코도 불려와 관청에서 심문이 벌어진다.

겉보기에는 명백한 것 같은 이 사건이 당사자들의 진술을 통해 다양한 사실을 들려준다는 점이다. 즉 무엇이 진실인지 알 수 없는 상황에 이른다.

녀는 혼란 속에서 남편을 죽였다고 진술한다. 하지만 무당의 힘을 빌려 강신한 죽은 사무라이 타케히로는 또 다른 진술을 털어놓는다. 자신의 아내가 자신을 배신했지만, 오히려 산적 타조마루가 자신을 옹호해 줬다는 것이다. 그리고 그는 스스로 자결했다는 것이다.

영화에서처럼 엇갈리는 진술에는 각자의 입장과 이해관계가 관련이 있다. 더구나 영화에서 진실은 나무꾼이 목격한 것으로 결론을 짓고 있는 것 같지만 나무꾼은 관청에서 증언하지 않았는데, 그 역시도 뭔가 이해관계가 있고 이런 증언이 진실인지도 알 수 없다. 감독은 '보이는 것이 모두 진실은 아니다' 혹은 '세상에 진실은 없다'라고 주장하고 싶었는지 모른다. 감독 구로사와 아키라는 〈라쇼몽〉으로 1951년 베니스 영화제 황금사자상을 받았으며 다음해 아카데미 시상식에서 외국어영화상을 수상하였다.

한편 영화 〈다우트〉(Doubt)[4]에서는 진실이 무엇인지 모른다. 단지 의심과 그것이 사실이 아니라는 다툼이 있을 뿐이다. 교장 수녀는 거짓말이라고 확신하는 신념과 믿음이 있고, 신부는 사실을 밝히지는 않는다. 고해성사 등 알게 된 비밀은 아닐 수 있지만 학생을 위해서 진실을 밝히지 않고 남겨둔다.

"확신만큼 강력하고 지속가능한 힘을 발휘하는 것이 의심입니다." 퓰리처상을 받은 동명의 연극을 각색해 만든 영화 〈다우트〉는 신부의 설교 장면으로 시작한다. 인간은 왜 증거가 없는 것도

시놉시스[5]

영화는 1964년 브롱스의 성 니콜라스 학교를 배경으로 펼쳐진다. 활기에 가득한 플린 신부는, 철의 여인이며 공포와 징벌의 힘을 굳건히 믿고 있는 교장 수녀 알로이시스에 의해 한 치의 빈틈도 없이 이어지던 학교의 보수적이고 엄격한 관습을 바꾸려고 한다. 당시 지역 사회에 급격히 퍼지던 정치적 변화의 바람과 함께 학교도 첫 흑인 학생인 도널드 밀러의 입학을 허가한다. 하지만, 희망에 부푼 순진무구한 제임스 수녀는 플린 신부가 도널드 밀러에게 지나치게 개인적인 호의를 베푼다며, 죄를 저지른 것 같다는 의심스러운 언급을 한다. 이때부터 알로이시스 수녀는 숨겨진 사실을 폭로하고 신부를 학교에서 쫓아내려는 계획을 세운다. 자신의 도덕적 확신 이외에 단 하나의 증거 하나 없이, 알로이시스 수녀는 교회를 와해시키고 학교를 곤란에 빠트릴 결과를 가져올지 모르는 플린 신부와 은밀한 전쟁을 시작한다.

믿어 버리는 것일까 하는 소박한 의문을 픽션으로 만든 작품이다. "수녀님은 확신한다지만 그건 한낱 감정일 뿐 사실이 아니지 않습니까?" "전부 말할 수는 없어요, 아시죠? 말할 수 없는 것들도 있습니다."라고 신부가 항변하지만 교장 수녀는 거짓말은 거짓말을 낳듯이, 한번 문 개는 계속 물기 마련이라며 오히려 의심만 더 키우게 된다.

많은 사람들이 의심은 의심을 낳고 믿음을 낳지 못하니 의심하지 말고 믿으라고 한다. 그러나 내가 가는 길이 올바른 길을 가고 있는지를 의심하는 것은 확신만큼이나 중요하다. 설교 내용에서도 나오지만, 화물선이 침몰하여 구명보트를 타고 나침반도 없이 하늘의 별자리를 등대 삼아 항해하던 사람이 구름에 가려 별자리를 볼 수 없을 때, 내가 옳은 길로 가고 있는지를 의심해야 한다. 의심은 불신이 아니고 역동적인 믿음의 한 부분일 수 있다. 믿음과 의심이라는 외줄타기에서 이 둘을 함께 다룰 수 있을 때 믿음에 대한 확신과 자유를 이룰 수 있다. 영화 〈다우트〉의 진실은 무엇인지 알 수 없다. 마지막 장면에 원장 수녀의 고백 ― "의문이 들어요. 그런 의심이 들어요."가 이 영화의 결론이다.

보이는 것이 다 사실이나 진실은 아니지만, 사람들은 보고 싶은 부분만 보고, 자신이 보는 부분만이 진실이라고 믿는다. 그나마 확실히 본 것도 불편한 기억은 바로 지워버리고, 믿지 않는다. 인간은 보고 싶은 것만 보고 믿고 싶은 것만 믿는 착각 속에서 살아가고 있다.[6]

영화 〈웃는 남자〉[7]에서 눈이 보이지 않는 데아는 "보이지 않는다고 볼 수 없는 것이 아니고, 보이는 것이 모두 진실은 아니다. 진실은 보는 것이 아니라 아는 것이다."라고 그녀가 사랑하는 그윈플렌에게 말한다.

생택쥐페리는 『어린 왕자』에서 가장 중요한 것은 눈에 보이지 않으니 마음으로 보아야 한다고 주장한다. 사실은 눈에 보일 수 있으나 진실은 보이지 않을 수 있다. 눈에 보이는 모습뿐만 아니라 그 진정한 모습을 마음으로 볼 수 있도록 노력하여야 한다.

1) 네이버 국어사전. 사실과 진실의 차이. http://krdic.naver.com/rescript_detail.nhn?
seq=7098
2) 라쇼몽 羅生門, In The Woods, 1950, 감독; 구로사와 아키라.
3) 네이버 영화 – 라쇼몽. http://movie.naver.com/movie/bi/mi/basic.nhn?code=
10948
4) 다우트 Doubt, 2008, 감독: 존 패트릭 샌리.
5) 네이버 영화 – 다우트 http://movie.naver.com/movie/bi/mi/basic.nhn?code= 51689
6) EBS 다큐 프라임. 인간의 두 얼굴 시즌2. 1부 : 착각의 진실.
7) 웃는 남자 L'homme qui rit, The Man Who Laughs, 2012. 감독; 장 피에르 아메리스.

모뉴먼츠 맨 : 세기의 작전

전쟁 중 문화재 지킴이 역할

The Monuments Men, 2014

렘브란트가 그린 '돌아온 탕자'라는 유명한 성화는 러시아 상트페테르부르크(예전 레닌그라드)의 예르미타시 박물관에 전시되고 있다. 네덜란드 출신 렘브란트의 그림이 어떻게 러시아에 있게 되었는지 궁금하여 찾아보니, 렘브란트가 죽은 지 100년 후에 러시아에서 구입하였다고 한다. 이 그림은 히틀러의 러시아 폭격을 피해 4년 동안 우랄산맥 건너편 소금 광산에 옮겨져 보관되었다고 한다.

그러다 보니 영화 〈모뉴먼츠 맨〉이 생각났다. 〈모뉴먼츠 맨〉은 제2차 세계대전 때 히틀러로부터 문화재 약탈을 지키는 영화이다. 또한 영화에서 독일 패망 후 러시아 군대가 들어오면서 전리품으로 예술품을 가져가는 모습을 보여주는데, 러시아 역시 유럽에서 많은 문화재를 약탈하였다고 한다.

예술품에 집착했던 히틀러는 그의 고향 오스트리아에 본인 이

시놉시스[1]

제2차 세계대전, 히틀러에 의해 세기의 걸작을 잃을 절체절명의 위기 속에, 미술 역사학자 프랭크는 이를 막기 위해 예술품 전담부대 '모뉴먼츠 맨' 결성을 주도한다. 예술품을 지키는 것이 목숨을 걸 만큼 가치 있는 것인지에 대한 우려와 반대에도 불구하고, 프랭크는 끈질긴 설득 끝에 '모뉴먼츠 맨' 결성 허가를 받는다. 미술관 관장, 건축가, 조각가, 미술품 거래상, 예술품 감정가 등 뜻을 함께 한 대원들로 구성된 '모뉴먼츠 맨'은 전쟁터 한복판으로 나가, 나치로부터 예술품을 지키려고 애쓴다. 하지만 그들은 전투 경력도 없었으며, 더구나 예술품 보존을 위해 폭격을 저지하다가 전쟁 훼방꾼이라는 오명을 쓰게 된다. 더욱이 전황이 불리해지면 모아둔 모든 예술품을 파괴하라는 히틀러의 지침 때문에 상황은 더욱 악화되어 간다. 자신의 목숨조차 지키기 어려울 뿐만 아니라 그 외 모든 악조건 속에서 그들은 도난 예술품 은닉처를 찾아 최전선으로 향한다. 전쟁 승리보다 중요한 미션을 위해 목숨을 걸었던 예술품 전담부대 '모뉴먼츠 맨'의 숨겨진 실화가 공개된다!

름의 박물관을 만들려고 하였다. 나치는 점령지로부터 예술품들을 약탈하여 외딴 성이나 광산에 숨겨두고 종류별로 앨범을 만들어 히틀러에 보고한 다음 비밀리에 베를린으로 운송하였다. 오스트리아 알타우제 소금광산, 독일 지겐 구리광산, 하일브론 광산, 메르케르스 소금광산, 독일 노이슈반슈타인 성을 비롯한 천여 곳이 은닉 장소로 이용되었다.[2] 광산 특히 소금광산은 온도가 낮게 유지되고 소금이 습기를 흡수하여 습도를 유지해 주기 때문에 미술품 보관에 좋은 장소로 사용되었다.

이 영화는 로버트 에드셀이 쓴 동명의 실화 소설을 바탕으로, 할리우드를 대표하는 최고의 배우이자 제작자, 감독인 조지 클루니가 영화 제작과 감독, 각본, 주연을 하였다.

제2차 세계대전 당시 이탈리아 본토에 상륙한 연합군은 독일군과 치열한 격전을 벌이던 중 독일군 기지로 이용되던 몬테카시노 수도원을 공중 폭격하여 독일군을 궤멸시키고 승리하였다. 하지만 수도원 대부분이 파괴되었다. 그리하여 이 연합군의 승리는 문화유산의 소중함을 모르는 야만인과 다름없으며

야만의 시대에 맞서
인류 유산을 지킨 영웅들[3]

역사의 심판을 받게 될 것이라는 비난을 받았다. 이에 연합군은 1943년 MFAA(Monuments, Fine Arts, and Archives program; 기념물, 미술품, 기록물)라는 부대를 창설한다.[3] 문화재의 파괴를 방지하고 보존하기 위한 문화재 지킴이 특별부대이다. 감독 조지 클루니는 "예술은 인류의 역사이기 때문에 목숨을 바칠 만큼 가치 있는 것이다"라는 확신을 갖고 예술품을 지키기 위해 목숨을 건 사람들의 숨겨진 이야기를 다루는 데 노력을 하였다고 하였다.

영화에서 나오는 주요 예술품은 벨기에 브뤼헤의 노트르담 성당에 있는 '성모자상'과 겐트의 성 바프 성당의 반에이크 형제가 그린 '겐트 제단화'이다. 벨기에 노트르담 성당(Onze- Lieve-Vrouwekerk, 성모마리아 성당)은 브뤼헤를 대표하는 건축물로서 15세기경에 건립되었고, 현재는 교회보다는 교회 박물관으로 사용되고 있다. 이곳에 있는 '성모자상'(그림 1)은 미켈란젤로가 조각하였는데, 그의 생전에 유일하게 이탈리아 밖으로 나온 작품으로도 유명하다. 당시 브뤼헤의 부유한 상인이 구입해서 교회에 기증하였다고 하는데, 성모자상의 성모님 얼굴은 피에타 상(십자가에서 돌아가신 예수를 내려서 그를 옆으로 안고 내려보는 성모를 조각한 미켈란젤로의 대표적인 조각)과 매우 유사하다.[4]

'겐트 제단화'[5]는 역시 벨기에 겐트의 성 바프(Saint Bavo) 성당에 전시되어 있는 반에이크가 그린 '신비한 어린 양의 제단화'(그림 2)를 말한다. '성모자상'이 이탈리아 르네상스를 대표하는 작품이라면 '겐트의 제단화'는 북유럽 르네상스를 대표하는 성물 그

그림 1. 벨기에 브뤼헤의 노트르담 성당에
있는 미켈란젤로가 제작한 '성모자상'과,
알타우세 광산에서 발견된 성모자상
(영화의 한 장면)

그림 2. 벨기에 겐트의 성 바프(Saint Bavo) 성당에 있는 '신비한 어린 양의 제단화'

림이다. 그림 2에서 보이듯 성경 속의 인물들이 배치되어 있고, 하단의 '어린 양에 대한 경배'에도 인물 하나하나가 매우 세밀하게 묘사되어 있기 때문에, 글을 모르는 당시 사람들도 성경 내용과 교훈을 쉽게 이해할 수 있다.

한편, 국내에서도 모뉴먼츠 맨 정신을 이어받아 문화재 보존에 목숨을 걸었던 이들의 사례가 있다. 한국 전쟁 당시 북한군이 덕수궁에 모인다는 첩보를 입수한 미군은 덕수궁을 포격하기로 결정하지만, 모뉴먼츠 맨 이야기에 깊은 감동을 받았던 제임스 해밀턴 딜 중위가 포격을 반대하고 나섰다. 미군은 고민 끝에 덕수궁 포격을 철회하였다.

또한 팔만대장경이 보관된 합천 해인사 역시 한국 전쟁 당시 포격을 당할 위기를 넘겼다. 인천상륙작전 이후 전세가 역전된 북한군은 해인사를 중심으로 게릴라전을 펼치고 있었기 때문에 유엔군에서는 해인사를 포격하라는 명령을 내렸으나, 당시 공군 편대장이었던 김영환 장군이 국보인 해인사와 팔만대장경이 소실될 것을 우려해 명령을 따르지 않았다.

전쟁 중에 특히 아군의 사상자 및 피해가 큰 상황에서 상부 명령을 거부한다는 것은 쉽지 않은 일이다. 영화에서도 '모뉴먼츠 맨'들은 폭격중지 의견을 제시하였다가 무시당하기 일쑤고 심지어는 따돌림을 당하기도 하였다. 전쟁 중에 명령을 거부하고 불복종하다가 사형을 당하거나 큰 피해를 당한 사람들도 있었을 것이다. 해인사 폭격을 거부한 김영환 장군(당시 대령)도 명령불복종으로 처형당할 뻔했으나 '문화유산을 지키기 위해서'라고 항변하여 다행히 징계만 받았으며, 이후에 많은 무공훈장을 받았고 비행기와 함께 실종된 후에 준장으로 진급하였다. 이런 사람들의 희생으로 우리 문화재도 지킬 수 있었던 것이다.

'역사는 승자들의 기록이다.'라는 윈스턴 처칠의 말처럼 문화재를 살리려고 하는 수많은 시도들이 있었을 것이지만 성공한 사람들의 이야기만 전해오고, 성공하지 못한 사람들의 이야기는 사라졌을 것이다.

우리 시대 역시 실패를 두려워하지 않는 많은 시도를 요구하고 있다. 최근에도 시리아에서 고고학자들과 전문가들이 소중한 문화유산을 지키기 위해 팔을 걷어붙이고 있다고 한다.[6]

---

1) 네이버 영화 - 모뉴먼츠 맨 https://movie.naver.com/movie/bi/mi/basic.nhn? code=101961
2) [조성관의 세계인문여행] 클림트의 '철학'과 '모뉴먼츠 맨' 뉴스1, 2020-02-06.
3) 야만의 시대에 맞서 인류 유산 지킨 영웅들. 매일경세, 2012-02-10.
4) [정준모의 영화 속 그림 이야기] 인류의 문화적 재화, 전쟁에서 구해라. 서울신문, 2017-02-08.
5) 네이버 지식백과. 겐트 제단화: 신비한 어린 양의 제단화.
6) 시리아판 '모뉴먼츠 맨', 필사적인 문화유산 보존 활동. 연합뉴스 2015-02-11.

밀리언즈

행운은 어디에 쓰는가

Millions, 2004

어느 날 하늘에서 돈다발이 떨어진다면 어떻게 될까. 기도의 응답으로 생각하고 좋은 곳에 쓸지, 마음대로 한번 원없이 써 볼지 생각만 해도 기분 좋은 상상이다. 이 영화는 엄마를 여의고 아빠와 함께 살아가는 형제가 이런 일을 경험하는 코미디다.

평소 가톨릭 성인 전기를 많이 읽은 동생 데미안은 돌아가신 성인들을 만나는 경험을 하는데, 이 영화에서도 수많은 성인 성녀(이사의 성인 '성 안나', 침묵의 성인 '세인트 록' '아가사 성녀', 카타리나 성녀, TV 성인 글라라 성녀, 산타클로스의 원조 니콜라스 성인, 베드로 성인)가 등장한다. 다분히 가톨릭적이기도 하지만 코미디이기 때문에 조금 비하하고 왜곡하는 느낌도 든다. 이웃 몰몬교 신도의 집 대문에는 'Serendipity'라는 문패가 붙어 있는데, '의도하지 않은 발견, 운 좋게 발견한 것'이라는 뜻이다. 이 영화에서도 의도하지 않은 횡재(데미안이 돈을 그 집 우편함에 넣어줌)를 한다. 데미안은 죽은 엄

사회적 배경은 영국의 화폐 파운드가 유로화로 통합되기 전이다. 9
살 안소니와 7살 데미안 형제는 아빠와 함께 어느 조용한 마을로 이
제 막 이사를 왔다. 어느 날, 기찻길 옆에서 놀고 있던 형제 앞에 갑
자기 커다란 가방 하나가 떨어진다. 그 안에 든 것은 자그마치 백만
파운드라는 엄청난 양의 현찰이지만, 이 돈의 사용기간은 유로화로
통합되기 전 단 열흘뿐이다.

  돈의 힘을 알고 있는 영리한 형 안소니는 신나게 돈을 쓰며 친구들
을 보디가드로 고용해 학교 내 영향력을 키우는 등 어른 흉내를 낸
다. 반면 '이 돈은 좋은 일에 쓰라고 하늘이 보낸 선물'이라 믿는 천
사표 동생 데미안은 불쌍하고 가난한 사람들을 찾아다니며 돈을 나
눠주는 등 선행을 베푼다. 그러던 그들 앞에, 자신들이 훔친 돈가방
을 찾는 은행강도가 나타나고, 설상가상 아빠와 아빠의 여친까지 돈
의 존재를 알게 되면서 골치 아픈 소용돌이에 빠진다.

마가 성녀가 되었을 것이라 믿고 있으며 후반부에 엄마를 만나는 기적을 체험한다. 스토리의 마지막은 태워버리고 남은 돈을 아프리카 지원 단체에 기증하여 사막에서 샘물이 쏟아져 나오게 하는 해피엔딩으로 끝을 맺는다.

이 영화는 톨스토이 단편 『두 형제와 황금』과 많이 닮았다. 형제가 주중에는 봉사를 하고 주일에는 같이 지내고 있었는데, 하루는 형이 동생이 무슨 일을 하는가 궁금하여 동생을 따라갔다. 얼마쯤 가다가 동생이 뭔가에 놀라서 황급히 도망가는 것을 보고, 형이 가보니 황금이 있었다. 형은 '동생은 왜 그냥 갔지? 황금을 어떻게 사용하느냐에 따라 악이 될 수도 있고, 선이 될 수도 있는 것인데 말이야. 이 정도의 황금이면 수많은 사람들에게 도움을 줄 수 있을 것인데, 그냥 그대로 가버리다니' 하면서 이상하게 생각하였다.

형은 그 황금을 가져와 팔아 집을 세 채 지어, 하나는 과부와 고아를 위한 시설을 만들고, 다른 하나는 환자와 장애인을 위한 병원, 또 하나는 노숙자를 위한 시설로 사용했다. 그래도 돈이 남아서 이들을 관리할 사람을 임명하고 그에게 돈을 주어 불쌍한 사람들을 돌보게 하였다. 물론 본인은 한 푼도 챙기지 않았다. 그러다 보니 엄청나게 많은 칭송이 형에게 쏟아졌다.

그렇게 몇 달이 지나고 나서 형은 동생을 만나기 위해 집으로 가는데 천사가 길을 막아섰다. 형은 나를 위해서는 동전 한 푼도 쓰지 않고 좋은 일에 다 썼는데 뭐가 문제가 되냐고 항의하였다. 천사는 "동생이 한 행동이 훨씬 더 값지고 빛난다. 황금을 놓고 간 것은 악마였다. 너는 악마의 속삭임에 넘어간 것이다."라고 말하면서 황금은 결코 신과 사람을 위해 일할 수 없다고 충고하였다.

서울 강서구 개화동 나루터, 공암진(바위에 구멍이 있어서 이런 명칭이 붙었다고 한다)에는 투금탄(投金灘)이라는 곳이 있다. 조선 시대 형제가 심부름을 다녀오다가 황금 두 덩어리를 발견하였다. 사이좋게 하나씩 나누어 가지고 강을 건너던 중 동생이 황금을 강에 던졌다. 형이 그 이유를 물으니, "우리 형제가 우애가 좋았는데 황금을 보고 나니 나 혼자 갔으면 두 개가 모두 내 것이라는 생각도 들고, 지금이라도 형이 없어지면 그 황금은 내 것인데"라는 생각이 들어서 강물에 버렸다고 말했다. 그 말을 들은 형도 바로 본인의 황금을 강에 버렸다고 한다. 이런 유래를 가진 것이 한강 여울

투금탄(그림 이무성)

에 있는 투금탄(투금뢰, 투금강)이다. 자본주의 사회에서 살고 있는 우리는 이해가 조금 안 되는 일이지만, 당시 뱃사공도 이들의 행동을 이해하지 못하였다고 한다. 정말 많이 아깝다고 생각도 들고 지금이라도 잠수부를 동원하여 찾아볼까 하는 생각도 든다.

두 이야기가 비슷하다. 민주주의 국가에서 자본주의 아래 살고 있는 우리들에게 돈은 불가분의 관계여서 부족하면 불편한 것만은 사실이다. 최영 장군 말씀처럼 황금 보기를 돌같이 하면서 살기는 힘들다. 그러나 문제는 돈이면 무엇이든지 가능하다고 생각하고 돈의 힘에 의지하려 하며, 돈만 밝히고 좇아다니는 천민(賤民) 자본주의이다. 자본주의는 야수와 같아서 방치하면 사람들을 잡아먹는다고 해서 야수 자본주의라고도 한다.

2012년에 발생한 꽃동네 논란에서도 돈을 많이 관리하다 보니 문제가 된 것으로 생각된다. 교황님은 " '살인하지 마라'의 현대적 해석을 '경제적 살인을 하지 마라' "라고 말씀하셨다. 생명윤리 4대 원칙에서도 '악행하지 마라'라는 원칙이 있는데 이것을 현대적으로 '경제적 악행을 하지 마라, First, do no (financial) harm' 라고 해석하는 것을 보면 돈과 황금, 자본이 문제를 일으키는 것은 확실한 것 같다.

자본주의 사회에서 돈의 가치와 위력은 상상을 초월하는 절대적 존재다. 돈이 많아지면 권력도 따라오기 때문에, 현대 우리 사회 일부에서는 자본을 우상(偶像)으로 숭배하고 있다. 그래서 미국 뉴욕 월스트리트에 있는 뉴욕증권거래소의 상징이 황소(우상牛像)

이다. 우리는 이 자본이 베푸는 은덕에 먹고 산다 해도 과언이 아니다.

뉴욕 월스트리트에 있는
뉴욕증권거래소의 상징 황소[2]

요한복음 12장에는 다음과 같은 내용이 있다. "그런데 마리아가 비싼 순 나르드 향유 한 리트라를 가져와서, 예수님의 발에 붓고 자기 머리카락으로 그 발을 닦아 드렸다. 그러자 온 집 안에 향유 냄새가 가득하였다. 제자들 가운데 하나로서 나중에 예수님을 팔아넘길 유다 이스카리옷이 말하였다. '어찌하여 저 향유를 삼백 데나리온에 팔아 가난한 이들에게 나누어 주지 않는가?'" 보충하면 '삼백 데나리온으로 더 좋은 일을 많이 하면 되지 않겠느냐'라고 생각하지만 결국에는 그는 은돈 서른 닢으로 예수님을 팔아넘기게 된다.

예수님께서는 "길을 떠날 때에 아무것도 가져가지 마라. 지팡이도 여행 보따리도 빵도 돈도 여벌 옷도 지니지 마라."(루카 9,3)라고 말씀하신 것을 보면 황금이나 돈, 자본을 경계하였던 것 같다.

"어떠한 종도 두 주인을 섬길 수 없다. 한쪽은 미워하고 다른 쪽은 사랑하며, 한쪽은 떠받들고 다른 쪽은 업신여기게 된다. 너희는 하느님과 재물('재물'로 번역되는 그리스어 '맘모나스'mamōnas는 '물신'의 뜻으로 널리 쓰인다.)을 함께 섬길 수 없다."(루카 16,13)

1) 네이버 영화 - 밀리언즈 https://movie.naver.com/movie/bi/mi/basic.nhn?code= 40122

2) NYC Wall Street Bull - Photograph by Carl Heilman.com, from the Book Our New York.

밀양

용서라는 어려운 문제

Secret Sunshine, 2007[1]

2007년은 내가 암수술을 받은 해이다. 많은 사람이 그렇겠지만 죽음이라는 것을 피부로 느끼기도 하고 죄와 용서에 관해서도 많은 생각을 하게 되는데, 그해 이 영화가 60회 칸영화제에서 배우 전도연이 여우주연상을 수상했다.

당연히 이 영화를 몇 번이고 보았는데 좀처럼 이해가 되지 않았다. 주변 교수들이나 피정 신부님의 말도 공감이 가지 않았고 머리에 들어오지도 않았다. 영화평론가 박태식(성공회 신부)은 "죄는 어떤 인간도 피해갈 수 없이 마치 그림자처럼 드리워진 숙명이다. 따라서 숙명으로 주어진 죄인의 굴레를 벗어나는 길은 오직 한 가지 하느님의 은총에 매달리는 수밖에 없다"(월간조선 9월호)고 하였지만 오히려 더욱 어렵기만 하였다. 그해 칸영화제의 감독상을 받은 작품은 생명윤리에 관한 루마니아 영화〈4개월, 3주… 그리고 2일〉이 수상하였다.

시놉시스[2]

여주인공은 남편을 일찍 여의고 주변의 수군거림을 피해 낯선 땅 밀양으로 이사를 간다. 하지만 그곳에서 안타깝게 아이를 유괴당하고 결국 잃게 된다. 모든 것을 잃어버린 여인은 끝없는 절망 속에 살다가 종교에 귀의한다. 그리고 마침내 아이의 살인범을 용서하기로 하고 그를 직접 만날 용기를 낸다. 하지만 너무나도 평안한 얼굴을 하고 있는 살인자는 본인도 종교를 갖게 되었으며 주님으로부터 이미 용서받았다는 말을 듣고는 커다란 충격에 빠진다.

〈밀양〉의 원작은 이청준의 단편소설 『벌레 이야기』(1985)이다. 이청준은, 사형장에서 사형수의 "나는 하느님의 품에 안겨 평화로운 마음으로 떠나가며, 그 자비가 희생자와 가족에게도 베풀어지기를 빌겠다"라는 말을 듣고 충격을 받아 소설을 집필하였다고 한다.[3] 밀양은 '물기 많은 땅'이란 의미라고 한다.[4] 그런데 한자 '密陽'은 '비밀스러운 햇볕'이라는 뜻이다. 엄마는 아이의 죽은 아빠의 고향이 밀양이라고 해서 연고도 없는 이곳으로 내려와 사는데 힘들고 고달픈 인생 여정 속에서 따뜻한 햇살을 느낀다.

여주인공은 아들을 죽인 살인자를 용서하러 교도소에 갔는데, 살인자의 '그토록 침착하고 평화스런 얼굴'에 놀라고 "나는 하느님께 회개하고 용서를 받았다"라는 말에 더욱 경악한다. "내가 그를 아직 용서하지 않았는데 어느 누가 먼저 용서합니까. 그럴 권리는 주님에게도 있을 수 없어요. 주님에게, 그를 용서할 기회마저 빼앗기고 만 거란 말이에요. 내가 어떻게 다시 그를 용서합니까?"라고 절규한다.

최근 뉴스에 의하면, 우크라이나의 중부 도시 법정에서 아들 살해범을 수류탄으로 살해한 사건이 있었다. 애끓는 부정(父情)을 이해하지 못하는 바는 아니나 본인뿐만 아니라 많은 사람을 죽거나 다치게 하였다.

살인자에 대한 부모의 반응도 다양하다. 아들이 살인자에 의해 죽임을 당하였을 때 부모들이 다른 영화에서는 어떻게 풀어가는지도 궁금하다. 뉴스처럼 '눈에는 눈, 이에는 이'라고 상대방을 살해한 사람도 있을 것이고, 영화 〈아들〉(The son, 2002, 다르덴 형제 감독)에서처럼 아들을 죽인 아이를 가구제작 훈련센터에서 기술을 가르치면서 고뇌하는 경우가 있을 수 있다. 또 여수 애양원 교회 손양원 목사는 여수·순천 사건 때 두 아들을 무참히 살해당하는 참변을 겪으면서도 살인에 가담한 학생을 양아들로 삼아 그리스도의 사랑을 몸소 실천하여, 많은 이들에게 큰 감동을 주었다. 이 사실은 '사랑의 원자탄'으로 널리 알려지게 되었는데 몇 년 전에 〈그 사람 그 사랑 그 세상〉(2014, 권혁만 감독)이라는 다큐가 개봉되었다.

나치 시절 유태인은 아니지만 네덜란드에서 많은 유태인을 숨겨주다가 유태인 수용소에 수감되어 고생한 코리 텐 붐은 살아남아 전쟁 후 하느님의 사랑과 용서에 관한 증언을 하였다. 그의 주요 간증 내용은 "용서는 내 힘으로 할 수 있는 것이 아닙니다. 나를 용서해 주신 예수님의 용서를 경험한 사람만이 할 수 있는 것입니다. 예수님께서는 우리에게 화해의 사명을 주셨습니다"이다. 코리 텐 붐에 관한 영화는 〈나치의 그늘〉(The Hiding Place, 1975, 감독:제임스 F. 콜리어)과 〈위대한 임무〉(Return to the Hiding Place, 2013, 감독: 피터 C. 스펜서)가 있다.

어느 날 그녀는 수많은 인파가 모인 강연장에서 간증을 하다가 수용소에서 가장 잔혹한 감시자 역할을 하였고 동생을 죽게 만든 원수를 만났다. 그 원수는 "말씀하신 대로 우리의 죄가 모두 사해졌다는 것을 아는 것은 얼마나 기쁜 일인지요!"라고 하면서, 전쟁 이후 본인도 기독교인이 되었다고 했다. 그 자신은 하느님께 용서받았다고 말하고, 코리가 자기를 용서해 주기를 원한다고 하였다. 순간 하느님의 용서에 관하여 간증하였던 코리는 크게 당황하였다. 그러나 어쩔 수 없이 '예수님 도와주세요!'라고 기도하면서 겨우 뻣뻣하고 기계적으로 손을 살짝 내밀었다고 한다. 그 순간 치유의 온기가 코리의 어깨에서 시작하여 손과 온몸으로 전달되었고, 자기도 모르게 눈물을 흘리며 "형제여, 나는 당신을 용서합니다! 진심으로 당신을 용서합니다."라고 외쳤다고 한다.

그런데 〈밀양〉과 같은 이야기를 〈우리들의 행복한 시간〉(감독 송해성, 2006)에서처럼 살인자를 주인공으로 영화를 만들면 어떻게 될까? 학원 원장(살인자)은 갑작스러운 파산으로 아이를 납치하게 되고 우발적 살인을 하게 된다. 그러나 곧바로 죄를 뉘우치고, 경찰에 모든 것을 인정한 다음 재판을 받아 수감되고, 모범적인 수인생활을 하게 된다. 그리고 어느 날 교도소를 방문한 목사님의 설교를 듣고 큰 성령을 받아 하느님을 찬양하게 된다. 날마다 참회하고 죽은 아이를 위해 기도하며 아이의 엄마를 위해서도 밤낮으로 기도하게 된다. 또한 아이 엄마를 혹시라도 만날 수 있다면 죄를 빌어야겠다고 생각하기도 한다.

그러던 어느 날 아이의 엄마가 면회를 왔다. 그는 하느님께서 본인의 기도를 들어주었기 때문이라고 굳게 믿게 된다. 그러나 면회소에서 처음에는 아무 말도 하지 못한다. 아이 엄마가 부흥회에서 성령을 체험하고 죄를 용서해야 한다는 생각으로 교도소에 면회 왔다는 말을 들었을 때, 그는 너무 감격하였다. 그는 "하느님이 이 죄 많은 놈한테 손을 내밀어 주시고 그 앞에 엎드려 지은 죄를 회개하도록 하고 제 죄를 용서해 주셨습니다."라는 말을 한다.

그런데 이 마지막 말은 하지 말았어야 했다. 죽은 아이의 엄마 생각을 조금이라도 했다면 그런 말을 꺼내지 말았어야 했다. 하느님께 받은 은총을 백만분의 일이라도 생각했으면 아이 엄마를 배려했어야 했다. 말 한마디로 천량 빚을 갚을 수 있다고 하지만 그는 오히려 그 한마디 말로 아이 엄마의 가슴을 찢어버리고 말았다. 그는 하느님께 죄를 용서받았지만, 현세에서는 벌을 받고 있는 죄인이다. 가장 큰 보물은 가슴 속 깊이 담고 있었어야 한다. 파스칼의 메모리얼처럼 가슴 속 깊이 감추고 이전과는 다른 삶을 살아갔어야 했다. 파스칼은 '나의 하느님 그리고 너희의 하느님'이라는 큰 영적 체험을 하였는데, 그것을 기록하여 겉옷 안감에 붙이고 다녔다고 하는데 죽은 후에야 발견되었다고 한다.

살인자는 하느님의 입장에서는 '돌아온 탕자'에서처럼 집 나갔다가 돌아온 탕자이다. 탕자의 형이나 우리 편에서 생각하면 자기 몫을 받아서 외지에 나가 창녀들과 어울리면서 재산을 탕진한 아주 나쁜 놈이지만, 아버지의 생각에는 죽었다고 생각하던 내 아들이고 예쁘기만 하다(나무 위에 올라가 앉아서 아들이 오기만 기다리던

친[5]부이다). 햇빛은 누구에게나 비추고, 쌓인 먼지는 그 두께가 일정하다. 하느님께서는 악한 사람에게나 선한 사람에게나 똑같이 햇빛을 주시고 옳은 사람에게나 옳지 못한 사람에게나 똑같이 비를 내려주신다. 그런데 이 성경 말씀의 바로 앞부분은 '너희는 원수를 사랑하여라. 그리고 너희를 박해하는 자들을 위하여 기도하여라(마태 5,44~45)'이다.

나쁜 사람들에게 햇빛이 비추지 않는 것이 아니다. 원수를 사랑하고 원수를 위해 기도하고 용서하는 것, 이것이 〈밀양〉, 비밀스러운 햇빛의 본질이다. 우리가 뭔가 기적을 행하는 것이 아니라, 기도드리면서 코리 텐 붐처럼 마음에서 우러나지는 않지만 원수에게 손을 내미는 작은 일을 실천하는 것이다. 그 후의 일은 하느님께 맡기면 된다. 이렇게 하면서 나약한 우리가 흔들리면서도 영성의 삶을 사는 것이다.

---

1) 밀양(Secret Sunshine, 2007) 감독; 이창동, 출연; 전도연, 송강호.

2) 남창현 신부(서울대교구) 생활성서 2018년 10월호 '소금항아리'.

3) 이청준, 〈밀양 : 벌레이야기〉, 열림원, 2007, 작가서문 中 출처 : 독서신문.

4) 김규봉. '물기 많은 땅'이란 의미가 깃든 밀양(密陽). 한남일보, 2016-04-01.

5) 친(親)자는 나무처럼 많은 자식(子息)들을 부모가 보살핀다(見)는 뜻이 합(合)하여 친하다의 뜻이지만 나무에 올라가 아들을 바라보고 있다는 설명을 하기도 한다.

바람의 가든
경청 — 귀 기울여 들어주는 것
風のガーデン, 2008[1]

　'후라노'라는 홋카이도 삿포로 인근의 어느 조그마한 마을에 있는 '바람의 가든'은 할머니, 며느리, 손녀에 이르기까지 3대째 이어온 화원으로, 지금은 주인공의 딸과 아들이 가꾸는 작은 들꽃 정원이다. 그러나 할머니와 어머니는 드라마에 등장하지 않는다.

　대학 병원의 마취과 교수인 주인공 시라토리 테미는 학회에서 인지도도 높고 학생 교육도 열심히 하지만, 사생활은 문제가 많다. 자신의 부정 때문에 아내는 자살하고, 그로 인해 아버지로부터 고향에 발도 들이지 말라는 의절을 당하여 고향에 가지도 아이들도 만나지 못한다.

　그러던 어느 날 말기 췌장암을 진단받고 나서야 몰래 고향을 방문한다. 가족 앞에 선뜻 나설 수 없는 그는 고향집 '바람의 가든'에서 일하며 살아가고 있는 장성한 딸 루이와 어린 아들 가쿠를 숨어서 지켜본다. 자폐증이 있는 아들은 정원 내에 있는 들꽃 이

름과 할아버지가 가르쳐 준 이상한 꽃말을 다 외우는 능력이 있고 절대음감도 가지고 있다. 아버지를 우연히 만났지만 그가 죽은 것으로 알고 있었기 때문에 대천사 가브리엘로 생각한다. 이후 아버지와 함께 생전에 엄마(아내)가 좋아했던 곡을 피아노와 첼로로 연주하면서 서로의 추억에 잠긴다.

주인공의 부친은 은퇴한 의사로 시골에서 재택의료를 하면서 죽음을 앞둔 사람들, 임종 환자를 돌보는 호스피스 의료를 하고 있다. 아들은 뒤늦게 아버지께 용서를 구하고, 아버지는 아들의 목숨이 얼마 남지 않았다는 것을 알고 그를 받아들인다. 아들은 집에서 아버지와 딸의 지극한 간병 중에 삶의 마지막 순간을 맞는다. 딸은 쌀쌀맞고 차가운 듯 보이지만 어머니를 죽음으로 몰고 간 아버지를 이해할 줄 알고 아버지의 마지막 소원을 위해 거짓 결혼식도 올리는 착한 딸이다.

할아버지 역할로 나왔던 오카타 켄은 몹시 야윈 모습으로 나오는데 실제로 간암을 앓고 있었으며, 이 드라마가 그의 유작이 되었다. 세상을 관조하는 듯한 여유와 품위 있는 태도 등을 보면 어디에서도 그가 아픈 사람이라는 걸 느낄 수 없다.

"죽음은 모든 살아있는 것들이 반드시 지나가야 하는 길목이다." 어렸을 때부터 함께 자라다시피한 개가 '바람의 가든'으로 돌아와 죽은 것을 보고 손자가 너무 슬퍼하자, 그는 조용히 그 곁에 앉아 이렇게 말한다.

일본 의학 드라마는 의료지식 수준도 높고 의학적 교훈을 줄 때가 많은데, 이 영화에서 노인 인구가 많은 시골에서 소형차를 타고 왕진을 다니는 의사와 그 옆에서 도와주는 간호사에서 바람직한 의료인의 모습을 볼 수 있다. 〈37세에 의사가 된 나 - 연수의 순정 이야기〉[2]라는 드라마와 〈멘탈〉[3]이라는 다큐에서도 대면(face-to-face) 진료와 눈맞춤 등을 강조하고 있다.

어느 날 내게 선배 교수님께서 청문(聽聞)의 '들을 청'과 '들을 문'의 차이를 아느냐고 물었을 때 조금 당황하였다. 실제 '들을 청(聽)'은 '듣다, 들어주다, 판결하다'라는 능동적 의미(Listening)이고, '들을 문(聞)'은 '듣다, 들리다, 알다, 깨우치다'라는 피동적 의미(Hearing)가 있다. 다시 말하면 문(聞, Hearing)은 물리적으로 듣는 것으로, 나의 의지와는 상관없이 단순히 들리는 소리를 듣는 것을 말한다. 반면 청(聽, Listening)은 내가 관심을 가지고 대화나 강의 등 여러 상황에서 귀를 기울여 듣고 그 뜻을 이해하는 과정이다. 의료 행위에서 중요한 신체검진 중의 하나이며, 청진기를 사용하는 청진(聽診, Auscultation)에서도 '들을 청'자를 사용하고 있다.

이 '들을 청(聽)'자를 분석해 보면 귀 이(耳), 열 십(十), 눈 목(目), 한 일(一), 마음 심(心)자로 구성되어 있고, 귀 이(耳)자의 밑에 있는 임금 왕(王)자와 비슷한 글자가 있는데 이 글자 해석은 다양하다. 말 그대로 임금 왕(王)이라고도 하고 천간 임(壬) 혹은 줄기 정(丁)이라고 한다. 나는 맡길 임(壬)자라고 생각하지만 왕귀 즉 큰 귀일 수도 있다. 따라서 이를 해석하면 귀를 맡겨두고, 열 개의 눈과 마음을 하나로 만드는 것이고 정확하게 판결한다는 의미일 것이다.

그런데 인간의 눈은 두 개인데 왜 열 개의 눈이라고 하였을지 궁금하던 차에, 열십(十)자의 의미는 열 개만을 의미하지 않고 십자 조준에서처럼 뭔가를 조준할 때도 사용한다는 것을 알았다. 즉 눈을 상대방에 맞추어서(Eye contact) 눈으로 공감한다는 것이다. 당연히 몸은 상대방에 마주 향하고(Face to face), 약간 상대방 쪽으로 기울이는(기울일 경傾) 것이 먼저 이루어져야 할 것이다. 여러 연구에 의하면 눈맞춤만으로도 서로에 대한 호감도가 상승한다는 것이 알려졌다. 철학자이며 시인인 랄프 왈도 에머슨은 "사람의 눈은 혀만큼이나 많은 말을 한다." "눈으로 하는 말은 사전 없이도 전 세계 누구나 이해할 수 있다."라고 하였다. 그래서 상대방 말을 들을 때(聽) 본인의 눈을 상대방 눈에 얼마나 정조준하는지 즉 눈맞춤이 얼마나 중요한지를 알 수 있다.

양쪽 두 귀는 이미 열려 있어서 듣고 싶지 않아도 들리는데, 경청(傾聽)이 귀를 기울여 듣는 것을 의미하듯이 두 눈은 말하는 사람을 향하고 그 사람과 마음이 일치되어, 말의 내용은 물론이고 그 내면에 깔려 있는 동기나 정서까지 알아서 정확하게 판단한다는 의미라고 생각된다. 메러비안 법칙에 의하면 의사소통에서 언어적 요소의 중요성은 7%에 불과하며, 청각적 요소는 38%, 시각적 요소는 55%를 차지한다고 하는데(7:38:55 비율을 메러비안 법칙), 그만큼 시각적 요소가 중요하다는 것을 알 수 있다.

경청은 4단계로 나눌 수 있다. 첫 단계가 배우자 경청(Spouse listening)이며, 둘째 단계는 수동적 경청(Passive listening)이고, 셋째 단계는 적극적 경청(Active listening). 넷째 단계는 맥락적 경청(Contextual listening)이다. 물론 첫 단계보다 낮은 '무시하기(들리지만 듣지 않는 것)'가 있는데, 코비리더십센터 창립자 스티븐 코비는 이를 포함하여 5단계로 나누기도 하였다. 그러므로 '들을 청(聽)'은 맥락적 경청, 공감적 경청의 의미를 포함하고 있는 것이다.

스즈키 히데코 수녀는 그의 저서 『떠나는 사람이 가르쳐 주는 삶의 진실』[4]에서 적극적 경청의 원칙을 설명하고 있다. '비판하지 않는다. 동정하지 않는다. 가르치려고 하지 않는다. 평가하지 않는다. 칭찬하지 않는다. 격려하지 않는다.'라고 하면서, '그럴 때 가장 좋은 것은 부드럽게 손을 잡고 곁에 가만히 있어주는 것, 그리고 슬픔을 인정하고 이해하고 기도하는 것'이라고 하였다.

독일 아동문학가 미하엘 엔데의 집 앞에는 큰 귀를 가진 모모의 동상[5]이 세워져 있다. 엔데가 지은 책 『모모』[6]의 주인공 꼬마 모모가 가진 재간은 다른 누구도 할 수 없는 능력 즉 귀를 기울여 듣는 일이었다. 그저 가만히 들어주는 것만으로 사람들의 마음을 편안하게 만들었다. 그거야 별 특별한 재간이 아니라고 생각할지 모르지만, 들어주는 것도 쉽지 않고 다른 사람에게 골치 아픈 걱정거리를 거리낌 없이 얘기하기도 쉽지 않다.

큰 귀(왕귀)를 가진 모모의 동상. 모모는 '들을 청'의 듣기 전문가(Listener!)이다.

모모는 이 세상 모든 것의 말에 귀를 기울였다. 개, 고양이, 귀뚜라미, 두꺼비, 심지어는 빗줄기와 나뭇가지 사이를 스쳐가는 바람에도 귀를 기울였다. 그리하여 모모에게 이야기를 털어놓은 사람은 스스로 해결책을 찾고 돌아간다. 모모는 단지 이야기를 경청함으로써 말하는 사람에게 기적을 일으켰다. 모모는 해결책을 제시하지 않고 그저 들어주었지만 죄를 고백하기도 하고 스스로 해결책을 찾는 기적이 일어났다는 것이다.

병을 진찰하기 위해서는 환자의 이야기를 듣고, 질문을 하여 환자가 가지고 있는 정확한 문제가 무엇인지를 알아내고, 신체검진과 여러 가지 검사를 하는 것을 '진단의 과정'이라고 하는데 그 기본이 '청(들을 聽)'인 것이다. 따라서 좁은 의미의 청진은 청

157

진기를 통하여 우리 몸에서 나오는 소리를 듣는 것이지만, 큰 의미의 청진은 맥락적 경청, 공감적(Empathy) 경청이 포함된 진료행위를 말한다.

이 드라마에서 나오는 할아버지 의사의 롤모델일 수 있는 일본 의사 도쿠나가 스스무는 돗토리 지방에서 죽음에 임박한 환자들과 그 가족을 호스피스 재택 진료를 하면서 정리한 산문집『들꽃 진료소』[7]에서 '천국 귀'라는 개념을 소개하였다.[8] "천국 귀, 괜찮은 것 같지 않은가? 남이 하는 말을 잘 듣는다는 것은 역시 힘든 일이다. 힘든 작업인 만큼 대단한 일이다. 듣기 위해서는 들을 귀를 가져야 한다. 들을 귀가 있는지 여부에 따라 그 환자에게 의지가 되기도 하고 격려를 주기도 하며 치유가 되기도 한다."라고 하였다. 그런데『들꽃 진료소』의 한국판 겉표지에는 '이런 의사 앞이라면 웃으며 죽을 수 있을 것 같다!'라고 씌어 있다.

환자의 병력을 잘 듣는 것이 의료의 가장 기본이며 가장 중요한데, 이것이 다름 아닌 큰 귀를 가지고 아픈 사람들의 말을 잘 듣는 것이다. 이를 실천하고 환자와 함께하는 사람들이 이 영화에서 나오는 할아버지 의사와 들꽃 진료소의 도쿠나가이며, 다큐〈멘탈〉주인공 야마코토 마사토모이다.

좋은 의사(심의 心醫)란 다른 사람으로 하여금 늘 마음이 편안케 하는 인격을 지닌 인물로 환자가 그 의사의 눈빛만 보고도 마음의 안정을 느끼는 경지로 환자에 대해 진실로 긍휼히 여기는 마음가짐이 있어야만 가능한 품격이다.[9] 다시 말하면 눈맞춤을 잘하고 청진(듣기)을 잘하는 사람이 좋은 의사이다. 그렇지만 나는 지난 35년간 한 번이라도 심의로 살아왔는지 궁금하다.

1) 일본 후지TV 개국 50주년 기념 드라마 〈바람의 가든〉 : 2008.10.09. ~ 2008.12.18. 11부작.
2) 일본 후지TV 2012.04.10. ~ 2012.06.19. 11부작. 30세에 식품회사를 그만두고 의학 대학에 들어가서 수련의가 된 남자의 이야기.
3) 멘탈 精神, Mental, 2008. 다큐멘터리, 일본, 감독; 소다 카즈히로.
4) 스즈키 히데코, 심교준(역) (2004). 떠나는 사람이 가르쳐 주는 삶의 진실. 서울: 바오로딸.
5) Wikipedia Datei:Momo Figuur Hannover.jpghttps://de.wikipedia.org/wiki/Datei: Momo_Figuur_Hannover.jpg
6) 모모. 미하엘 엔데, 한미희(역), 비룡소, 1999-02-09, 원제 Momo(1973년).
7) 들꽃 진료소. 도쿠나가 스스무, 한은미(역), 김영사, 2004-11-01.
8) 도쿠나가 스스무의 '들꽃 진료소' (2016-11-10 소금항아리에서) 중에서.
9) 이은성, 소설 동의보감. 편작이 모델로 여덟 가지 의원 중에 최고이다.

베로니카, 죽기로 결심하다

파울로 코엘료를 생각하다

Veronika Decides To Die, 2009

　많은 사람들이 다람쥐 쳇바퀴 도는 듯한 일상에서 때로는 감기처럼 무기력증과 우울증에 빠지는 경우가 있다. 그들 대부분은 특별한 치료 없이 호전되지만 일부는 자살이라는 극단적인 선택을 하기도 한다. 〈베로니카, 죽기로 결심하다〉는 파울로 코엘료의 동명 소설[1]을 영화화한 것으로 정신병원에서의 에피소드 이야기다. 2005년에 일본에서 영화로 먼저 만들어졌으며,[2] 할리우드 영화는 2009년에 만들어졌다.[3] 일본판에서는 우리나라 배우 이완이 남자 주인공 역할을 맡았다.

　우리나라 포스터에서는 '남녀가 할 수 있는 가장 위대한 짓은 사랑이야.'라는 카피 문구를 넣었는데, 본 영화에서 주인공 남녀의 가식 없는 진정한 사랑이 기적을 만들기는 하지만, 다른 나라의 포스터에서는 찾아볼 수 없는 문구이다.

　파울로 코엘료는 브라질의 가톨릭 집안 출신으로 어릴 때부터

시놉시스[4]

20대 중반의 여성 베로니카는 아름다운 외모와 좋은 직업, 앞으로의 근사한 삶 등 모든 것을 가진 것처럼 보인다. 그러나 그녀는 자신의 삶을 끝내기로 마음먹는다. 하지만 그녀의 시도는 성공하지 못하고 정신병원에서 깨어난다. 그녀는 정상적인 사회와 규범에 견디지 못해 자살을 선택했으나, 병원에서의 생활은 그야말로 딴판이다. 병원에 있는 사람들은 그야말로 사회의 룰을 따르지 않았기 때문에 '미친' 사람들인 것이다. 이들 속에서 베로니카는 진실한 사랑과 새롭게 살아갈 수 있는 힘을 배워간다.

작가가 되고 싶어 하였으나 기술자가 되기를 원하는 부모의 반대에 부딪쳐 그 뜻을 이루지 못하고 세 차례나 정신병원에 입원하게 된다. 2008년 EBS 다큐-10에서는 〈파울로 코엘료의 산티아고 가는 길〉[5]이라는 다큐를 방송하였고, 2014년에는 자서전적 영화 〈파울로 코엘료The Pilgrim : The Best story of Paulo Coelho〉[6]가 만들어졌다. 다큐에서 파울로 코엘료가 부모에 의해 강제로 정신병원에 입원하게 된 과정, 군사독재에 반대하는 반정부 활동을 하다 두 차례 수감되어 고문을 받는 과정이 나오는데, 이때의 경험을 바탕으로 이 영화가 만들어졌다고 한다.

파울로 코엘료는 "'미친 사람'이란 남들과 다른 것이지 틀린 것이 아닙니다. 대개 인간들은 일반적으로 정해 놓은 틀을 벗어나 다른 무언가를 창조해 내거나 시도하는 사람들을 보면 '미쳤다'라고 손가락질하기 마련입니다. 그렇다면 당신은 삶을 누구보다도 충분히 잘 살고 있는 것입니다. 자신의 진정한 자아가 삶에 꽃이 되어 피어오르고 있는 중이니까요."라고 말한다. 영화에서도 정상인 사람이 미친 사람들과 같이 살아가는 방법은 같이 미쳐야 한다고 이야기한다. 유명한 의료관련 영화 〈뻐꾸기 둥지 위로 날아간 새〉에서도 정신병원(뻐꾸기 둥지)에 날아간 정상 새(뻐꾸기가 아닌)의 자유를 향한 의지를 연출하였다.

영화에서는 환자의 자살하고자 하는 충동을 환자가 불치병에 걸렸으니 죽음을 대비하라는 거짓말(?)을 한다는 조금 이상한 방식(이열치열 요법?)으로 연출되어 있다. 한때 '죽기 전에 꼭 해야 할

…'[7] 시리즈가 유행한 적이 있는데, 이에 맞게 〈버킷 리스트 – 죽기 전에 꼭 하고 싶은 것들〉(The Bucket List, 2007)이라는 영화가 상영되었다. 내용은 오늘이 마지막이라고 아니 내일 죽는다고 생각하고 오늘 유언장도 쓰고, 꼭 해야 될 일(버킷 리스트)을 작성하고 바로 실행하라는 것이다. 내일 죽는다고 하면 창피할 일도 없고 다른 사람의 눈치를 볼 필요도 없다. 십년 전 세상을 떠난 스티브 잡스는 매일 아침 거울을 보며 "내가 내일 죽더라도 지금 할 일이 무엇인지 되묻는다."고 말했다. 그는 매일 매일을 죽음을 앞둔 것처럼 절박하게 사고하면서, 자신이 하고 싶은 일에 매진하는 삶을 자기의 지조라고 말했다.[8]

일본판에서는 의사가 환자에게 수정(水晶)의 돌기를 보여주면서 돌은 변화 없이 그대로 있는 것 같지만 수천 수만 년을 통하여 서서히 성장해서 아름다운 모습을 보여준다고 설명하는데,[9] 모든 사물에도 실제 똑같은 날은 없다는 것이다. 하루가 다람쥐 쳇바퀴 돌듯 돌아가지만 매일 똑같은 날은 아니다. 진주조개가 진주를 잉태해 수년이 지난 후에 진주가 만들어지는데, 그나마 조개가 죽고 나서야(물

163

밖으로 나와 껍질이 분리되어야) 품고 있던 진주를 내놓을 수 있다. 그래서 허울을 벗고 그날그날을 충실히 살아가고, 악을 쓰고 싶으면 악도 쓰면서, 안 그런 척을 하지 말고 그날을 즐기면서(카르페 디엠 Carpe diem),[10] 가식 안(베일 속)에 감추어진 '남들이 생각하는 나'가 아닌 '진정한 나'를 발견해 나가라는 것이다.

영화에서처럼 환자를 치료하면서 선의의 거짓말을 하는 것이 의료윤리에 옳은지 그른지에 관한 사항은 논란의 여지가 있지만, 일본 영화〈우리 의사 선생님〉(Dear Doctor, 2009)에서처럼 가짜 의사에 의한 진료라도 결과만 좋으면 좋다고 할 수 있을지는 모르겠다. 우리 주변에서도 그렇지만, 영화 속에서 주인공 및 주인공 주변의 인물 모두는 서로 영향을 주고 영향을 받는다. 한 사람에 대한 거짓말로 주인공 베로니카뿐만 아니라 주변 사람들에게 치유가 일어난다.

〈베로니카, 죽기로 결심하다〉는 해피엔딩으로 주인공 베로니카가 생을 즐기면서 끝난다. 따라서 영화의 제목은 '베로니카, 죽기로 결심하다'보다는 '베로니카, 다시 한 번 열심히 살기로 한다.'가 더 적합하다. 즉 죽기로 결심한 순간에 찾아온 새로운 삶이라고 할 수 있다. 죽음에 관한 영화라고 하기보다는 새로운 삶의 의지에 관한 영화이다.

그럼에도 불구하고 고단하고 힘들며 무기력증에 빠진다면, 아니 다람쥐 쳇바퀴 도는 상황에서 한번쯤 벗어나고 싶다면 파울로 코엘료가 권하는 순례 여행을 떠나보라. 걸을 수 있는 체력만 된다면 지금 당장 배낭을 꾸려 그 길에 서 보라고. 중요한 것은 결심을 했을 때 당장 한 발을 내딛는 것이다.

"꿈을 이루려면 첫발을 내디뎌야 합니다. 우리가 무언가를 원하면 전 우주가 그 꿈을 이루도록 돕지만, 그러기 위해서는 첫발을 내디뎌야 합니다. 그러면 시작되는 것이죠."— 파울로 코엘료

---

1) 파울로 코엘료, 이상해(역), 베로니카, 죽기로 결심하다 Veronika decide morrer, 문학동네, 2003.
2) 베로니카, 죽기로 결심하다 ベロニカは死ぬことにした, Veronika Decides To Die, 2005. 감독: 호리에 케이.
3) 베로니카, 죽기로 결심하다 Veronika Decides To Die, 2009. 감독: 에밀리 영.
4) 네이버 영화 http://movie.naver.com/movie/bi/mi/basic.nhn?code=70301
5) EBS 2008년 2월 11일 파울로 코엘료의 산티아고 가는 길 (Paulo Coelho on the road to Santiago de Compostela) http://home.ebs.co.kr/docu10/board/1/500571/view/20281445
6) 파울로 코엘료 The Pilgrim : The Best story of Paulo Coelho, 2014, 감독: 다니엘 아우구스토.
7) 댄 펜웰, 손원재(역). 죽기 전에 꼭 해야 할 88가지 | 원제 101 Things to Do in the Year (1999), 큰나무
8) [네이버 지식백과] 디지털 문화의 창조자 스티브 잡스 (디지털 혁명을 이끈 인물들, 2013, 커뮤니케이션북스) http://terms.naver.com/entry.nhn?docId=1691891
9) 생장해서 어린이를 낳는다는 영석(靈石)은 생석(生石)이나 자산석(子産石), 잉석(孕石)으로서 신앙이나 설화의 대상이 되고 있다. 신앙과 민속 http://stoneart.tistory.com/1
10) 우리말로는 '현재를 잡아라(영어로는 Seize the day 또는 Pluck the day)'로 번역되는 라틴어(語)이다. 영화《죽은 시인의 사회》에서 키팅 선생이 학생들에게 자주 이 말을 외치면서 더욱 유명해진 용어.

빌리 엘리어트

그가 날자 탄성이 터졌다

Billy Elliot, 2000

사회심리학자 정진경은 '성평등 동화를 읽었더라면'이라는 칼럼에서 페미니즘 계열 그림책 9권을 소개하였다. 그중에『올리버 버튼은 계집애래요』라는 책이 있는데[1] 그 내용은 다음과 같다.

올리버는 여느 사내아이들과는 조금 다른 아이다. 밖에 나가 공을 차는 것보다 혼자 책을 읽거나, 숲을 산책하거나, 그림 그리기를 좋아한다. 심지어 분장놀이(코스프레, 만화, 애니메이션, 영화, 게임 따위의 등장인물로 분장하고 그 인물의 행동을 흉내 내는 놀이)나 무대 의상을 걸쳐 보는 것도 좋아한다. 그래서 올리버 뒤에는 '계집애!'라는 말이 꼬리표처럼 따라다닌다. 부모는 운동을 권유했지만 올리버는 탭 댄스를 선택하였다. 탭 댄스를 배우기 시작한 올리버는 어느 때보다 행복한 나날을 보낸다. 하지만 올리버가 춤을 열심히 출수록 계집애라는 놀림은 심해져 간다. 선생님의 권유로 장기 자랑 대회에 나간 올리버는 열심히 했지만 좋은 성적을 거두지 못한다. 하지만 학교에서는 놀랄 만한 소식이 그를 기다리고 있었다. 벽에 새겨진 "올리버 버튼은 계집애래요"라는 낙서 대신 "올리버 버튼은 스타래요!"란 글씨가 쓰여 있었던 것이다.[2]

이 동화책의 영어 제목은 『Oliver Button is a Sissy』이다. Sissy는 Sister-like라는 뜻으로 계집애 같은 사내를 말하는 약간 경멸적인 의미의 말이고 동성애적인 의미도 포함되어 있다. 일본에서는 '시시보이 신드롬'이라고 해서 여자처럼(?) 나약한 사내아이가 증가하는 현상을 말한다고 한다.

2000년 제작된 영화 〈빌리 엘리어트〉가 2017년 재개봉이 되고 뮤지컬도 다시 제작되면서 뜨거운 관심을 받았다. 탄광촌에서 자란 소년이 발레리노를 꿈꾸며 벌어지는 일들을 그린 이 영화는, 꿈을 향한 도전을 아름답고 숭고하게 그려낸다.

동양권뿐만 아니라 서양에서도 춤은 여성이나 추는 것이라는 생각이 강한데, '얇은 사(紗) 하이얀 고깔은 고이 접어서 나빌레라'라고 시작하는 조지훈의 '승무'라는 시에서도 당연히 여성이라고 생각하였으나 승무, 바라춤 등은 비구니가 아닌 비구(남자 승려)들

시놉시스[3]

영국 북부지방에 사는 11살 소년 빌리. 아버지의 권유로 권투연습을 하던 빌리는 체육관 사정으로 발레 팀과 같이 체육관에서 연습하다가, 숨겨져 있던 본능을 따라 글러브를 벗어던지고 토슈즈를 신는다. 자신의 발이 손보다 훨씬 빠르게 반응한다는 걸 깨닫게 된 빌리는 발레수업을 지도하는 윌킨슨 부인의 격려에 권투를 그만두고 발레에 전념하기 시작한다. 집에는 권투 연습을 하러 가는 척하면서, 발레 연습에 매진하지만 아버지에게 발각되어 심한 반대에 부딪힌다. 힘든 노동과 파업이라는 찌든 삶을 살던 광부인 그에게 발레는 남자답지 못한 수치스러운 춤사위에 불과했으며 빌리의 형은 정부의 광산 폐업에 맞서 파업을 이끌던 노조의 간부이기도 했다. 그러다가 크리스마스 저녁, 아들의 춤(발레, 탭댄스 등)을 보고 보수적인 빌리의 아버지도 생각을 바꾸게 되고, 그날 이후 빌리의 열성적인 후원자가 된다. 발레만이 빌리가 탄광에서 벗어날 수 있는 유일한 탈출구라는 사실을 깨달은 것이다. 아들을 왕립 발레스쿨에 보내기 위한 자금을 마련하기 위해 죽은 아내의 유품까지 전당포에 맡기고 동료들에게 배신자라는 소리까지 들어가며 광산에 복귀한다.

이 추는 춤이라고 한다. 이전에 남성들이 여성들에 비해 춤을 잘 못 추는 것같이 보이는 것은 이러한 사회적 통념 때문에 남성들이 춤을 늦게 시작하기 때문이라고 한다.

영화 속 주인공인 제이미 벨은, 스티븐 달드리 감독이 영국 북동부 사투리를 쓰고 춤이 특기인 소년을 뽑을 때 2000대 1 오디션을 통과하였다고 한다.

영국의 대표적인 발레 학교인 로열 발레 학교에서는 2002년 역사상 처음으로 남자가 여자보다 많이 입학하였는데, BBC는 〈빌리 엘리어트〉의 영향이라고 보도했다.

영화 속에서 가난한 광부 아버지는 결국 아들을 위해 자신의 의지를 꺾는다. "그 아이에게 정말 재능이 있다면 나 같은 광부로 살게 할 수 없다." 아들을 위해 계란 세례를 받으며 파업 대열에서 벗어나 일터로 향하는 아버지의 처절한 부성애가 눈물겹다.[4] 영화에서 빌리 엘리어트에게 춤을 출 때 기분이 어떠냐는 마지막 면접질문에 주인공은 '마치 불이 붙는 것처럼 뜨거워져요. 마치 제가 새처럼 나는 것 같아요.'[5]라고 한다.

영화 속 엔딩은 차이코프스키의 발레 '백조의 호수'의 주연 매튜 본이 크게 도약하는 뒷모습이 나오는데, 다음 사진(170쪽)은 현재 이탈리아 라스칼라 오페라 발레단과 아메리칸 발레 시어터 수석 무용수인 로베르토 볼레의 도약 모습이다.

보통 우리나라에서 남자아이에게 '계집애(Sissy)처럼 굴지 마'라고 하면 그 아이는 몹시 화를 내지만, 여자아이에게 '선머슴

그가 날자, 탄성이 터졌다. 이 사진의 주인공 로베르토 볼레는 "유년기엔 나도 많이 불안했다. 열다섯 살 때 루돌프 누레예프로부터 '재능 있다'란 얘기를 듣는 순간, 내 방황도 끝이 났다"고 말했다. 사진은 2008년 '볼레와 친구들' 공연에 앞서 로마 콜로세움에서 찍은 것이다.[6]

(Tomboy)처럼 굴지 마'라고 하면 아이는 남성적 긍지 같은 것을 드러내며 빙그레 웃는다고 한다. 이것을 시시 콤플렉스(Sissy complex)라고 하는데, 이러한 반응이 나오는 것은 남성은 우월한 성(性)이고 여성은 열등한 성이라는 생각 때문이다.[7] 남녀라든지 성평등이라는 개념을 떠나서, 젊은이들은 하고 싶은 일과 잘하는

일, 적성에 맞는 일 등을 따질 것이 아니라 빌리처럼 '불이 붙는 것처럼 뜨거워지는' 느낌을 경험하는 일을 해야 한다. 선택의 고통이 따라올지라도 말이다. 발레나 춤을 선택하였을 때도 마찬가지겠지만 무엇인가에 헌신하는 삶에는 희생이 따라올 수밖에 없다.

1) [정진경 칼럼] 성평등 동화를 읽었더라면. 여성신문 2018-08-27.
2) 토미 드 파올라, 이상희(역) 올리버 버튼은 계집애래요. 문학과지성사, 2005-12-12.
   원제 Oliver Button Is a Sissy(1979년).
3) '빌리 엘리어트' 탄광촌 소년이 발레리노가 되는 과정… 연출가의 실화바탕. 국제신
   문 2019-02-03.
4) 제환정. 남자 무용수는 모두 동성애자일까? 「문외한씨 춤보러 가다」 시공사, 2004.
5) JTBC 방구석1열, 40회(E40) 꿈을 향해 날아오른 탄광촌 소년 빌리 엘리어트에서
   화면 캡처.
6) 그가 날자 탄성이 터졌다. 중앙일보 2013-07-08. https://news.joins.com/article/
   12005183
7) Maurus, J. 박웅희(역), 콤플렉스, 걸림돌인가 디딤돌인가. 1997, 서울: 성바오로.

사랑의 기도

우선 해를 입히지 마라

First Do No Harm(Nonmaleficence), 1997[1]

모 방송 〈놀라운 TV 서프라이즈〉에서 아들을 살리기 위해 '납치범이 된 아버지의 사연'을 방영한 적이 있다.[2]

2014년 8월 영국 어느 병원에서 뇌종양 수술을 받고 치료 중이던 환자가 갑자기 사라져서 경찰이 수사에 나섰고 인터폴까지 동원되었다고 하는데, 환자는 상태가 위중할 뿐만 아니라 생명유지장치를 위한 기계의 배터리 수명도 얼마 남지 않아서 빨리 찾아야만 하였다. 며칠 후 환자는 영국이 아니라 스웨덴에서 발견이 되었는데, 알고 보니 아이를 데려간 사람은 환자 아이의 부모였다. 부모는 구속되고 아이는 다시 입원하였다.

일부 보도에 의하면 종교상의 이유로 치료를 원치 않았다고 알려졌으며 그렇게 끝나는 줄 알았는데, 수많은 사람들이 부모 석방을 청원하였고 총리까지 나서서 거들었다고 한다. 그렇게 된 이유는 환자 아버지가 아이에게 영국에서는 허용되지 않는 양성자 치료를 받게 하기 위해 체코로 가기를 원하였으나 병원 당국이 허락을 하지 않아 어쩔 수 없이 아이를 몰래 빼냈다는 이야기가 알려지면서였다.(치료 경비를 마련하기 위해 스웨덴에 있는 별장을 팔기 위해 그곳에 갔다고 하는데 치료 경비가 만만하지 않은가 보다.)

영국이 어린이 납치에 대해 예민한 것은 17세기에 50년 동안이나 런던 빈민촌에서 발생한 납치 사건 때문이다. '콤프라치코스'라는 악명 높은 집단에서 아이를 납치하여 왜소증 환자로 만드는 등 악행을 저질렀다고 한다. 이 이야기 역시 2013년 〈놀라운 TV 서프라이즈〉에서 방영된 적이 있다.[3]

생각해 보아야 할 문제는 영국에서 안과 종양에서만 허용되고 뇌종양에는 허용되지 않는 양성자 치료를 부모가 원할 때 의사는 어떻게 해야 하는가가 문제이다. 의학적인 판단과 윤리적인 판단을 해야 하는데 의료 현장에서는 어려운 문제이다. 방송에서 아이가 잘 치료되었다고 하니 다행이지만, 잘 치료되리라는 보장도 없는 상태에서 치료를 받게 하는 것이 옳은지 확실하지 않다. 또 내가 그 부모 입장이라고 해도 어렵기는 마찬가지고, 체코의 의사는 얼마나 큰 확신을 가지고 상당히 멀리 떨어져 있는 병원으로 전원(轉院)을 권유하였는지도 궁금하다.

과연 영국의 의사는 생명윤리 원칙 중 '악행금지'를 위반한 것인가가 문제인데, 영화 〈사랑의 기도〉(아들을 위하여)'[4]에서는 원제부터 악행금지(First Do No Harm)라고 하고 있다. 영화는 심한 뇌전증(Epilepsy)을 앓고 있는 아이와 그 옆에서 헌신적으로 간

173

호하는 어머니의 이야기인
데, 기존 개발된 수많은 약뿐
만 아니라 임상시험 중인 약
을 모두 사용해 보았으나 호
전되지 않자 병원에서는 뇌
수술을 권유한다. 환자 어머
니는 뇌수술을 부작용 때문
에 망설이면서도 치료방법을
백방으로 알아보다 존스홉킨
스 대학에서 케톤식이요법
(ketogenesis dietotherapy)을 사용하여 치료한다는 사실을 알고, 환
자의 전원을 요구하나 거리가 너무 멀고 환자의 안전을 보장할 수
없다는 이유로 거부된다.

담당 의사들의 입장에서는 뇌전증 치료에 뇌수술의 효과를 증
명하고 싶었는지도 모르나, 표면상으로는 아직 현대 근거중심의
학에서 그 근거가 약한 치료를 받기 위해 비행기 여행을 허용하
기도 힘들고, 같이 동반할 의료진 확보도 문제가 많기 때문이라
는 이유에서였다.

케톤식이요법이란 뇌전증을 치료하기 위해 지방은 많이 섭취
하고 단백질과 탄수화물은 적게 섭취하는 식이요법을 말한다. 뇌
대사에 탄수화물이 꼭 필요하지만 이를 최대로 줄이고 지방을 투
여하는 치료법은 기존의 개념과는 많이 차이가 나는 학설이다. 영

화 〈로렌조 오일〉[5]에 나
오는 로렌조 오일도 올리
브유와 평지씨 기름을 섞
은 것으로 부신백질이영
양증(ALD)의 치료제인데
이 역시 케톤식이요법의
하나이다.

　의사 입장에서 환자 후
송을 거부하는 것이 '악행금지'까지 될 수 있을까라는 생각이 들
기도 하지만, 본 영화에서는 의사가 악행을 하는 것으로 설정되
어 있다. 의사면허를 갖고 있는 가톨릭 신부와 휴가를 내고 따라
간 간호사의 희생정신으로 환자는 긴 여행을 무사히 마치고 식이
치료를 잘 받게 되어 호전된다. 환자를 잘 치료하려면 날로 발전
하고 있는 의학지식을 공부하여 최근 치료 경향을 놓치지 않고
환자를 위한 판단을 잘해야 소위 '굿닥터'가 되는 길인 것 같다.

　영화 〈로렌조 오일〉에서도 환자 부모가 연구하여 발견한 '오
일'을 환자에게 투여할 것을 제안하나 의사는 난감해한다. 영화
대사에서 "박사님은 한 소년의 생명보다는 자신의 명성이 걱정
되어 위험한 치료법을 사용하지 못하겠다는 것입니까?"라는 환
자 아버지의 외침이 무겁게 느껴진다.

　"환자나 보호자가 주장하는 의학적 사실을 그들이 단지 의학
자가 아니라는 이유로 무시한 적은 없었던가?" 의사들이 유용한

결과를 얻으려면 계획과 통계적인 샘플이 필요하다며 "임상 연구 대상 환자를 놓치고 싶지 않아 환자 각자에게 나타나는 변화는 무관심하지는 않았는가?"라는 동료 선배 의사들의 충고가 귓전을 울린다.[6] 그래도 영화를 열심히 보다 보면 긴사슬지방산 (Long chain fatty acid)에 대한 생화학 정보도 덤으로 많이 얻을 수 있으니 일거양득이다.

벌써 30여 년이나 지난 이야기이지만 김득구 권투선수가 라스베이거스에서 뇌사상태에 빠졌을 때 당시 한국에는 뇌사라는 개념도 장기이식이란 개념도 없던 시절이었다. 미국의 의료진은 모친 및 가족들의 간절한 요청에 따라 한방치료를 받게 허용해 주었다고 하며, 이후 심장과 신장을 기증하였다고 한다[7](김득구 선수에 관한 최근 영화는 〈챔피언〉(2002)이 있으며,[8] 김득구 선수의 일대기를 그린 첫 번째 작품으로는 〈울지 않는 호랑이〉(1984)[9]가 있다.)

어떤 치료가 개발되었을 때 환자에게 득이 되는 경우가 많지만 해를 입히는 경우도 있으며, 기존 치료라도(기존 치료가 큰 효과가 없으니 새로운 치료가 개발되었겠지만) 환자에게 득이 되기도 한다. 이들을 통계적 검증 등을 통하여 증명해 내는 것이 현대 의학에서 기본으로 삼고 있는 근거중심의학이다.

영화는 우리에게 많은 생각거리를 준다. 잘 선택된 영화를 보면서 자신을 성찰할 기회도 가졌으면 하고, 최근에 대두되고 있는 의학적 인간학, 의학윤리 같은 인문학뿐만 아니라 영화의학교육

(Cinemeducation, Cinema in medical education)에 교육을 담당하는 선생님들이 관심을 가졌으면 하는 것이 내 작은 소망이다.

---

1) "우선 해를 입히지 마라", 악행금지는 "의학에서 가장 중요한 신성불가침의 도덕원칙"이다. Gillon, R. 박상혁(역) (2005). 의료윤리. 서울, 아카넷. p143.
2) TV report 2014-12-14 '서프라이즈' 브렛 부부, 아들 아샤 위해 '납치범' 오명 썼다.
3) MK 뉴스 2013.08.25. - 서프라이즈, 사라진 아이들의 진실 '콤프라치코스'.
4) 사랑의 기도, First Do No Harm, 1997, 미국, 감독; 짐 에이브러햄스.
5) 로렌조 오일 Lorenzo's Oil, 1992, 드라마, 미국, 감독; 조지 밀러.
6) 눈초의 블로그 http://blog.joins.com/media/index.asp?uid=yang412
7) '비운의 복서' 김득구 아들, 맨시니 만나. 중앙일보 2012-09-24 지완씨는 한국에서 치과의사로 일하고 있다.
8) 챔피언 Champion, 2002, 드라마, 한국, 감독; 곽경택.
9) 울지 않는 호랑이, 1984, 드라마, 한국, 감독; 이혁수, 출연; 이계인, 강태기, 김선자.

사랑의 기적

뇌신경학자 올리버 색스

Awakening, 1990

2015년 8월 따뜻한 시선으로 신경질환 환자들의 삶과 재능을 조명하고, 뇌의 신비를 탐험한 '의학계의 시인'이라 불리던 올리버 색스가 세상을 떠났다.[1)]

9년 전에 안구 흑색종이라는 비교적 드문 종양이 그에게 발견되어 방사선 치료, 레이저 치료 등의 치료를 받고 비교적 호전되었다. 안구 흑색종은 전이가 잘 일어나지 않는다고 알려졌지만 암이 간으로 전이되어 사망하였는데 본인은 '2%의 불행'이라 표현하였다. 그는 뉴욕타임스에 기고한 'My

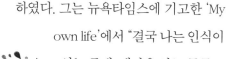

own life'에서 "결국 나는 인식이 있는 존재, 생각을 하는 동물로 이 아름다운 행성에 살 기회가 주어졌다."면서 "그 자체만으로 엄청난 특혜와 모험이었다

고 생각한다."고 말하였다.[2] 뇌과학자로 알려져 있지만 많은 책(『아내를 모자로 착각한 남자』를 비롯해『뮤지코필리아』『환각』『마음의 눈』『목소리를 보았네』『나는 침대에서 내 다리를 주웠다』『깨어남』『편두통』등 10여 권)을 쓴 베스트셀러 작가였으며, 생을 마감하기 전에 자신의 삶과 연구, 저술 등을 담백한 어조로 서술한 자서전『온 더 무브』를 출판하였다. 이 책들 중『깨어남』이라는 소설이 로버트 드 니로(레너드 역)와 로빈 윌리엄스(닥터 세이어 역)가 주연한〈사랑의 기적〉(Awakening)이라는 영화로 만들어졌다. 이 영화에서 로빈 윌리엄스가 연기한 닥터 세이어가 올리버 색스의 모델이다.

로버트 드 니로(1943년생)는 아카데미상과 골든 글로브상을 받은 미국의 영화배우이고 감독이자 제작자인데 이 영화에서 뇌염 후증후군을 앓는 환자 역할을 너무 사실적으로 연기하였다. 올리버 색스의 자서전『온 더 무브』에 의하면 영화를 찍기 몇 달 전부터 병원을 방문하여 환자들과 같이 생활하는 등 환자의 언어와 행동 등을 익혔다고 한다. 이를 '드 니로 어프로치'라고도 하는데, 맡은 배역을 소화하기 위해 자신의 외부적 조건을 변화시키며 역할에 몰입하는 로버트 드 니로의 연기 스타일을 설명하는 용어로 사용되고 있다.

올리버 색스는 저서『뮤지코필리아』- '번개 맞고 갑자기 음악을 사랑하게 된 남자'에서 토니 치코리아라는 마흔 두 살의 정형외과 의사 이야기를 소개하고 있다. 그는 비오는 날 공중전화 부스에서 번개에 맞고 구사일생으로 살아났는데 갑자기 음악에

시놉시스[3]

어릴 때 뇌염을 앓은 레너드(로버트 드 니로 분)는 11살 때부터 손이 떨리는 증세가 나타나고 글도 쓰지 못하게 되자 학교를 그만두고 병원에서 생활하게 된다. 정신은 잠들고 근육은 강직된 후기뇌염 합병증인 기면성 뇌염(lethargic encephalitis) 환자가 된 것이다. 레너드가 수십 년 동안 입원하고 있는 배인브리지 병원에 어느 날 세이어 박사(로빈 윌리엄스 분)가 부임해 온다. 세이어 박사는 이 환자들이 날아오는 공을 받아내는 능력을 보고 내면은 살아있다고 확신한다. 그리고는 그들의 정신을 일깨울 수 있는 방법을 찾는다. 환자의 이름을 부르거나 음악을 들려주거나 인간적인 접촉을 갖는 것이다.

마침 그때 파킨슨병 환자에게 엘도파라는 약이 효과가 있다는 발표를 듣고, 세이어 박사는 이 환자들의 증세가 파킨슨병의 증세와 비슷하다는 점에서 힌트를 얻어 약물치료를 시작하려 한다. 부작용을 염려한 병원 측에서는 레너드에게만 투약해 보라고 허락해 주는데, 엘도파를 투약받은 레너드에게 기적이 일어난다. 깨어나 말도 하고 글도 읽고 맘대로 움직일 수 있게 된 것이다. 삶의 환희를 맛본 레너드는 세이어 박사에게 일상적인 삶과 사랑의 소중함을 역설한다.

대한 열정과 정열, 천재성이 생겼다고 한다. 이 같은 '서번트 재능'이 나이가 들어 나타나기도 하는데, 뇌손상을 입거나 뇌졸중, 뇌종양, 전측두엽성 치매에 걸린 뒤에 이런 능력이 갑작스럽게 나타나는 경우다. 특히 왼쪽 측두엽에서 손상이 있을 때 생기는 경우가 많다고 하는데,[4] 이를 후천적 석학 증후군(acquired savant syndrome)이라고 한다.

2016년 7월 24일 방송된 MBC 〈신비한 TV 서프라이즈〉에서는 '수학 천재의 탄생' 이야기가 방송되었다.[5] 2002년 미국 워싱턴에 살고 있던 제이슨 패지튼은 수개월 전 강도들에게 무차별 폭행을 당하여 신장출혈과 뇌출혈을 당한 후 회복되고 나서, 모든 사물들이 프랙털(Fractal, 기하학적이고 단순한 구조가 전체적으로 끊임없이 반복되는 구조) 구조로 보이면서 수학 천재가 되었다. 또한 KBS 스페셜 '뇌의 선물'에서는 알론조 클레먼스라는 사람은 어렸을 때 사고로 뇌에 손상을 입고 회복된 후 동물들이 움직이는 순간을 포착한 다음 3차원 입체조각으로 만들어 내는 천재적인 조각 능력이 생겼다고 한다.

〈사랑의 기적〉에서 세이어 박사는 파킨슨병과 유사한 증상을 보인 뇌염후증후군 환자에게 파킨슨병 치료제인 약물 엘도파를 레너드에게 투여했고(임상 시험 차원에서 투여를 시작하지만 다른 의사들의 반대가 심하였다), 기적이 일어난다. 레너드가 약 30년 만에 정신을 차린 것이다. 그리고 다른 환자들도 약물의 힘으로 깨어난다. 영화의 후반부에서 세이어 박사는 다음과 같이 말한다.

영화의 한 장면

우리가 아는 건 약을 통한 해결의 길이 막혀도 또 다른 깨어남이 발생하리라는 것. 인간의 정신은 그 어떤 약보다 강하다는 것. 그리고 그 정신은 다음과 같은 것들과 함께 커 간다는 사실이다. 일과 놀이, 우정과 가족. 중요한 건 그런 것들이다. 우리가 잊고 지내왔던 아주 단순한 것들.

2006년 5월 24일 뉴스에 의하면 졸피뎀이라는 불면증 치료제로 식물인간을 잠시 깨어나게 할 수 있다는 연구결과가 나왔다[6]고 한다. 남아프리카공화국 로열 서리 병원 랄프 클라우스 박사는 의학전문지 신경재활에 발표한 연구 논문[7]에서 여러 해 식물인간 상태에 있는 환자 3명에게 졸피뎀을 투여한 결과 20분 안에 깨어나 가족과 간단한 얘기를 나누는 등 반응을 보이다가 4시간 후 다시 식물인간 상태로 돌아갔다고 보고하였다. 또한 2007년 3월 14일 뉴스[8]에서는 프랑스 툴루스 대학병원의 크리스틴 브레펠-쿠르봉 박사는 자살기도로 뇌에 산소공급이 끊어져 2년 동안 의식은 있어도 말을 못 하고 몸을 전혀 움직이지 못하는 상태가 계속되고 있는 48세의 무동성 무언증(Akinetic Mutism) 환자가 졸피뎀이 투여된 지 20분 만에 말을 하고 혼자 힘으로 몸을 움직였으며, 이 환자는 자발적은 아니지만 말을 시키면 대답하고 혼자서 음식을 먹고 삼켰으며 침대에서 혼자 힘으로 몸을 움직이고 잠깐 걷기도 했다고 한다. 이 연구에서는 뇌 PET 스캔 검사를 시행하였는데 졸피뎀 투여 후 뇌대사율이 25~30% 증가하였다고 한다.

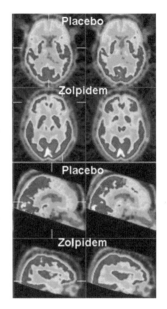

18F-fluorodeoxyglucose PET을 이용한 뇌대사 영상. 졸피뎀 투여 후 뇌대사량이 증가했음을 보여준다.[9]

국내에서도 사향(麝香, musk)이 뇌의 기능을 잃어 뇌사 상태에 있는 환자를 소생시키는 효능이 있다고 알려졌는데 광주 주변의 모 병원에서도 일시적인 회복을 보인 임상경험(의식이 없던 뇌졸중 환자가 깨어나서 유언을 한 뒤 다시 의식이 없어졌고 얼마 후 사망하였다고 한다)이 있었다고 한다.

필라델피아 템플대학 신경과 아지지 박사는 인간의 뇌를 컴퓨터에 비유, 신경조직이 복잡하게 연결되어 회로를 구성하는 뇌의 구조가 '하드웨어'라면 이 회로 속을 움직이는 화학-전기충격들은 '소프트웨어'라고 말하고 '소프트웨어'가 손상되었을 경우 뇌의 구조적 회로는 언제라도 '재부팅'이 가능하지만 '하드웨어'가 손상되면 약으로 정상기능을 회복시키기가 어렵다고 말[10] 하는 등 반론이 없는 것도 아니다. 앞으로도 많은 연구가 이루어져야 겠지만 뇌의 영역은 신비하기만 하다.

올리버 색스에 의하면 뇌전증의 발작 전에 나타나는 전조증상 (Aura)과 유사한 증상이 편두통 발작 전에 나타나기도 한다는데, 나선이나 소용돌이 모양, 거미줄 모양 무늬와 같은 기하학적 환상을 보기도 한다고 한다.[11] 또한 '환각이 우리 마음에 관해 일깨워 주는 것들'이라는 TED 강의에서 환시의 특수한 형태로 시력 저하나 시각 장애에서 동반될 수 있는 샤를보네 증후군(Charles Bonnet syndrome)을 소개하고 있다.

요양원에 거주 중인 90세 시각장애인(황반변성으로 인한 후천성 장애)이 뭔가 보인다고(무성영화처럼 동양인 옷을 입은 사람들이 왔다갔다 움직이는 환시) 하는데 이는 정신이 이상한 것이 아니고 치매도 아닌 일종의 환시라고 안심시켰다고 한다. 우리 주변에도 특히 노인들에게서 이런 증례들이 있을 가능성이 있으니 잘 관찰해야 할 것 같다.

후천적 석학 증후군은 영화의 소재가 되기도 하는데, 번개를 맞거나(⟨페노메논 Phenomenon⟩, 1996), 약을 먹고 나서(⟨리미트리스 Limitless⟩, 2011) 천재적인 능력을 갖게 된다는 상황을 영화로 표현하였다.

올리버 색스는 우리에게, 환자에게 인간적인 접촉을 하는 것과 그들의 증상을 잘 들어주는 병력 청취와 그들의 행동을 자세히 적는 의무 기록이 얼마나 중요한지를, 또 기록이 책이 되고 역사가 될 수 있음을 알려주었다.

1) 뇌의 신비 탐험한 '의학계의 시인' 올리버 색스 별세. 프레시안 2015-08-31.
2) 저명 의학자 올리버 색스 '죽음 앞둔 편지' 누리꾼 화제. 연합뉴스 2017-07-18.
3) 네이버 영화 - 사랑의 기적. http://movie.naver.com/movie/bi/mi/basic.nhn?code=10767
4) Sacks OW, 장호연(역). (2016). 뮤지코필리아. 서울. 알마. p243.
5) '서프' 제이슨 패지튼, 수학 천재의 탄생 도운 '후천적 서번트 증후군' YTN 뉴스 2016-07-24.
6) 수면제가 식물인간 깨어나게 한다. 연합뉴스 2006-05-24.
7) Clauss, R. et al (2006). "Drug induced arousal from the permanent vegetative state." NeuroRehabilitation 21(1): 23-28.
8) 수면제, 식물인간 깨웠다. 연합뉴스 2007-03-14.
9) Brefel-Courbon, C., et al. (2007). "Clinical and imaging evidence of zolpidem effect in hypoxic encephalopathy." Ann Neurol 62(1): 102.
10) 로버트 B. 실버스, 올리버 색스 등, 김종갑 (역). 숨겨진 과학의 역사 (Hidden Histories of Science), 해냄, 1977.
11) TED. Oliver Sacks 올리버 색스: 환각이 우리 마음에 관해 일깨워주는 것들https://www.ted.com/talks/oliver_sacks_what_hallucination_reveals_about_our_minds.

2부

아거니 앤 엑스터시

미켈란젤로 효과

The Agony And The Ecstasy, 1965

미켈란젤로는 르네상스를 대표하는 천재 예술가로 피에타 상, 다비드 상 등의 조각으로 유명하지만 로마 바티칸 시스티나 성당의 천장화 '천지창조'를 그린 화가이기도 하다.

미켈란젤로는 어느 날 산책을 하다가 상가에 방치되어 자리만 차지하고 있는 큰 대리석 덩어리를 가져와 다듬어서 피에타 성모 자상을 조각하였다. 거장의 눈에는 돌 속에 숨어 있는 성모님과 예수님의 모습을 엑스레이 투시하듯이 볼 수 있는 능력도 있지 않았나 싶은데, 미켈란젤로 자신도 조각가의 역할은 대리석 속에 숨어 있는 형상을 드러내는 것이라고 말하였다.

이 영화는 조각가 미켈란젤로가 교황 율리우스 2세의 명령을 받고 로마 바티칸 시스티나 성당의 천장화를 그릴 때의 고뇌와 환희를 잘 표현해 주고 있다. 시스티나 성당 천장 벽화를 그리게 되는 과정이 이 영화의 중심이다.

시놉시스[1]

교황 율리우스 2세의 명을 받고 바티칸 시스티나 성당의 천장화 제작을 놓고 고민하던 미켈란젤로는 교황청 소속 건축가 브라만테의 시기와 참견에 시달린다. 미켈란젤로는 성당의 넓은 천장을 어떤 그림으로 채울지 뾰족한 영감이 떠오르지 않자 작업을 내팽개치고 대리석 산지 카라라로 달아나고 말지만, 율리우스 2세는 미켈란젤로를 잡아들이라는 엄명을 내린다. 미켈란젤로는 대리석 산 위에서 문득 마주한 신비로운 석양 풍경을 바라보며 작품의 영감을 얻는다. 다시 성당으로 돌아온 미켈란젤로는 여러 차례 교황과 의견 충돌을 겪지만 둘 사이의 신뢰를 바탕으로 마침내 역사적인 천장화 작업을 완성한다.

그림에는 경험이 많지 않았던 미켈란젤로에게 벽화를 부탁한 교황의 정확한 의도는 알 수가 없지만, 미켈란젤로의 전기를 쓴 바사리는 베드로 성당을 건축한 브라만테가 미켈란젤로를 시기해 교황을 선동했다고 주장하였다. 프레스코 벽화에 별로 경험이 없는 미켈란젤로가 실패하면 자기의 동향 사람인 라파엘로에게 일을 맡기려고 하였다고 하나 확실하지 않다. 실제 라파엘로는 시스티나 성당에 '아테네 학당'을 그렸다.

이와 관련하여 미켈란젤로 현상(효과, Michelangelo Phonomenon)이라는 것이 있다. 슈워츠(L. S.Schwartz)의 소설 『거친 다툼(Rough Strife)』에는 "처음 사랑의 환희를 느꼈을 때, 그녀를 보고 있으면 피렌체에서 본 미켈란젤로의 조각품이 떠올랐다. 예술가의 손길로 돌덩어리를 쪼아 내고 다듬어야 그 속에 숨겨진 현상, 완벽한 모습이 드러난다. 그녀와 이반은 서로 상대방을 쪼아내고 다듬어 주는 망치와 끌이었다."라는 이야기가 나오는데[2] 서로 상대방의 진정한 자아를 나타날 수 있도록 깎아내고 다듬고 정돈하여 도와주는 것이라는 의미이다.

1999년 미국의 심리학자 드리고타즈가 미켈란젤로의 현상의 실제 상황을 연구하여 학회에 보고하였다.[3] 그는 연인이나 부부가 서로의 관계에서 상대방을 이상적으로 여기고 최선의 것들을 이끌어내고자 노력하면 긍정적 효과가 더 커진다고 한다. 연구에 참여한 커플은 서로가 가진 특징과 특기를 방해하기보다는 증진시킴으로써 서로의 목표 성취를 도왔다고 한다. 즉 파트너의 이상적 목표가 막연한 것이든 확실한 것이든 서로 이를 지지해 주면서 자신이 바라는 모습의 '나'와 현실의 '나'의 괴리를 줄이는 데 도움을 준다는 것이다.

남녀관계에서 미켈란젤로 현상이 실제로 존재한다는 사실은 개별적인 여러 연구를 통하여 입증되었다. 또한 이러한 현상을 통해 상대방이 자신의 이상형에 가까워지고 있다는 느낌이 들 때, 관계에서 느끼는 만족감과 활력 또한 커진다는 사실이 밝혀졌다.[4] 네덜란드 암스테르담 대학, 미국 노스웨스턴 대학, 영국의 런던 대학 연구진은 미켈란젤로 현상에 대해 각각 연구한 논문 7개를 공동으로 재검토하였다.[5] 사람들은 파트너가 자신의 이상향에 대해 동조할 때 자신의 목표를 성취하면서 바람직하게 성장했으며, 이러한 효과는 연인끼리 단순히 상대방을 지지해 주는 데 그치지 않고 상대방의 이상향에 대해 이해하고 이에 대한 노력을 촉진할 때 더 증진되는 것으로 나타났다. 연구진은 "동반자를 결정할 때에는 내가 지금 좋아하는 사람이 10년 뒤에도 내가 여전히 원하는 사람일지에 대해 생각해 봐야 한다."며 "서로가 끊임없이 갈고닦아 줄 수 있다고 여겨지면 훌륭한 파트너가 될 것"이라고 조언했다.

요약하면 미켈란젤로 효과란 '미켈란젤로가 대리석 덩어리를 파내어 이상적인 형태를 찾아내듯이 파트너도 상대방이 이상적인 모습이 되어가도록 지원하고 촉진시켜 줄 수 있다.'는 것이다. 이 효과를 접하면서 주례를 할 때 신랑신부에게 해 주던 비익조(比翼鳥)에 대한 이야기가 연상된다. 비익조는 몸이 반쪽만 있다는 전설상의 동물로 당나라의 시인 백거이가 당 현종과 양귀비의 사랑을 노래하면서 지은 장한가(長恨歌)에 인용되면서 알려졌다. 몸이 반쪽이다 보니 눈도 한쪽만 있고 날개도 한쪽만 있어서 서로 다른 쪽의 상대를 만나야 잘 날 수 있다고 한다. 그러나 인간은 하나로 독립적으로 태어났지만 부부일심동체라는 말이 있듯이 부부는 하나가 되어야 한다. 일 더하기 일은 일(1+1=1)이라는 수학적으로는 불가능한 공식이 성립되는 것이다.

우리 모두는 예술가의 눈으로 망치와 끌을 들고 서로 상대방을 쪼아내고 다듬어서 멋진 조각품을 만들어야 한다. 조금은 아프기도 하겠지만 아픔을 참아내는 인고(忍苦)의 세월이 흘러야 하는 것이다. 영화 〈샤도우랜드(Shadowlands, 1993)〉에서 주인공 루이스는 우리가 고통을 받는 이유는 하느님께서 우리를 끌과 정으로 다듬기 때문이라고 말한다. 그래서 같은 고통을 받는 부부는 닮아간다고 하는 것이 아닐까 하는 생각도 든다.

"우린 조각가가 인간 형상으로 깎아내는 돌덩어리입니다.
끌로 때리면 너무 아프지만 그건 우리를 완벽하게 해 주죠."

영화 〈아거니 앤 엑스터시〉에서 미켈란젤로의 일생의 일부를 관찰할 수 있는 기회를 가질 수 있다. 당시 율리시스 2세 교황 시절이어서 교황님이 중세 기사 복장을 하고 전쟁터를 누비는 모습도 나오고, 자금을 모으기 위해 동분서주 하는 모습도 나온다. 또한 미켈란젤로 및 당대의 예술가들을 전폭적 지원한 피렌체의 메디치 가문의 상속녀도 등장한다.

아무리 천재성을 가졌다고는 하지만 대리석을 깎아내고 그림을 그리는 것은 결코 쉬운 일은 아니었을 것이다. 본인 스스로도 뼈를 깎아내는 고통을 받고 난 후에야 큰 환희를 얻었을 것이다. 아픔을 참아내야 조금이라도 완벽해질 수 있을 것이다.

1) 다음 영화 - 고뇌와 환희 https://movie.daum.net/moviedb/main?movieId=45742
2) Malakh-Pines, A., 윤영상(역) (2005). Love : 사랑에 대해 알아야 할 모든 것 . 서울, 다산초당.
3) Drigotas, S. M., et al. (1999). "Close partner as sculptor of the ideal self: behavioral affirmation and the Michelangelo phenomenon." J Pers Soc Psychol 77(2): 293-323.
4) Drigotas, S. M. (2002). "The Michelangelo phenomenon and personal well-being." J Pers 70(1): 59-77.
5) Rusbult, C. E., et al. (2009). "the Michelangelo phenomenon." Curr Direct Psychol Science 18(6): 305-309

아름다운 세상을 위하여

대가를 바라지 않는 도움

Pay It Forward, 2000

인도의 메논 부통령은 제2차 세계대전 후 인도가 영국으로부터 독립 투쟁을 할 때 정치가로 활동하였으며, 한국전쟁 전에 우리나라의 독립에도 중요한 역할을 하였다.

메논은 중학교를 중퇴하고 시골에서 광부 직공으로 일하며 온갖 고생을 하며 살다가 공무원이 되려고 기차를 타고 델리로 가다가 돈과 신분증을 비롯하여 갖고 있던 모든 것을 도둑맞는다. 그는 낙담했고, 앞길이 막막했다. 간신히 용기를 내어 어느 낯선 집으로 찾아가 자신의 처지를 말하고 15루피만 빌려 달라고 부탁하였다. 노인은 선뜻 돈을 빌려 주었고 메논이 주소를 알려달라고 하자, 살아 있는 동안 도움을 청하는 모르는 이에게 갚으라고 한다. 메논은 죽기 전날에도 거지에게 신발값 15루피를 주었는데, 이것이 그가 살아서 의식을 갖고 했던 마지막 행동이었다. '가능한 한 자주, 가능한 많이, 당신이 줄 수 있는 것을 주어라.'가 그의 모토였다고 한다.

이러한 대가를 바라지 않는 도움을 소재로 만든 영화는 〈아름다운 세상을 위하여〉이다.

영화 도입부에서 비가 억수같이 쏟아지는 사건 현장에서 취재하던 기자가 본인 차가 박살나 버려 어찌할 줄 모르고 있는데, 노신사가 나타나 자기의 고급 승용차를 기자에게 아무 대가 없이 주어 버리고 본인은 우산을 쓰고 어둠 속으로 사라진다.

쓰는 것을 주는 것은 '나눔'이지만, 남는 것을 주는 것은 '버림'이다. 옛날 걸인들은 가난한 집 음식은 그냥 먹었지만, 부잣집에서 얻어온 음식은 반드시 끓여 먹었다 한다. 가난한 사람들은 먹던 것을 주지만 부자들은 먹다 남은 것을 주기 때문이다. 나눔이란 남는 것을 주는 것이 아니라 내가 소중히 여기는 것을 나누는 것이다.

언젠가 교회에서 불우이웃 돕기 바자회를 위하여 의복, 전자제품 등 물건을 기증받았는데, 사용할 수 없는 물건을 내놓은 사람들이 많아서 오히려 그 쓰레기 버리는 데 힘이 들었다 한다. 본인이 생각하기에는 다른 사람들이 사용할 수 있는 물건이라고 생각할지 모르나, 내가 버릴 만한 물건을 남을 돕는다고 기부하면 안된다. 내가 사용하는 물건 중에서 지금은 잘 안 쓰는 상태가 좋은 물건을 기부하여야 한다. 아니 내가 소중하게 여기는 일부를 나누어야 한다.

시놉시스[1]

라스베이거스에서 살고 있는 싱글맘 알린은 혼자 11살 아들 트레버를 키우는데, 양육비를 벌기 위해 투잡을 하는 등 정신없이 바쁘게 살아간다. 그러나 삶에 대한 비전도 없고, 더구나 알코올 중독자이다. 무엇보다도 큰 문제는 중학생 아들에게 새로운 삶을 안겨주고 싶어 하지만, 마음대로 되지 않는다. 사회선생 유진은 트레버의 학급에 새로운 숙제를 내는데, "주위를 둘러보고 자신이 좋아하지 않는 무엇이 있으면 고쳐라."이다. 트레버는 이 숙제를 실천하기 위해 나서고, 상처받은 두 영혼 유진과 알린은 트레버를 통하여 새로운 희망과 사랑을 발견한다. 즉 무언가 진정으로 도움이 되는 일이지만 본인들이 스스로 해결할 수 없는 일을 내가 도와주고, 도움을 받은 사람이 또 다른 사람을 도와주면 세상은 금방 좋아질 텐데….

2000년부터 충북 음성에서는 '거지성자'로 불리는 최귀동 할아버지의 이웃사랑 정신을 기리기 위한 '품바 축제'가 열린다. 오늘날 음성 꽃동네를 있게 한 최귀동 할아버지의 숭고한 인류애를 기리기 위한 나눔과 사랑을 추진하는 정신문화 축제라는데, 이곳에서 색색이 고운 빛깔의 품바 비빔밥을 나누어 먹는다고 한다. 옛날 걸인들은 동네에 가서 음식을 얻어올 때 음식에 손을 대지 못하는 불문율이 있었다고 한다. 혹시라도 가져오는 도중에 음식에 손을 대면 그 사람은 두들겨 맞았을 뿐만 아니라 그날 굶어야 했다 한다. 이렇게 해서 얻어온 음식들은 큰 통에 넣고 비벼서 함께 골고루 나눠 먹었다고 하는데, 모든 이가 함께 먹는 모습에서 사랑과 희망을 나누는 품바 정신을 엿볼 수 있다.

예전에 시골 부모님들은 타지로 가서 유학하거나 생활하고 있는 아이들을 위해서 밥 한 그릇을 담아 이불 속에 보관하다가, 박물장수 등 나그네가 오면 대접하였다고 한다. 아마도 타지의 아이들도 혹시나 굶주렸을 때 이런 대접을 받았으면 하는 마음이 있었던 게 아닐까 한다.

선배님 한 분은 명절 때 갑자기 냉장고와 냉동고가 고장 나서 그 안에 들어있던 생선과 고기 등을 처분하기 곤란하여 고민을 많이 하였다고 한다. 그런데 다른 선배님은 음식이나 선물이 들어오면 냉장고 등에 보관하지 않고 바로 이웃과 나누었다는 말을 듣고 반성을 많이 하였다. 실제로 대부분 가정의 냉장고나 냉동고에 무슨 음식인지 언제 보관했는지 잘 모르는 채 얼린 음식이 가득하지 않을까 싶다.

　바다는 메워도 사람 욕심은 못 채운다는 속담이 있듯이, 많이 가질수록 더 많이 갖기를 바라는 마음은 점점 더 커진다. 내가 가진 것을 비워낼수록, 내 마음을 비워낼수록, 또한 나눌수록 행복해진다는 것은 단순하면서도 소중한 진실이다.

　"이와 같이 너희 가운데에서 누구든지 자기 소유를 다 버리지 않는 사람은 내 제자가 될 수 없다."(루카 14,33)

---

1) 네이버 영화 - 아름다운 세상을 위하여https://movie.naver.com/movie/bi/mi/basic.nhn?code=31110

아이 오리진스

나는 어디서 왔는가?

I Origins, 2014[1]

2017년 12월 〈두 개의 빛: 릴루미노〉[2]라는 단편 영화(영화로 만든 광고)가 개봉되었는데, 모 전자회사에서 만든 시각장애인을 위한 VR 앱인 '릴루미노'를 통해 시각장애인 아이가 엄마의 얼굴을 처음 보면서 "엄만가, 엄마야?"라고 하는 마지막 장면이 감동적이었다.

이렇듯 눈으로 보지 못하던 사람이 보게 되면 이전까지 경험하지 못하던 다른 세계를 만난다. 이 영화는 눈(Eye)에 관한 영화인데 포스터에 눈의 홍채가 크게 나와서 'Eye origins(눈의 기원)'이 아닐까라고 생각하였다. 영어로는 'I origins(나의 기원)'이며, "나는 당신에게 나의 세계를 바꾸어버린 눈에 관한 이야기를 하려고 한다."라는 자막과 함께 시작한다. 창조론과 진화론의 논쟁이 나오기도 하고, 아름다운 눈과 홍채인식, 감각이 새로 생겼을 때 혹은 다른 차원을 마주하였을 때의 두려움, 제6감(The sixth sense), 환생

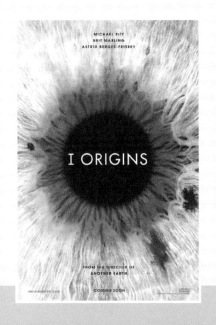

시놉시스

어릴 때부터 눈에 대한 관심이 많았던 주인공은 생물학자가 되어 '눈의 발생'에 대한 연구를 하게 된다. 어느 날 아름다운 눈(홍채)을 가진 여자와 운명적으로 만나고 결혼에 이르게 되지만 사고로 여자를 잃는다. 어렵고 힘든 과정을 이겨낸 어느 날, 홍채 인식을 통하여 운명적인 여자와 같은 눈을 가진 사람이 인도에서 발견되자 주인공은 이 사람을 찾아간다.

에 관한 이야기 등 여러 가지 관점을 다룬 영화이다.

홍채는 외상을 입지 않으면 평생 모양이 변하지 않고 사람마다 모양이 다르다고 한다. 지문의 식별 행태 특징이 40여 가지라면 홍채는 266가지로 동일할 확률은 거의 0%이기 때문에 핸드폰 등 전자기기의 생체인식 시스템에서 사용되고 있다.

또한 영화에서는 눈과 뇌가 서로 연결되어 있고 눈은 소위 '영혼의 창'일 수 있기 때문에 같은 눈을 가졌다면 영혼이 서로 이어져 있을 수 있다라는 가정을 하고 있다. 티베트 불교에서는 영혼이 다시 환생한다고 믿고 환생이 증명된 아이를 린포체라고 부르며 모시고 있다.[3] 현재 티베트의 정신적 지도자 달라이라마(Dalai-Lama)도 14대 린포체로 1959년 측근과 함께 중국의 지배를 벗어나 인도로 탈출하여 다람살라에 망명정권을 수립하였는데, 영화 〈쿤둔〉(Kundun, 1997, 감독; 마틴 스콜세지)에서 그 내용을 잘 볼 수 있다.

창조론과 진화론의 논쟁 중에서 특히 눈의 발생 및 진화가 한 분야를 차지하고 있다. 눈과 같이 복잡한 구조를 가진 장기 즉 시계와 같은 정교한 사물에는 제작자가 있을 수밖에 없다는 것이다. 당연히 하느님이라는 시계공이 만든 정교한 시계(눈)라는 것이다. 그렇지만 진화론과 생명과학이 발전하고 논쟁이 붙기 시작하면서, 창조론 쪽이 뿌리째 흔들리는 것 같았지만 창조론자들은 '지적 설계(Intelligent Design)' 가설을 주장하기 시작하였다. 세포의 복잡한 생화학적 구조는 진화론의 자연선택 과정에 의해 우연히 만들어졌다고 볼 수 없을 만큼 복잡하고 정교하기 때문에 생명은 오로지 지적 설계의 산물일 수밖에 없다고 주장한 것이다.

지구의 역사에서 캄브리아기(5억 4100만 년 전 ~ 4억 9천만 년 전까지의 시기)라는 진화론적 연대에서는 상대적으로 짧은 기간 중에 50여 종의 동물체가 나타나는데 이를 캄브리아기 대폭발이라 부른다(그 전 시기인 선캄브라아기에 존재한 동물문은 3개에 불과하였을 뿐만 아니라, 이전 어떤 화석에서도 발견할 수 없었던 새로운 동물들이다).[4] 다윈도 "현재로서는 이 캄브리아기 화석의 갑작스런 출현에 관한 사례는 설명할 수 없는 문제로 남아 있음이 분명하다…. 어쩌면 그 사실은 여기서 말한 [진화의] 관점을 반발하는 유력한 반증이 될 것이다."라고 이야기하였는데, 이 시기에 최초의 '눈'이 등장하였다고 한다. 진화론자 앤드루 파커는 눈의 탄생과 더불어 생명의 역사에서 기념비적인 사건인 캄브리아기 대폭발이 일어났다고 주장한다.[5] 이전과 비교할 수 없는 가장 강력하고 정확한 최고의 감각인 시각이 발생하면서 동물 수가 증가하였다면서 진화론을 뒷받침하였다. 이후 눈은 단계적인 성숙을 거쳐 현재의 눈으로 진화하였다고 한다.

본 영화에서는 주인공이 PAX6라는 유전물질을 이용하여, 가장 기초적인 눈에서 가장 복잡한 인간의 눈으로 형태를 잡아가는 진행과정을 논리적으로 그려내려는 연구를 진행한다.(PAX6는 눈과 뇌의 발생을 조절하는 유전물질이다. 생쥐의 PAX6는 노랑초파리에서 눈을 발생시킬 수 있으며, 생쥐와 인간의 PAX6 유전자는 아미노산 배열이 같다.)[7] 영화의 연구자들은 '에세니아 페티다'라는 벌레에서 PAX6 물질을 찾아내면서 유명해지는데, 과학자가 아닌 여주인공의 견해는 다르다. 촉각 및 후각으로만 살아가던 벌레는 빛이라는 개념이 없는 상태에서 시각을 획득한다는 것인데 그 감각을 이해할 수 있을지 모르겠다는 것이다.

우리가 사는 차원을 3차원 공간이라고 하고 시간의 개념을 넣으면 4차원이 되며, 양자물리학에서 생각할 수 있는 가장 높은 차원은 11차원으로 막우주론이라고 한다. 차원의 개념을 이해하기는 조금 어려울 수 있다. 차라리 2차원에서 3차원의 이해에 대하여 생각해 보면 쉬울 수 있다.[8] 평면이라는 2차원에서 살고 있던 사람들이 3차원 공간(우리는 쉽게 이해할 수 있지만)을 이해하기 어려워하고 두려워한다는 것이다. 하물며 우리가 5차원 6차원 ~ 11차원 등을 이해하기란 매우 어렵다.[9] 그러나 벌레가 진화하면서 아니 지적 설계에 의하여 빛을 알아볼 수 있듯, 인간도 다른 감각 즉 영화 〈식스 센스〉처럼 영혼을 느낄 수 있는 감각, 나아가 다른 차원을 쉽게 이해하고 차원을 넘나들 수 있는 돌연변이가 태어날 수도 있을 수 있는 것은 아닐까? 자폐성향이 있는 사람에게서 보이는 천재성이 이를 설명해 줄 수 있을 것 같다.

빅뱅이 일어났을 때 우주의 모든 원자(먼지)들이 서로 부딪혀서 바깥으로 폭발되어 하나의 점이 되어가는 동안 나의 원자와 당신의 원자가 우연하게도 함께하게 되어 지난 137억 년 동안 여러 차례 서로 부

덮혔습니다. 그래서 나의 원자들은 당신의 원자들을 알아보게 되었
고 나의 원자들은 늘 당신의 원자들을 알 수 있게 되었고 나의 원자들
은 언제나 당신의 원자들을 사랑하게 되었습니다(영화 대본의 일부).

인류는 야생동물을 길들여 가축을 만들고, 교배 및 교잡(유전
적 조성이 다른 두 개체 사이의 교배. 예로 암말과 수탕나귀의 자손인 노새)을
하여 품종을 개량하는 육종을 하였다. 또한 가축 인공수정 및 수
정란 이식술을 통하여 다량 생산을 하는가 하면 유전자 조작 등
을 통하여 우수한 종자를 만드는, 인공적 진화라 할 수 있는 육
종 기술을 발전시키고 있지만 그 폐해도 만만치 않다. 그러나 다
른 종으로의 변화는 일어나지 않고 있는데, 파파기니아스 법칙처
럼 증거가 없다고 존재하지 않는 것은 아니다. 이 세상 어디에선
가 혹은 다른 차원 어느 곳에
선가 '돌연변이'가 있을 수 있
으며 천재적인 작곡가들처럼
우리와 함께 살고 있는지 모
르겠다.

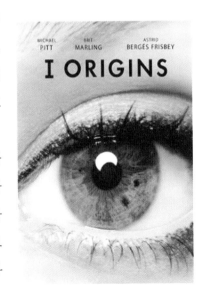

영화 〈식스 센스〉에서 "사
람들은 때로 자기가 죽었다
는 것도 모르지요. 그들은 다
만 자기가 보고 싶은 것만 보
고 있어요."라고 하면서 살아

있지만 실제로는 죽은 것과 마찬가지인(Death in life) 현대인의 상태라고 생각되는 이야기를 하고 있다.[10] 우리는 아니 나는 무엇을 보면서 살고 있는지 모르겠다.

1세기경 수사학자 퀸틸리아누스는 "당신의 글이 사람들에게 이해되도록 글을 쓰는 것이 아니라, 당신의 글이 잘못 이해되지 않도록 글을 쓰라."고 하였다는데 이런 좋은 영화를 보고 어려운 소리만 늘어놓은 것 같다.

1) 아이 오리진스 I Origins, 2014, 감독; 마이크 차힐.
2) 두 개의 빛: 릴루미노 (Two Lights: Relumino, 2017, 감독; 허진호.
3) 다시 태어나도 우리 Becoming Who I Was, 2016. 감독; 문창용, 전진.
4) Johnson, P. E., et al. (2014). 위대한 설계, 그 흔적들. 서울, 새물결플러스.
5) Parker, A., et al. (2007). 눈의 탄생. 서울, 뿌리와이파리.
6) https://www.britannica.com/science/eye-anatomy/images-videos
7) 위키피디아 PAX6 https://en.wikipedia.org/wiki/PAX6
8) 양자물리학 – 차원의 이해 https://youtu.be/TnNWYPwHa1Y
9) 한방에 쏙 들어오는 11차원의 이해 https://youtu.be/qykmAb65i_U
10) 김성곤. 김성곤의 영화기행 (2002). 효형출판.

암 공화국에서 살아남는 법

암을 예방하는 식이요법

The C world, 2016

진료를 하다 보면 "선생님! 음식 조절은 어떻게 합니까?"라는 질문을 많이 받는다. 환자는 음식 조절이나 대체의학에 관심이 많지만, 의사들은 별로 관심이 없다. 의과대학에서 본격적으로 가르치지도 않는다.

그런데 TV 방송에서는 건강에 관한 내용이 많이 나오고, 산중 생활을 하면서 자연식으로 병을 고쳤다고도 한다. 하지만 이들은 소수의 성공 사례들이고, 실패 사례는 방송하지 않는다. 최근 의학은 엄청난 발전을 하여 이전에는 그 실체조차 모르던 병을 찾아내기도 하고 대체로 그 병을 성공적으로 치료하는 시대이다. 그럼에도 불구하고 음식 조절을 비롯한 보완대체의학에 대한 요구도 많아지고 있다.

이 영화 주인공 다비드 세르방-슈레베르는 연구를 열심히 하는 신경과 의사이다. 일과시간이 끝나고 나서야 연구 대상 환자

의 컴퓨터 촬영을 하면서 연구를 하는데, 어느 날 약속된 환자가 오지 않았다. 기계가 쉬고 있어서 본인의 머리를 찍어 봤는데, 자신의 뇌에서 종양이 발견되었다. 전통적인 항암 치료를 받고 완쾌되었지만 몇 년 후 암이 재발되었다.

그는 "항암치료가 끝나면 의사들은 전에 살던 대로 살라고 해요. 암 걱정은 의사가 할 것이니 검사를 자주 하여 암을 일찍 발견하자는 것이죠. 그때 뭔가 하지 않은 게 후회돼요."라고 아쉬워했다. 다시 치료에 성공한 후 그는 비약물 항암요법 전문가가 된다. 암이라는 수수께끼를 풀기 위해서는 현재의 모든 것을 바꾸어야 하고 암은 한 번 걸리면 결코 떠나지 않기 때문에 운동과 식이요법, 독소 조절(해독), 스트레스 관리(항암요법의 네 기둥)를 잘해야 한다고 주장한다.

인생을 가장 많이 바꿔놓는 말이 '암에 걸렸습니다.'이다.

식품회사들은 화학물질과 첨가물이 가득한 가공식품을 파는데, 소금, 설탕, 지방 등을 첨가하여 음식을 맛있게 할 뿐만 아니라 이를 먹는 소비자들은 자신도 모르는 사이에 중독이 되게 만든다. 그래서 자연산 채소 등을 많이 먹으라는 것이다. 식물은 자신을 파괴하려는 피토케미칼이라는 세균을 죽이려는 물질을 만들어 내는데 이것이 항암 성질을 가졌다. 숲속에 많이 있다고 하는 피톤치드도 실은 식물성(피톤) 살균 살충제라는 뜻으로 주위에 다른 식물이 번식 못 하게 하면서 자신의 생존을 어렵게 만드는 박테리아, 곰팡이, 해충을 퇴치하는 물질이다.

스트레스를 받을 때 분비되는 호르몬은 우리를 생존시키는 역할을 하지만 많아지면 신경세포와 면역체계를 망치고 암세포의 성장과 전이를 촉진시킬 수 있다. 또한 20분 정도의 명상이 나머지 하루의 삶을 개선시킨다고 한다.

새로 개발된 약을 시판하기 전에 몇 차례 임상시험을 하고 식약청에서 승인을 받지만, 식품회사는 사전승인을 받지 않는다고 한다. 자기가 파는 제품이 안전하다는 것을 확인하는 것은 회사의 책임이라는 것이지만 회사 또한 이들 시험 결과는 제출할 필요가 없다고 한다.

최근 가습기 살균제가 큰 논란을 일으켰다. 사망자도 많고 만성 폐질환을 앓는 등 피해자는 많은데 법적으로는 무죄라는 조금 황당한 판결이 있었다. 그런데 이런 화학물질들이 우리에게 많은 독작용을 하고 있다는 것이다. 물론 시판하고 있는 것은 허용기준에 미달한다고 하지만 많이 사용하거나 축적이 되면 건강에 좋지 않다. 화장품이나 세제, 목욕제품 등에는 화학물질이 많이 포함되어 있다. 소위 기름때는 빼려면 기름과 결합하는 계면활성제가 있어야 하는데 이들이 독성이 있다는 것이다.

우리나라에서 삼겹살이 인기가 있는 유래는 조금 서럽기도 한데, 제3공화국 시절인 1970~80년대에 이루어진 돼지고기 일본 수출 때문이라고 한다. 그때는 몇 차례 경제개발 5개년 계획으로 모든 것이 수출 지향적으로 이루어졌다. 일본은 돈가스용으로 등심과 안심 부위를 선호하였기 때문에 이 부위 수출이 크게 증가하였다. 수입해 가지 않은 삼겹살과 족발, 머리 등이 고스란히 남았다. 뒷다리를 이용한 육가공(분홍 소시지) 산업도 이때부터 생겼다. 삼겹살은 기름이 많아 햄과 소시지에 부적합하였고, 베이컨은 아직 한국에 퍼지지 않았다. 그래서 자연스레 구이용으로 보급되기 시작하였다고 하며, 휴대용 가스버너의 공급도 한몫하였다고 한다.

일본에서는 곱창 요리를 호르몬 야끼라고 하는데, 호르몬이라고 하면 뭔가 우리 몸에 힘을 주는 것(음식)이라는 의미와는 큰 차이가 있다. 일본에서는 곱창을 호루몬(放るもん, '버리는 물건'이라는 뜻의 간사이 지방 사투리) 취급하여 그냥 버렸는데, 간사이 지방에 많이 모여 살던 가난한 재일교포들이 그 내장을 얻어와 요리해 먹은 조리법[1]이라고 한다.

전주 MBC 유룡 기자는 '검은 삼겹살'이라는 특별기획으로 2016 한국방송기자대상, 지역보도 부문을 수상하였다.[2] 그는 스페인에서 돼지 뱃살을 내던지는 모습을 보고 충격을 받았다고 한다. 폐기물통에 던져진 지방은 화장품의 원료로 사용되거나 혹은 질 나쁜 것은 가축 사료용으로 사용된다고 하는데, 이러한 것들이 한국에 수출된다고 한다. 기자는 한국에서는 국내 생산량 15만 톤도 모자라 연간 20만 톤을 수입하는 돼지 뱃살, 국내 돼지고기 소비량의 45%에 달하는 삼겹살에 대하여 이야기하고 있다. 남미 축산업자도 한국 시장을 처음 접했을 때 마치 콜롬버스가 신대륙을 발견한 것 같은 느낌이었다고 한다. 그들에게 돼지에서 제일 비싼 부위는 등심이고, 삼겹살은 가장 저렴한 부위라는 것이다.

영양분 섭취의 큰 원칙은 고단백, 저칼로리, 저콜레스테롤이다. 외국에서는 지방 덩어리 부산물과 잡고기를 섞어 파는 햄버거 패티 등으로 끼니를 때우는 가난한 사람들의 건강 문제가 이미 심각한 사회 이슈로 부상하고 있다. 하지만 가난을 벗어난 우리나라에서는 정반대의 길을 가고 있다. 앞으로 우리의 식문화는 조금 고급스러워져야 한다.

최근 우리나라에서도 햄버거병 논란이 있다. 햄버거병의 공식 명칭은 용혈성 요독성 증후군(Hemolytic Uremic Syndrome)이고 장출혈성 대장균(O-157 H7) 감염증의 일종이다.[3] 고기를 잘 익히지 않고 먹거나, 살균되지 않은 우유 또는 오염된 야채 등을 섭취하면 걸릴 수 있는데, 적절한 치료가 이루어지지 않으면 신장 기능이 크게 망가지거나, 용혈성빈혈·혈소판감소증과 같은 합병증에 시달릴 수 있다. 사망률은 발생 환자의 약 5~10%이다.

그 외에도 몸에 좋지 않은 음식은 액상과당(고과당 콘시럽 HFCS, 설탕보다 더 나쁘다), 탄산음료, 소금, 우유(산유촉진제에 들어있는 인슐

린유사 성장인자-1(IGF-1)가 유방암, 전립선암과 관계가 있다고 알려져 있다)[4] 등이 있다.

우리는 탄산음료가 아닌 자본주의를 마신다.[5]

피셔 스티븐스이 제작하고 지금은 환경운동가로 활동하는 배우 디카프리오가 나오는 다큐 〈비포 더 플러드〉(Before the Flood, 2016)에서는 남미에서 열대 삼림을 벌채하는 가장 큰 이유는 팜유 생산과 소고기 생산이라고 한다. 소고기는 지구에서 자원을 가장 비효율적으로 활용하는 방법이며, 미국 국토의 47%가 식품 생산에 쓰이는데 이중 70%가 소의 먹이를 키우는 땅이고, 과일이나 채소, 견과류 등을 키우는 땅은 1%뿐이라고 한다. 또한 온난화의 원인을 이산화탄소라고 하지만 소가 생산하는 메탄 분자 하나는 이산화탄소 24개와 맞먹는다고 한다. 킵 안데르센 감독의 다큐 〈소에 관한 음모〉(Cowspiracy: The Sustainability Secret, 2014)와 〈몸을 죽이는 자본의 밥상〉(What the health, 2017)에서도 축산과 환경 문제들이 소개되고 있다.

몸에 좋은 것은 거절하기 쉽고 그걸 팔기는 훨씬 어렵다.
음식 자체가 문제가 아니고 대량생산, 대량유통 과정에서
추가된 물질들이 좋지 않다.

국제보건기구(WHO)의 산하 국제암연구소(IARC)에서는 2015년 10월 적색 육류와 가공식품을 일급 발암 물질로 규정하였다.[6] 가공육 50g 이상, 적색육 100g을 매일 먹으면 암을 유발할 가능성이 17~18% 정도 높아진다고 하는데, 우리나라의 하루 평균에 비하면 많은 양이지만 많이 먹는 사람들에게는 건강에 문제가 될 수 있다.

구석기 시대의 인류는 식량부족에 시달렸다. 먹을 때는 많이 먹고 특히 겨울에는 굶었을 가능성이 있다. 그래서 겨울에도 썩지 않고 껍질이 단단하여 다른 동물들을 잘 먹지 못하는 견과류를 먹었을 것이다. 따라서 유전자는 그날 먹어 사용하고 남은 영양분과 소금은 무조건 저장하는 방식으로 진화해 왔다. 그래서 지방을 사랑하는 것이다.[7]

석기 시대에는 지방 결핍으로 인한 건강 악화가 문제가 되었지만 현대인은 과잉 섭취로 인한 건강 악화가 문제이다. 비만으로 죽는 사람이 기아로 죽는 사람보다 많아졌다. 나치 시절에 노르웨이에서는 고기와 유제품 배급을 중단한 적이 있었는데 당시 심혈관질환에 의한 사망률이 많이 떨어졌으나 전쟁이 끝난 후 고기와 유제품을 다시 먹었을 때 사망률이 다시 증가하였다고 한다. 또한 암이나 심혈관질환 사망률은 총칼로리와 동물성 식품 생산량과 비례한다고 한다.[8]

최근 우리나라뿐만 아니라 일본, 중국에서 비만 특히 소아 비만이 큰 문제점으로 대두되고 있으며 성인형 당뇨병이 30년간 두 배로 늘었다. 물론 전체적으로 많이 먹는 것이 문제이지만 특히 정제된 탄수화물과 지방의 섭취가 늘어난 것이 문제이다. 인간은 태초에 채식을 주로 하였지만 육식으로 음식문화가 변화되었는데, 아직 유전자는 채식 위주로 남아 있다. 인간은 고기를 먹도록 진화된 잡식성(풀, 곡물, 고기) 동물이다.

자연은 설탕을 얻기 어렵게, 사람은 얻기 쉽게 만들었다. - 로버트 루스틱

농협중앙회 축산경제리서치센터에 의하면 한국인의 1인당 우유 소비량이 1970년 1.6kg에서 2013년 71.6kg으로 44.8배 증가한 것으로 나타났고, 이 기간 1인당 육류소비량은 5.2kg에서 42.7kg으로 8.2배 늘었다고 한다. 육류와 우유 등 축산물 소비 증가로 영양이 개선돼 한국인의 수명 연장과 체격 향상 등에 도움을 줬다는 것이다.[9] 수명이 연장되고 체격이 향상되었지만 심혈관질환이나 암 같은 질환도 많이 증가하였다.

물론 많이 먹으면 살이 찌고 적게 먹으면 살이 빠진다는 것은 불변의 사실이다. 뷔페식당에서 접시를 보면 비만한 사람과 날씬한 사람을 금방 구분할 수 있다. 음식을 빨리 먹는 것도 문제가 될 수 있으나 서서히 먹으면 음식을 더 많이 먹을 가능성도 있다. 또한 가공이 많이 되거나 지방 함량이 높은 음식, 당 흡수가 빠른 음식은 우리 몸에 좋지 않고 중독이 될 수 있다. 이제는 건강을 위하고 환경을 위해서도 식단을 바꾸어야 한다. 음식 조리 방법도 굽거나 튀기지 말고 푹 찌거나 삶는 것이 좋다.

톨스토이는 '신은 인간에게 먹을 것을 보냈고, 악마는 요리사를 보냈다'고 말했는데 조리를 많이 할수록 맛이 있고 많이 먹게 되는 것이다. 히포크라테스도 '음식이 너의 약이 되게 하라'고 하

였고 (아무리 좋은 음식이라도 많이 먹으면 먹지 않은 것보다 못하다), 이집
트 속담에도 먹는 음식의 1/4은 당신을 먹여 살리고 나머지 3/4
은 의사를 먹여 살린다 하였으며, 중국 속담에도 약만 먹고 식
보(食補, 좋은 음식을 먹어서 원기를 보충함)를 하지 않으면 의사를 괴롭
힌다고 하였다. 에디슨은 미래의 의사는 더 이상 약으로 치료하지
않고 영양으로 병을 치료하고 예방할 것이라고 하였다.

　암 발생의 원인은 확실히 모르지만 영화 〈암 공화국에서 살아
남는 법〉의 주인공 다비드 세르방-슈레베르가 제안한 운동과 식
이요법, 독소 조절(해독), 스트레스 관리를 잘해야 한다. 그런다고
해서 근거중심의학을 기본으로 하고 있는 현대 의학을 거부하면
안 되고, 여기에 대체의학을 합한 통합의학을 지향하면서 환자의
삶, 행복지수를 올려야 한다.

✻ ───────────────────────

1) 나무위키 - 호르몬(요리) https://namu.wiki/w/호르몬(요리).
2) 방송기자협회 - 2016 한국방송기자대상 지역보도부문 기획보도상_특별기획 검은
　삼겹살_전주MBC 유룡 기자 http://reportplus.kr/?p=19497
3) 네이버 지식백과 - 햄버거병 https://terms.naver.com/entry.nhn?docId=3607398
4) Plant, J. A. 조남주(역) (2015). 여자가 우유를 끊어야 하는 이유.
5) Ohmynews. 우린 탄산음료가 아닌 자본주의를 마신다. 2004-08-30.
6) 연합뉴스- WHO "소시지 등 가공육 · 붉은 고기, 암 유발 가능성" IARC, 가공육은 담
　배 · 석면과 같은 1군 · 붉은 고기는 2A군 발암물질로 분류. 2015-10-27.
7) EBS 다큐프라임. 음식중독 1부. 치명적인 유혹, 지방http://www.ebs.co.kr/tv/sho
　w?prodId=439&lectId=10205571
8) Forks Over Knives 2011, 다큐멘터리, 감독; Lee Fulkerson.
9) 데일리한국, 한국인 1인당 우유소비, 43년새 45배 늘어. 2015.05.12http://daily.
　hankooki.com/lpage/economy/201505/dh2015051210562313890.htm

어바웃 레이, 대니쉬 걸

성소수자에 관한 영화

About Ray, 2016 / The Danish Girl, 2016

최근 군 복무 중 성전환 수술을 받고 강제 전역당한 군인이 숨진 채 발견되었다고 한다. 국민인권위원회에서는 고인의 강제 전역에 대해 '심신장애인'으로 결론 내릴 근거는 없다면서 복직을 권유하였지만 좌절되었다고 했다.

한편 KBS 2TV 생생정보 – '이PD가 간다'에 출연하는 이PD라는 출연자가 있었는데, 프로그램의 컨셉상 알려줄 수 없다면서 남성인지 여성인지를 밝히지 않고 출연하여 많은 사람이 궁금해하였다. 이PD는 KBS 1TV '아침마당'에 출연하여 "저는 촬영할 때 절대로 화장실을 안 간다. 물도 안 마신다. 화장실에 가면 환상이 다 깨져버리기 때문에 정말 조심하고 있다."고 하였다. 시청자들이 내 성별이 궁금해서 먼저 다가와 주어 부담스럽지 않게 이야기를 나누기 때문에 가급적이면 성별은 비밀로 남겨 놓으려 한다고 했다.

영화 〈어바웃 레이〉와 〈대니쉬 걸〉에서는 성정체성을 가진 성소수자들의 고난을 이야기하고 있다. 우리나라에서도 모 방송인들이 본인의 성정체성을 밝히면서(커밍아웃) 이제는 그 개념을 이해하는 사람들이 많아졌으나 아직도 그들은 따돌림을 당하는 등 주변 눈치 속에 살고 있다.

젠더(Gender : 性에 대한 영문표기 Sex 대신 새로 쓰기로 한 용어. 젠더와 섹스는 우리말로 '성'이라는 같은 말로 표기되지만, 원어인 영어로는 미묘한 의미의 차이가 있다), 심리적인 성에 대하여 간단히 설명해 본다.

아래 그림에서 보면 남자는 3시 방향에, 여자는 9시 방향에 있고, 가운데는 동화 『미녀와 야수』에서 나오는 그림이다. 남자들 중에는 꽃미남이 있고, 조금은 우락부락한 야수남이 있다. 평화시절에는 꽃미남을 좋아하는 사람이 많지만, 전쟁 등 세상이 어

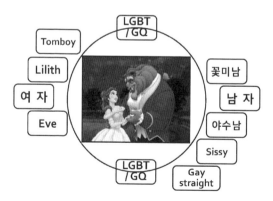

Sex and gender (Psychological sense of self)
남성과 여성의 Gender 사이에는 제3의 성(Third gender, Two spirit: LGBT/GQ)이 있다.

지러워지면 야수남을 더 좋아할 가능성이 많다. 여자들 중에는 공주형의 이브가 있고 조금 남성스러운 릴리스가 있다. 그리고 영화 〈빌리 엘리어트〉를 소개할 때 설명한 시시(Sissy)와 톰보이(Tomboy)가 있다. 이들 모두 성정체성이 혼란스럽다 말할 수는 없지만 가능성은 약간 있다. 〈빌리 엘리어트〉에서도 성정체성에 관한 이야기가 들어 있어 자세한 설명은 생략한다. 단지 Gay straight를 설명하면, 미국 드라마 〈섹스 앤 더 시티 시즌2〉, 에피소드11에서 "Is he a straight gay man, or is he a gay straight man?"이라는 대사가 있었는데, 진짜(straight) 게이인지 게이처럼 보이는 일반인(straight)이냐는 것을 물어보는 것이었다. 영화에서 Gay straight라는 말을 들은 사람은 요리사이고 말이나 행동이 약간 여성스러운 시시(Sissy) 특성을 가진 출연자를 말하는 것이었다.

일반 남녀가 앞 그림의 3시 9시 방향에 있다면 성별정체성(Gender identity)을 가진 사람들은 그 중간인 6시, 12시 방향에 배치할 수 있다. 소위 트랜스젠더에 해당하는 사람들은 미국뿐만 아니라 우리나라에서도 왕따를 당하는 등 사회적 문제가 많은데, 보건 진료에도 큰 영향을 주고 있다고 한다. LGBT는 성소수자를 말하는데, 레즈비언(lesbian)과 게이(gay), 양성애자(bisexual), 트랜스젠더(transgender)의 앞 글자를 딴 것이다. 그 외에도 젠더 퀴어(GQ, Gender queer)는 '성 정체성이 남녀가 아닌, 그 사이이거나 또는 몇 가지 성별이 결합된 사람', 젠더 플루이드(Gender fluid)는 '성정체성이 사회의 성별에 따른 기대에 따라 유동적으로 전환되는 사람'을 의미한다. 이들은 이전에는 질병으로 분류되어 정신의학과에서 치료를 받기도 하였지만 지금은 질병의 분류에서 제외되어 질병이 아니다. 성소수자의 삶은 어렵고 힘들기 때문에 의료인들의 폭넓은 이해와 관심이 필요하다.

성(Gender)의 밖으로 나타난 표현 양상(Gender expression)에 따르면, (우락부락한) 남자 같으면 Masculine(남성형, Boyish)이라 하고, 여성스러우면 Feminine(여성형, Girlish)이라 하고 그 중간을 앤드로지너스(Androgenous)라고 한다. 유니섹스라 하여 남자인지 여자인지 구분이 잘 안 되게 옷을 입거나 헤어스타일을 하는 경우가 있고, 남성들이 여성스럽게 옷을 입은 사람도 있으나, 대부분은 여성이 남성스럽게 옷을 입거가 남성스러운 헤어스타일을 할 때를 앤드로지너스라 한다. 주로 패션이나 헤어스타일 잡지 등에서 많이 사용하는 용어이다.

톰보이나 걸리시(girlish)[1]는 패션계에서 많이 사용하고 있는 용어다. 여자골프 선수 중에도 박성현 선수는 검정 계통의 롱팬츠를 입고 모자를 푹 눌러쓴 채 필드에 나오는데 이를 톰보이식이라고 한다. 반면 안신애 선수는 상의는 슬리브리스(민소매), 하의는 짧은 스커트를 주로 입는데 이를 걸리시라고 한다.[2]

스포츠 선수들 중에는 근육을 키우려 불법인 남성 호르몬을 먹는 사람도 있다. 남성 호르몬이 높으면 근육량도 많아지고 보다 우월한 경기력을 보인다고 한다. 2005년 아시안게임 중장거리

메달리스트도 나중에 나이가 들고서야 성정체성이 밝혀진 경우도 있었는데, 본인도 모르는 호르몬 이상 안드로겐 내성증후군(남성 호르몬 수용체에 이상이 생겨 태어났을 때는 여성으로 알고 있다가 사춘기가 되어서야 남성으로 밝혀진다)이 있었다고 한다. 우리나라에서도 어릴 때부터 축구를 하던 여성 운동선수가 커가면서 남성에 가까운 용모를 보이고 운동을 너무 잘하여 우리나라에서 활동하지 못하고 외국에서 뛰고 있다. 신체 외형 및 생식기 모양으로 남녀를 구분하여 왔지만, 이제는 호르몬 검사 및 유전자 검사로 알 수 있듯이 성정체성을 가지고 있는 사람들도 우리가 알지 못하는 어떤 상태일 수 있다.

드랙퀸과 드랙킹이라는 용어도 있다. 드랙퀸(Drag queen)은 여장을 의미하는 드래그(Drag)와 남성 동성애자가 자신을 스스로 칭할 때 쓰는 퀸(Queen)이란 표현이 합쳐진 합성어로, 옷차림이나 화장, 행동 등을 통해 여성성을 연기하는 이른바 여장남자를 의미한다. 드랙킹(Drag king)은 드랙퀸과는 반대로 남장여자를 말한다. LGBT는 최근에 LGBT-QIA라고 개념을 더 넓혔는데, Q는 Questionary(자신의 성적 정체성이나 성적 지향에 대해 의문을 갖고 탐색하는 사람), I는 Intersex(유전적으로 남성과 여성의 신체적 특징을 모두 타고난 간성), A는 Asexual(무성애자)이라고 한다.

2017년 11월 세바시(케이블방송 CBS TV의 〈세상을 바꾸는 시간, 15분〉)는 851회 방송에서 대학 성소주자 모임연대 활동가 강동희의 '성소수자도 우리 사회의 분명한 구성원입니다.'를 녹화하였

"생일날 촛불을 불 때마다
난 같은 소원을 빈다.
'남자이고 싶어요'"

— 영화 〈어바웃 레이〉에서
16살 레이의 대사

"나는 릴리처럼 생각하고,
릴리처럼 꿈을 꿔.
그녀는 늘 내 안에 있었어."

— 영화 〈대니쉬 걸〉에서
남편 베게너의 대사

는데 기독시민연대의 반대로 CBS에서는 방송이 되지 않았다. 그렇지만 한국 양성평등 교육진흥원 등에서 기획 및 제작한 이 영상은 유튜브 등에 공개되었다. 그만큼 우리 시대가 성소수자를 바라보는 시각이 엄청나다는 것이다. 다름과 틀림을 서로 구분할 수 있어야 하며, 서로 다른 것은 옳고 그름의 문제가 아니다. 차이를 존중하고 다양성을 포용하며, 사회적 약자를 보듬어야 한다.

몇 년 전 미국에서는 때 아닌 '화장실 전쟁'이 일어났다. 성전환 수술로 남성에서 여성으로 바뀐 사람이 어느 쪽 화장실을 사용할 것인가에 관한 논란이었다. 물론 화장실이 Man/Woman/Gender neutral 이렇게 세 개로 나누어져 있다면 좋겠지만 태어날 때의 성에 따라 남/녀 화장실을 이용할 것인지 그렇지 않으면 위의 세바시 강의자처럼 참고 집에서 가야 할지 모르겠지만, 우리도 성중립(Gender neutral) 화장실을 만들지 논의를 시작해야 할 것 같다.

---

1) 현대는 성년이 되었음에도 불구하고 10대 소녀처럼 생각하고 행동하는 소비자가 늘어나고 있는데, 이를 마케팅에 사용하는 것을 '걸리시 마케팅'이라 한다. [네이버 지식백과] 걸리시 마케팅.

2) 女필드룩 매치업, '톰보이 vs 걸리시' 마니아타임즈. http://www.maniareport.com/view.php?ud=193165

언노운 걸

오지랖 넓은 여의사 이야기

The Unknown Girl, 2016

2019년 72회 칸 영화제에서 봉준호 감독이 〈기생충〉으로 황금 종려상을 받았는데, 당시 감독상을 받은 사람은 다르덴 형제(장피에르 다르덴과 뤼크 다르덴)였다. 다르덴 형제는 벨기에의 영화 제작자로 함께 영화의 각본 및 프로듀스, 감독을 담당한다고 한다. 이들은 어린이와 여자 같은 사회의 약자를 소재로 삼는다.

이 중 잘 알려진 영화는 〈아들〉(Le Fils, The Son, 2002), 〈더 차일드〉(The Child, 2005), 〈자전거 탄 소년〉(The Kid With A Bike, 2011)이 있고, 당시 수상 작품도 〈소년 아메드〉(Young Ahmed, 2019)라는 영화로 잘못된 종교적 신념에 자신을 가두었던 13세 이슬람권 소년이 영혼의 감옥에서 빠져나오는 과정을 그린 영화이다. 또한 젊은 여성을 소재로 한 영화는 〈로제타〉(Rosetta, 1999), 〈내일을 위한 시간〉(Two Days One Night, 2014) 등이 있으며 이번 영화 〈언노운 걸〉은 오지랖 넓은 젊은 여의사의 이야기이다.

시놉시스[1]

의사 제니는 저녁 늦게 누군가 병원 문을 두드리지만, 진료시간이 끝나 문을 열어주지 않는다. 다음 날 병원 문을 두드렸던 신원미상의 소녀가 변사체로 발견되었다는 소식을 듣게 되고 죄책감에 사로잡힌 제니는 소녀의 행적을 직접 찾아 나선다.

2001년 홍콩 감독 데이얀 엉은 실제 중국에서 있었던 이야기를 소재로 10분짜리 단편 영화 〈버스 44〉를 발표하였는데, 그 내용은 다음과 같다.

'조그마한 마을 교외에서 한 여성 운전자가 모는 버스가 고속도로 강도를 만난다. 강도들은 여성 버스 운전자를 강간하려 한다. 버스 안에 있는 승객들 중 한 명만이 그녀를 도와주려 하다가 심하게 다치고 나머지 승객들은 모른 척할 뿐이다. 겨우 살아난 여성 운전자는 도와주었던 남성을 매몰차게 내리게 하고 떠나버린다. 겨우 다른 차를 얻어 타고 목적지에 가던 남성은 버스가 낭떠러지에서 추락하였다는 소식을 듣는다.'[2]

얼마 전 인터넷에서 회자되는 이야기 중에 어느 중국 시장에서 어린이가 차에 치어 쓰러져 있었으나 지나가는 행인이나 운전자, 상가 상인들(모두 18명)이 모두 방관하고 지나갔다는 것이다. 중국에서는 비에관센스(別官閑事)라 해서 '남의 일에 관여하지 마라'라는 말이 유행한다고 한다. 주변의 어려운 사람을 도와주다 자칫 곤란한 상황에 빠질까 두려워한다는 것이다.

이런 것을 '방관자 효과'(Bystander effect)라고 하며, 제노비스 신드롬(Genovese syndrome)이라고도 하는데, 이는 미국 뉴욕에서 발생한 키티 제노비스(Kitty Genovese) 살해사건에서 유래된 말이다. 1964년 3월 13일 새벽 미국 뉴욕 퀸스 지역 주택가에서 키티 제노비스라는 여성이 강도에게 살해되었다. 35분간이나 계속된 살인 현장을 자기 집 창가에서 지켜본 사람은 모두 38명이었으나 이들 중 어느 누구도 제노비스를 도와주거나 경찰에 신고하지 않았다[3]고 한다. 특히 주위에 사람들이 많을수록 책임감이 분산되어 어려움에 처한 사람을 돕지 않는다는 것이다. 한두 사람이 있을 때보다 목격자가 많으면, '누군가 돕겠지', '누가 신고하겠지', '왠지 먼저 나서기 꺼려지네' 등의 생각을 하는 사람들이 많아지고 피해자는 도움을 받지 못한다는 것이다. 그래서 혹시라도 위급한 상황에서 타인의 도움을 얻으려면 도움 줄 대상을 명확하게 지목하여 도움을 요청하는 것이 좋다고 한다. "빨간 셔츠 아저씨, 파란 모자 쓴 아저씨, 노란 옷 입은 아저씨, 도와주세요."

이와 반대되는 효과는 '감시자 효과'다. 누군가 지켜볼 때 적극적인 행동을 하는 것을 말한다. 누군가 나를 지켜보고 있을 때와 그렇지 않을 때 행동에 변화가 생기는 것은 어쩌면 당연한 일일지도 모른다. 누군가 지켜보고 있을 때 더 바람직한 방향으로 행동하는 것을 '감시자 효과'(Observer Effect)라고 하는데, 산업 심리학에서는 '호손 효과'(Hawthorne effect)로 알려진 것이 그 시초다.[3] 아무도 없이 혼자 있을 때 어려운 사람을 도와주는 것은 착한 사마리아인이라 할 수 있다. 성경에서 나온 말이지만 외국에서는 착한 사마리아인의 법이 시행되고 있다. 자신에게 특별한 부담이나 피해가 오지 않는데도 불구하고 다른 사람의 생명이나 신체에 중대한 위험이 발생하고 있음을 보고도 구조에 나서지 않는 경우에 처벌하는 법이다.

예를 들면 프랑스에서는 '위험에 처한 타인을 구조할 수 있었음에도 불구하고 고의로 이를 하지 아니한 자는 5년 이하의 구금형 및 7만 5천 유로의 벌금에 처한다.'고 한다. 우리나라에서도 '누구든지 응급환자를 발견하면 즉시 응급의료기관에 신고해야 한다.'라는 조항이 있지만 처벌조항은 없다고 한다(응급의료법 5조1항). 단지 응급조치에 대한 재산상 손해와 사상에 대해 책임면책, 감면규정을 두고 있다(응급의료법 5조2항).

언젠가 혼자 자전거를 타고 가다가 길옆에 쓰러진 사람을 보고 무척 당황한 적이 있다. 서서히 걸어가지 않고 자전거로 가다 보니 순식간에 지나가 버린 것이다. 그래도 의료인인데 그냥 지나치는 것은 도리가 아닌 것 같아 돌아와 노인을 부축하였는데 그가 의식을 조금 차리는 것 같아 옆길에 앉히고 돌아온 적이 있다. 아무도 본 사람이 없고 CCTV도 없는 장소이기는 하였지만 지금도 왜 112 혹은 119에 신고하지 않았는가 하는 자책감이 든다. 그 노인이 완전히 회복된 것은 아닌 것처럼 보였지만, 그를 돌보는 대신 집에 돌아가고 싶은 마음이 당시 너무 강하였던 것 같다.

쓰러진 사람을 발견하면 어디로 신고할 것인가에 대하여 조금 헷갈릴 수 있다. 언젠가 저녁 산책을 하다가 술에 취해 여기가 어딘지도 모르고 집을 찾지 못하는 사람을 발견하여 119로 전화하였는데 112로 전화를 하라고 한다. 112로 전화를 하였는데 산책로 장소가 어딘지 서로 소통이 잘 안 되었는데 주변 상점의 전화번호를 알려달라고 하였다. 술 취한 사람도 환자가 아닐 수는 없지만 환자는 119, 술 취한 사람은 112라고 하였다. 최근에는 서비스가 통합이 되었다고 하니 다행이다.

단편영화 〈버스 44〉를 보면서 만일 44번 버스가 그대로 목적지에 도착하였다면 어떻게 되었을까 하는 생각을 하면서 프랑스 작가 모파상의 단편소설『비계 덩어리(Boule de Suif)』가 연상되었다, 1870년 보불전쟁(프랑스와 독일 전쟁) 당시 프로이센군에 점령된 루앙에서 디에프로 가는 역마차에 백작, 의사, 돈 많은 상인과 그들의 정숙한 아내들, 수녀, 민주주의 운동가와 창녀가 타고 있었는데, 프로이센군에게 잡혀 움직일 수 없었다. '비계 덩어리'라는 별명을 가진 창녀 불 드 쉬프는 프로이센군에게 잡힌 일행을 위해 프로이센군 장교에게 몸을 허락해 자신을 희생했지만, 풀려난 후 오히려 사람들에게 멸시당하고 따돌림을 받게 된다는 추악한 이기주의 이야기이다.[5] 처음에 급히 나오느라 빵을 가져오지

영화 〈비계 덩어리〉(2010)의 한 장면.

못한 사람들을 위하여 주인공 쉬프는 자신의 빵을 기꺼이 제공하지만, 다시 떠날 때 쉬프는 빵을 준비하지 못하였는데도 다른 사람들이 빵조차 나누어 주지 않는다.[6]

영화 〈언노운 걸〉을 같이 본 학생들의 반응은 별로 좋지 않았다. 의사가 환자 진료만 하는 것이 아니라 '모르는 여자'의 사망 사건을 파헤치고 신분을 알아내려는 시도를 하는 오지랖[6] 넓은 의사를 별로 좋아하지 않는 것 같았다. 또한 돈도 많이 받고 신분 상승이 보장되는 좋은 직장을 뿌리치고 조그만 병원에서 진료봉사를 한다는 사실도 불편하였을 것이다. 그러나 영화를 자세히 생각해 보면 이 오지랖 넓은 의사의 과거와 가정을 생각해 볼 수 있는데, 본인과 가족의 일부도 이민자 출신의 언노운 걸이었을 가능성이 높다.

영화에서 주인공 의사는 인턴에게 이렇게 이야기를 한다.

> 훌륭한 의사는 감정도 통제할 줄 알아야 해.
> 환자의 고통 앞에서도 의사는 흔들리면 안 돼.
> 정확한 진단이 가장 중요하다고…
> 환자들한테 휘둘리면 안 돼.

이는 칼 로저스가 이야기한 환자와 의사의 관계 중 가장 중요한 3가지 요소 중에 감정이입(Empathy)과 일관성(Congruence, 언행 불일치), 적극적 관심(Unconditional Positive Regard)을 설명하는 이야기이지만 너무 의사의 입장을 강조하는 말이다.

　사람이 자신의 이익만을 돌보면 이기주의자가 되고, 타인의 이익을 돌보면 이타주의자가 된다. 자신과 타인 둘을 가르는 차이라고 할 수 있다. 이기주의는 토머스 홉스의 '모든 인간 존재는 자기 자신의 이익(선)을 위해 행동한다'는 주장에 바탕을 두고 있는데, 이 주장에 따르면 이기주의를 지지한다고 하더라도 타인을 위해 행동할 수가 있다. 자기 자신의 이익을 도모한다면 당연히 자신의 이익을 최우선으로 하지만 타인을 위한 것이 자신에게 이익이 될 수도 있다. 즉 이기주의는 다른 사람을 도와줄 수 있고 심지어 자신의 손해까지 용인할 수도 있다[8]고 한다는데, 복잡하기는 하지만 환자를 돕는 것도 이기심의 일부라는 것이다.

　한편 방관자(Bystander)의 상대적인 말로 업스탠더(Upstander)라는 말이 있다. 아무것도 하지 않는 것이 많은 사람이 택하는 가장 쉬운 방법일 때 나서서 행동하는 사람을 말한다. 즉 긍정적인 변화를 위해 행동하는 사람을 말한다.[9]

　영화 〈언노운 걸〉은 의사들이 어떤 삶을 선택할 것인가를 생각하게 할 뿐만 아니라 방관자 효과, 이기심 등을 생각하게 한다.

　한편 다르덴 형제는 칸 영화제 감독상을 받은 후 기자회견에서 영화가 현실을 바꿀 수 있다고 생각하느냐라는 질문에 "그렇다"라고 대답하면서, 그들이 만든 영화가 교육적 영향을 끼치기를 바란다고 하였다. 이어서 "사회 현실에 완벽한 해결책을 제시할 수는 없지만 다 함께 질문하고 토론할 수 있다. 그러기 위해 누구나 자신의 생각을 말할 수 있어야 하며, 두려움이 없다면 말하지 못할 이유도 없다."고 하였다.

우리나라 영화 〈도가니〉(2011년)와 같이 영화는 우리 세상을 바꾸어가고 있다. 그러기 위해서는 영화를 보면서 느낀 연민 감정을 실행에 옮기는 결단이 필요하다. 베트남 출신 승려이자 명상가인 틱낫한은 '자비는 동사다(Compassion is a verb)'라는 말을 하였으며, 예수님도 착한 사마리아인의 비유의 끝에서 '가서 너도 그렇게 하여라'(Go and do likewise)라고 하였다.

---

1) 네이버 영화-언노운 걸 https://movie.naver.com/movie/bi/mi/basic.nhn?code=150372
2) 비겁한 방관자의 최후, '버스 44' https://terms.naver.com/entry.nhn?docId=4351315
3) [네이버 지식백과] 제노비스 신드롬(시사상식사전, 지식엔진연구소).
4) 강사월, 민아원(그림) 마음을 실험하다 - 재미와 호기심으로 읽고 상식이 되는 심리학. 슬로래빗 2015-12-28.
5) [네이버 지식백과] 비계 덩어리(시사상식사전, 박문각).
6) 김성국. 자기 살자고 남 희생 강요 조직 발전 막는 이기주의. 중앙선데이 2016-07-31.
7) 쓸데없이 지나치게 아무 일에나 참견하는 면이 있다. 자기 영역을 넘어서 남의 영역을 침범하고, 염치없이 행동하는 면이 있다.
8) 장동선, 염정용 옮김(2017). 뇌 속에 또 다른 뇌가 있다. 파주, arte.
9) '업스탠더'는 '긍정적인 변화를 위해 행동하는 사람(a person who acts to make positive change)'이라는 의미로 스타벅스가 만든 말이다. 플랫폼에 올라탈 것인가, 스스로 플랫폼이 될 것인가. 미디어 오늘. 2017-08-23 http://www.mediatoday.co.kr/?mod=news&act=articleView&idxno=138536

언브로큰,
언브로큰 : 패스 투 리뎀션
불굴의 정신과 용서

Unbroken, 2014 / Unbroken:Path to Redemption, 2018

이 두 영화는 육상선수였던 '루이스 잠페리니(Louis Zamperini 1917~2014)'가 태평양 전쟁에서 일본군 포로가 되었다가 생환하고, 스트레스성 외상장애에서 회복되어 기독교 전도사가 되는 이야기이다.

〈언브로큰〉은 배우 출신 감독 안젤리나 졸리가 만들었는데,[1] 영화 마지막 장면에 자막으로 루이스는 '복수가 아닌 용서를 생활 속에 실천했다'면서 일본인 간수들을 용서하였고, 80세 나이에 1998년 나가노 동계올림픽 성화봉송자로 본인이 갇혀 있었던 광산 부근을 달리는 모습으로 끝난다.

후속편이라 할 수 있는 〈언브로큰: 패스 투 리뎀션〉은 전쟁이 끝나고 미국 생환 후 구원에 이르는 길(패스 투 리뎀션, Path to Redemption)을 해롤드 크론크 감독이 제작하였다.[2] 영화 제목 '언브로큰'은 '갈대는 바람이 흔들리지만 부러지지 않는다'는 의미

시놉시스[3]

우유병에 술을 담아 마시고 몰래 담배를 피우던 말썽꾸러기이자 왕따를 당하던 문제 소년 루이스는 운명처럼 육상을 시작한다. "견딜 수 있으면, 해낼 수 있다." 누구도 막을 수 없는 집념과 노력으로 루이스는 19살에 최연소 올림픽 국가대표로 선발되고 베를린 올림픽에 출전하여 세계가 주목하는 육상선수가 된다. 하지만 제2차 세계 대전이라는 피할 수 없는 현실이 찾아오자 공군에 입대하여 수많은 전투 속에서 살아남지만, 비행기 엔진 고장으로 태평양에 추락하고 만다. 두려움으로 가득한 망망대해에서 삶에 대한 의지로 47일을 버티던 그의 앞에 나타난 것은 일본 군함이다. 살았다는 기쁨도 잠시, 그의 앞에는 더 큰 위기가 찾아온다.

를 넘어서 굴복하지 않은 인간의 불굴의 의지를 나타낸다고 할 수 있다. 또한 뉴욕 타임스에 실린 그의 부고 기사에 있는 "자유를 지키고 신장하기 위해, 그리고 은총을 불어넣기 위해 용감히 죽음을 택했으며, 애국 전선에 불굴(unbroken)의 자세로 서 있었다."라는 '전사통지서'에서 유래한다고도 한다.[4] 하지만 많은 할리우드 영화에서처럼 미국인이니까 할 수 있다는 것을 보여주는 것 같아서 조금 씁쓸한 마음이 들기도 한다.

　반항아이고 문제아, 그리고 마늘 냄새난다고 왕따를 당하면서 싸움을 일삼던 이탈리아 이민자 소년 루이스는 형의 권유로 달리기를 시작하면서 왕따를 극복하고 중장거리 운동선수가 된다. 5,000미터 육상에서 메달을 딸 가능성은 낮지만 다음 올림픽을 대비하여 경험을 쌓게 하는 목적으로 손기정 선수가 금메달을 딴 베를린 올림픽에 참가하게 된다. 배를 타고 대서양을 건너면서 그는 체중 관리에 실패하게 되고 기록도 안 좋았지만, 마지막 트랙을 엄청난 속도로 달리면서 주목을 받게 된다. 히틀러를 만나 악수하기도 하고, 다음 도쿄 올림픽의 기대주가 되지만 전쟁이 발발하게 되자 공군으로 참전한다. 그는 많은 작전에 참여하여 구사일생으로 살아나지만, 정찰 비행을 하다가 엔진 고장으로 태평양에 추락한다. 물고기도 잡아먹고 새도 잡아먹으면서 버티지만 생존자 3명 중 두 명만 살아남는다.

　루이스는 일본 군함에 구조되어 850일간의 포로 생활을 하게 되는데, 거기서 와타나베라는 간수를 만나게 된다. 와타나베는 일본인들 사이에서도 폭력으로 유명하고 별명이 새(Bird)라고 불리는 악마와 같은 사람으로, 루이스를 특별히 더 괴롭힌다. 루이스는 일본인들과 달리기를 하여 이겨도 두들겨 맞고, 져도 두들겨 맞는다. 미국을 욕하는 선전방송을 하면 편하게 지낼 수 있게 해주겠다며 회유도 받고 강요도 받지만 거부한다. 와타나베가 다른 곳으로 전근을 가지만 포로들도 이감되면서 또다시 와타나베를 만나는 악연이 계속된다. 키가 180cm인 그가 1948년 고향 캘리포니아로 돌아올 당시 몸무게가 34kg였다고 하니 얼마나 고생이 심하였는지 짐작할 수 있다.[5]

영화 속에서 'If You Can Take It, You Can Make It.'라는 말이 수없이 반복된다. '견딜 수 있으면 해낼 수 있어(참고 버티는 사람이 이긴다. 성경에서 유래되었다고 한다.)'[6]라는 뜻인데, 달리기를 처음 시작할 때 루이스의 형이 하던 말이다. 수용소에서 악질 간수로부터 구타를 당하고 고문을 당할 때도 주인공은 이 말을 끊임없이 되풀이한다. '견디는 것만이 유일한 선택일 때 비로소 인간은 자신이 얼마나 강한지 알 수 있다'라는 밥 말리의 명언과도 닮은 내용이다.

빅터 프랭클의『죽음의 수용소』에 '저 사람은 인간이 아니다'라고 한 잔혹한 게슈타포가 있었는데, 전후 그가 전범으로 수감되었을 때 그는 감옥에서 가장 선량한 사람으로 손꼽혔다고 한다. 그의 전력을 모르는 사람들은 저렇게 순하고 착한 사람이 세상 어디에 있냐는 말을 했다는 것이다. 이 영화에서도 와타나베 역을

한 배우는 일본인 미야비라는 한국인 3세인데, 너무 순진한 얼굴로 악역을 열연하였다. 감독의 의도는 순한 양의 얼굴을 한 사람의 마음에도 악랄한 폭군이 깃들 수 있다는 것을 보여주기 위함이 아니었을까 생각해 본다. 이 배우는 영화가 일본에서 개봉된 후 일본에서 추방하라는 등 욕을 많이 먹었다고 한다. 영화 마지막에 와타나베 집무실이 나온다. 와타나베는 군인 가족 출신으로 형은 장교였으며, 본인도 장교 지원을 하였지만 떨어져 하사관으로 근무하였다는데, 그런 자격지심이 그를 폭력적으로 만들었을지도 모른다.

후편 영화 〈언브로큰: 패스 투 리뎀션〉은 루이스가 일본 스가모 구치소를 방문하는 것으로 시작한다. 이 구치소는 연합군 최고사령부가 전범자들을 수용하고 있는 곳이며 루이스를 괴롭히던 간수들도 수감되어 있었다. 미국으로 돌아간 루이스는 결혼도 하고, 많은 초청 강연을 하지만 외상후 스트레스 증후군(PTSD)은 어찌할 수 없다.(태평양 전쟁포로 중 85%가 이 후유증을 겪었다고 한다.)

특히 와타나베에 대한 기억은 지워지지 않고, 오직 그를 죽이는 것만이 해결책이라고 생각한다. 권총도 사고 일본 왕복 항공권도 구입하려 하지만 실행하지는 못한다. 달리기를 다시 시작하려고 해도 부상 때문에 가능하지 않고 직업도 구하기 힘들다. 결혼 생활도 위기에 빠지고 알코올 중독은 더 심해진다. 그때 부인의 권유로 참석한 빌리 그레이엄 목사 부흥회에서 하느님의 목소리를 듣는다. 태평양에서 폭풍을 만났을 때 루이스는, 위험에 처해 있는 사람이라면 하는 기도 '살아남는다면 남은 인생을 당신께 바치겠습니다.'를 외쳤는데, 이 내용이 불현듯 스치면서 알코올 중독에서 빠져나오고 정상적인 생활로 복귀한다. 루이스는 일본인 간수들을 용서하기 위해 스가모 구치소를 방문하였지만 전범 와타나베는 도망가고 없었다. 그는 수감되어 있는 간수들과 일일이 악수를 하고 용서한다는 이야기를 하면서 영화는 끝난다.

후속편인 〈언브로큰: 패스 투 리뎀션〉은 〈신은 죽지 않았다 1~2〉[7] 등 기독교 영화를 많이 제작한 헤롤드 크론크 감독이 만들었다. 이 영화에서 빌리 그레이엄 목사 역할은 그의 친손자가 맡아 화제가 되기도 하였다.

미국 CBS에서는 1998년 나가노 동계올림픽을 계기로 〈위대한 잠페리니〉(The Great Zamperini)라는 35분짜리 다큐멘터리[8]를 제작하였는데, 이것이 미국 텔레비전계 최고의 상인 에미상을 받았다. 이 다큐멘터리에 의하면 전쟁이 끝난 후 잠페리니는 전쟁으로 인한 외상후 스트레스 증후군(PTSD)으로 인해 고생하였지만 빌리 그레이엄 목사를 만나 정신적 어려움을 극복하고, 마음의 치유를 위해서 자신을 고문했던 간수들을 용서하기로 한다. 그는 일본을 방문하여 간수들을 만나 용서하였으나 가장 중요한 인물 와타나베는 만나지 못했다. 그를 가장 혹독하게 고문했던 와타나베는 전쟁 후 숨어지내다가 사면되었으며, 생명보험을 팔아 부자가 되었다고 한다. 와타나베는 잠페리니를 만나기를 거부하였고, 기자와의 인터뷰에서 자신의 행동을 합리화하기에 급급하였다고 한다. "백인 사회에서는 때리는 것이 잔혹한 벌이다. 하지만, 공동체의 생명을 유지하기 위해서는 그러한 처벌이 필요한 경우들이 있다."라는 말을 하고 자신의 행동이 일본 정부의 명령에 의한 것이 아니다고 하는 등 이해할 수 없는 이야기를 하였다. 그렇지만 그는 사과를 하거나 용서를 청하지는 않았다.

맥아더의 전범 목록에 오른 사람이 미국의 이익을 위하여 사면되어 잘 살아가고, 와타나베의 발언 자체도 현대의 일본 정치인이 하는 말과 똑같아 기분이 좋지 않았다. 알코올 중독자가 되고 와타나베를 찾아가 죽이는 것이 소원이었던 잠페리니가 전쟁 후유증에서 벗어나게 된 계기는 빌리 그레이엄 목사의 부흥회에 참가하고 그를 만난 후라고 한다. 그는 "증오는 스스로를 파괴한다. 만일 당신이 누군가를 증오하면, 그 증오는 당신 자신을 다치게 한다. 용서는 인생에서 가장 힘든 일이지만 그 용서가 바로 치유다. 진짜 치유는 용서다."라고 이야기한다.

영화 〈밀양〉에서도 주인공이 석양 무렵 부엌에 서서 찬밥 한 덩어리를 먹다가 '우리가 우리 죄를 용서하듯이 우리 죄를 용서하시고'라는 말에 큰 감명을 받는다. 그녀는 아들은 죽인 죄인을 용서해야겠다고 생각하고 교도소를 방문하는데, 루이스도 자기에게 엄청난 고통을 주었던 간수들을 용서하겠다는 마음을 먹고 일본을 방문한다. 영화 〈언브로큰: 패스 투 리뎀션〉의 마지막에서도 〈밀양〉에서와 같은 마태복음 6장 14절의 '주의 기도' 말씀이 인용된다.

심장학 권위자 윌리엄 하브리첼은 『생의 모든 순간을 사랑하라』에서 용서의 중요성에 대해 다음과 이야기한다. 총상을 입고 입원 중인 피터에게 어린 조카가 와서, 본인이 갱단에 들어가서 삼촌 대신 복수를 하겠다고 맹세를 한다. 총에 맞아 누워있는 상태로는 조카에게 아무것도 줄 수 없지만 그는 주지 않아야 할 것을 주지 않겠다고 결심하였는데, 가해자를 '용서'하는 것이었다. 그는 용서하는 과정에서 힘이 많이 들었지만 예전에 느끼지 못했던 평화를 느꼈으며, 용서를 받는 사람은 바로 본인이라는 것을 깨달았다고 한다. "그날 이후 분노가 사라졌습니다. 그리고 제 결정에 대해 지금도 전혀 후회하지 않아요."라고 하면서 "용서의 힘이란, 용서받는 사람들보다 오히려 용서하는 사람들에게 가장 위대한 힘을 발휘하죠. 그걸 깨닫고 죽음을 맞이하게 되어 정말 감사할 따름입니다."라고 하였다.

이란에서는 피해자의 유가족이 살인범의 사형을 면제할 권한이 있는데, 알리네자드라는 어머니는 자기 아들을 죽인 사형수가 집행을 받기 직전에 올가미를 풀어주며 용서하였다고 한다. "아들의 살인범을 용서했을 때, 내 마음속에서 원한이 사라졌고 평안이 찾아왔다"라면서 "자식을 잃은 7년간 내 몸은 시체였지만, 사형수 발랄을 용서해 주는 순간 내 몸에 피가 다시 흐르며 살아나는 기분을 느꼈다"고 하였다.[9]

잠페리니가 만난 빌리 그레이엄 목사가 한국 교회에 끼친 영향도 엄청나다. 1973년 군사정권의 지원 아래 여의도 광장에서 열

렀던 3차례 부흥회에서는 100만여 명의 인파가 모였다.[10] 빌리 그레이엄 목사의 영향은 부정적인 시각도 존재하는데, 이들 중에는 미국식 복음주의와 상업주의 및 정교유착 등이 있다.[11]

잠페리니는 빌리 그레이엄 목사와 함께 복음을 선포하다가 빅토리아 보이스 캠프(Victory Boys Camps, 1952-2014)를 설립하여 위험에 처한 젊은이들을 평생 도왔다고 한다. 2014년에는『포기하지 말고 굴복하지 마라』(Don't Give Up, Don't Give In)[12]는 책이 발간되기도 하였다. 잠페리니는 〈언브로큰〉을 만든 감독 안젤리나 졸리의 이웃에서 살았다고 하는데, 불행히도 영화가 개봉되기 전에 사망하였다.

이 두 영화는 불굴의 의지에 관한 영화이지만, 용서에 관한 주제로 위대한 인간 정신을 배울 수 있다. 최근 유명인들의 학폭 사건에서도 마찬가지지만, 상처를 받은 피해자는 확실히 기억하지

1973년 빌리 그레이엄 목사의 여의도 집회 현장(국민일보 DB)

만, 가해자는 상처를 주었는지 안 주었는지 알지 못하는 경우가 많다. 그래서 가해자는 편안히 잘살아가고 있지만, 피해자는 고통 속에서 몸부림친다. 우리는 남들이 나에게 잘못한 일들에 대해 그들의 사과를 받고, 내가 용서해야 한다고 생각한다. 그러나 나도 가해자일 수 있음을 성찰해야 하며 피해자에게 용서를 빌어야 한다.

> "우리에게 잘못한 이를 우리가 용서하듯이
> 우리 죄를 용서하시고 악에서 구하소서."

1) 언브로큰 Unbroken, 2014, 감독; 안젤리나 졸리.
2) 언브로큰: 패스 투 리뎀션 Unbroken: Path to Redemption, 2018, 감독; 해롤드 크론크.
3) 언브로큰- 참고 버터 안 죽은 '불굴의 사나이' 주간경향 2015-01-06.
4) 네이버 영화 – 언브로큰.
5) 2년간 고문한 일본군까지 포용...용서의 아이콘. 한국일보 2014-07-19.
6) 너는 인내심을 가지고 있으며 내 이름 때문에 고통을 당하였고 그래도 용기를 잃지 않았다. 요한계시록 2,3.
7) 신은 죽지 않았다 God's Not Dead, 2014, 감독; 해롤드 크론크.
8) 위대한 잠페리니(The Great Zamperini) https://youtu.be/aEGL-wyz1yk
9) "용서할 생각 전혀 없었는데 사형집행 순간 갑자기 변해… 그리고 나니 평안 찾아와" 조선일보 2014-04-28.
10) 빌리 그레이엄의 명과 암. 뉴스앤조이 2018-03-05.
11) 김용국(2018). "빌리 그래함의 한국 교회에 끼친 영향에 관한 연구." 역사신학 논총 33: 157-186.
12) David Rensin, Louis Zamperini. Don't Give Up, Don't Give In: Lessons from an Extraordinary Life. 2014.

엔딩 노트, 수상한 교수, 교회 오빠

마지막 날까지 인간답게 살아가기

Ending note, 2011 / The Professor, 2018 / A Job, Who Is Near Us, 2019

우리는 죽음을 대면하고 살아가고 있지만, 그에 대해 잘 알지도 못하고 거론하는 것조차도 싫어한다. 독일의 작가이자 사상가인 에른스트 윙거는 "죽어가는 사람은 자신의 사다리를 높이 들고 올라가버린다."고 하였다. 죽어가는 사람들은 살아 있는 사람들이 도대체 죽음이 무엇인지 물어보기도 전에 사다리를 들고 올라가버리기 때문에, 이 땅의 사람들은 죽음의 사다리를 올라가보지 못해 결코 죽음이 무엇인지 알 수 없다는 것이다.[1]

영화 〈인어베러월드〉(In A Better World, 2010. 감독: 수잔 비에르)에서도 주인공 안톤은 엄마의 죽음을 잊지 못하는 아들 친구에게 죽음을 설명한다. 죽음과 삶 사이에는 하나의 장막이 드리워져 있고, 누군가 사랑하는 사람이나 친한 사람이 죽었을 때 그 장막이 사라져 그때 잠시 우리는 죽음을 분명하게 볼 수 있기는 하지만, 다시 장막이 돌아오고 사람들은 다시 제자리로 돌아간다는 것이

243

다. 장막 때문에 우리가 죽음을 잘 볼 수 없지만, 어느 순간 잠깐이나마 볼 수 있고 그 순간이 지나면 일상생활로 되돌아가버리기 때문에 죽음에 대해 잘 모른다는 것이다. 아니 모른 척하면서 살아가고 있다.

우리는 살아가면서 세 가지 형태의 죽음을 만난다. 수시로 만나는 '타인의 죽음'과, 깊은 슬픔과 상심에 빠지게 하는 '그대의 죽음(가족의 죽음)', 그리고 마지막에는 나 자신이 마주쳐야 하는 '자신의 죽음'이다.[2] 어릴 때 본 홍콩 영화 〈스잔나〉(Susanna, 1967, 감독: 하몽화)에서는 이기적이고 고집이 센 주인공 소녀가 불치병에 걸린 것을 알고 나서 마음이 바뀌어 착하게 살다 죽음을 맞이한다. 이처럼 본인의 죽음을 맞이하였을 때 사람이 어떻게 변화할 것인가는 흥미로운 주제로, 영화 제작자 및 감독들이 많은 관심을 갖는다. 최근 요양병원[3]이나 호스피스 병원[4]에서 다큐멘터

리 형식의 죽음에 대한 영화가 많이 제작되었다.

'황혼, 노인요양원에서 보낸 3일'[KBS 다큐멘터리 3일, 2010]에서는 인생의 끝자락, 요양원이라는 새로운 삶의 공간에서 노년을 보내는(죽음을 기다리는) 어르신들의 이야기를 섬세하게 기록하였다.

다큐멘터리 영화 〈목숨〉(The Hospice, 2014)에서는 호스피스 병원에서 지내는 말기 암환자들의 애환을 담고 있다. 이곳은 불치의 암으로 삶의 끝에서, 평균 21일을 머물면서 이별을 준비하는 곳이다. 죽음을 통해 보게 되는 살아있음의 기적을, 죽음을 보면서 삶을 되돌아보게 하는 다큐 영화이다. 이 영화의 한 대사이다.

"아마 건강했으면 깨닫지 못했을 것들을 지금 깨달으면서,
나한테서 큰 것을 빼앗아갔지만 그에 못지않은 더 큰 것을 주었구나."

미국 다큐 〈엔드 게임 – 생이 끝나갈 때〉(End Game, 2017)는 죽음을 준비하는 사람들에 대한 영화이다. 의사들은 의학보다 큰 영역인 죽음을 치료할 수는 없다. 투병 중인 말기 환자들에게 다가온 의료 전문가들은 죽음을 멈출 수는 없지만 죽음을 다룰 줄 안다고 한다. 죽음에 대한 슬픔은 힘들지만 가슴 아프면서도 아름다운 광경이며, 우리는 죽음에서 달아나려고 하지만 죽음도 삶의 일부라고 주장한다.

정재은 감독의 〈말하는 건축가〉(Talking Architect, 2011)는 '기적의 도서관 프로젝트'[5], '12년간의 무주 프로젝트', '노무현

전 대통령의 봉화마을 사저' 등의 설계로 유명한 건축가 정기용의 마지막 생애를 담은 다큐멘터리이다. 암을 진단받고 전이되어 성대결절과 복수가 차오르는 상황에서 마지막 전시회를 준비하고, 자신이 죽어가는 모습을 영상으로 남기는 열정을 보인다. 남은 소중한 시간을 절망하거나 원망하지 않고 죽음을 준비한다. "여러분 감사합니다. 바람 · 햇살 · 나무가 있어 감사합니다."[6]

일본 다큐멘터리 〈엔딩 노트〉(Ending Note, 2011)는 40년간 근무하던 회사에서 정년하고 받은 건강검진에서 말기 위암이 발견된 세일즈맨을 그의 막내 딸의 카메라로 기록하였다. 엔딩 노트는 말 그대로 유서라는 개념도 있지만, 죽기 전에 하고 싶은 버킷리스트이기도 하다. "죽는 건 안 무서운데 혼자 남을 아내가 걱정"이라던 주인공이 위암 말기 선고 직후 한 일이 엔딩 노트, 즉 죽기 전 하고 싶은 10가지 희망사항을 일본인답게 꼼꼼하게 기록하면서, 이것이 자신의 마지막 프로젝트라고 말한다.

그 마지막 부분이 '아내에게 사랑한다는 말을 하기'라는 은밀한 프로젝트다. '잡은 물고기한테 먹이는 주지 않는다.'라는 것이 일본의 남성 중심의 마초문화인데, 부부싸움을 많이 하던 이 부부도 남편이 아프고 나면서 서로에 대한 생각이 많이 바뀐다. 부인도 "당신이 이렇게 좋은 사람인 줄 알았더라면 당신을 좀 더 많이 사랑해 줄걸."이라고 한다. 아홉 번째 프로젝트가 평생 믿지 않았던 신을 믿어보기 – 세례를 받는 것인데, 왜 가톨릭이냐는 질문에

이 다큐를 찍고 있는 딸이 믿는 종교이고 마음의 평화를 얻기라기보다는 장례식을 간단히 할 수 있는 장례식장이 마음에 들고 경제적인 이유라는 심경(혼내, 본심에서 우러나온 말)을 드러내기도 한다. 대부분의 일본 사람들은 아이가 태어나면 신사에서 참배를 하고, 결혼식은 교회에서 하며, 장례식은 절에서 하는 것을 당연하게 생각한다. 건강 상태가 갑자기 나빠진 주인공은 딸에게서 대세(가톨릭 사제를 대신하여 예식을 생략하고 세례를 주는 일)를 받는다. (그 외에도 열 개의 프로젝트에 포함된 것은 '한 번도 찍어보지 않았던 야당에 표 한 번 주기', '일만 하느라 소홀했던 가족들과 여행가기' 등이 있다.)

〈엔딩 노트〉가 지극히 일본 문화적이라면 영화 〈수상한 교수〉(The Professor, 2018, 감독: 웨인 로버츠)는 미국식 죽음맞이라고 할 수 있다. 무엇하나 부러울 것이 없는 상위 1%의 삶을 살고 있는 미국의 명문 사립대 교수가 어느 날 말기 폐암을 진단을 받는다. 의사는 치료 받으면 1년에서 1년 6개월을 살 수 있고 치료를 받지 않으면 6개월 정도를 산다고 이야기해 준다. 가족들에게 자신의 병을 이야기하려는 찰나, 딸은 레스비언이라고 커밍아웃 하고 아내마저 외도 사실을 고백한다. 어떻게 살아가야 하는가? 부정과 분노는 순간 지나가고, 주인공은 어쩌면 한 번도 넘어보지 못했을 어떤 선을 넘어 지금까지 억눌렸던 욕망을 분출하면서 살기로 한다. 학사 규칙이나 간섭을 버리고 야외수업을 하는가 하면 술집 스텐드바에서 강의를 하기도 한다. 담배를 한 모금도 피우지 않던 사람이 마리화나도 피워보는 등 사회 규범에 반하는 일탈행동을 일삼는다. 교훈적인 영화는 아니지만 실제 사실이라기보다는 그런 삶이 있을 수 있다는 정도를 알려준다.

조금 오래된 미국 영화 〈마이 라이프〉(My Life, 1993, 감독: 브루스 조엘 루빈)는 대도시에서 성공한 시골 출신 광고업자 이야기이다. 아름다운 아내, 근사한 집, 잘 나가는 회사 등 멋진 결혼생활 중에 부인이 아이를 가졌는데 말기 암을 진단받는다. 주인공은 태어날 아이에게 가르쳐주고 싶은 인생에 필요한 것들을 기회 있을 때마다 비디오에 담는다. 가난한 집이 부끄러워 도망치듯이 탈출한 가족들과도 화해를 시도한다.

한편 우리나라에도 기독교 영화 〈교회오빠〉(A Job, Who Is near Us, 2019, 감독: 이호경)가 있다. 2017년 KBS의 기획영상물(KBS 스페셜) '앎: 교회오빠'에서 상영된 영상을 다큐멘터리 영화로 제작하였다. 교회오빠는 교회에서 만난 오빠라는 말인데, 실제로 엄마 친구의 아들(엄친아)이었다. 영문 제목의 Job은 구약성경의 욥을 말한다. 따라서 영문제목은 '우리 주변의 욥 같은 사람'이라는 의미이다.

"내 안의 나는 죽고 오직 예수님만 사는 삶…." 마치 욥과도 같은 인생. 이해할 수조차 없는 기막힌 상황에도 젊디젊은 주인공은 그 누구도 원망하지 않고 절대로 주님에 대한 신뢰를 거두지 않는다. 특히 중환자실에서도 천장에 '내가 주님을 바라보며 소리 높

시놉시스[7]

줄거리는 주인공의 불행의 시작은 딸을 출산하고부터다. 산후조리
원에서 퇴원한 아내는 남편이 대장암 4기라는 소식을 듣는다. 그리
고 갑작스런 시어머니의 죽음, 남편의 항암 치료가 종료된 지 1주일
도 안 됐는데 주인공이 혈액암 4기 판정을 받는다. 잠시도 쉴 틈 없
이 밀려오는 고난에 부부는 깊은 탄식과 기도에 매달릴 수밖에 없었
다. 이어 남편의 대장암 재발 그리고 사망으로 이어진다.

여 찾을 때에, 주께서는 그 거룩한 산에서 응답하여 주십니다.'라는 시편(3,4) 말씀을 붙여 놓고 말씀을 놓지 않으려 노력한다. 그러나 욥처럼 당당히 맞서거나(욥기 중반부), 스즈키 히데코의『힘들 땐 그냥 울어』와 같이 울면서 매달릴 수 있다.

불치의 병 등으로 죽음을 선고받았을 때 소원을 나열하고 이를 실행해 나가는 사람들도 많은데 영화 〈버킷 리스트〉의 전편이라 생각할 수 있는 〈노킹 온 헤븐스 도어〉(Knockin' On Heaven's Door, 1997)에서도 암에 걸린 젊은이들이 바다를 찾아가는 모험을 그리고 있다. 우리나라 영화 〈뚜르 내 생애 최고의 49일〉에서는 희귀암 말기 판정을 받은 스물여섯 살 젊은이가 세계 최고의 자전거 대회 '뚜르드 프랑스' 완주를 꿈꾸며 실행(대회에 참가하는 것이 아니라 봉사자들과 함께 대회 코스를 자전거로 완주)에 옮긴다.

오츠 슈이치는 〈감동을 남기고 떠난 열두 사람〉에서 "병이 낫고, 안 낫고를 떠나서 우리는 모두 살아 있는 사람이잖아요. 살아 있다면 누구나 최소한의 생활을 누릴 권리가 있다고 생각해요. 마지막 떠나는 날까지 인간답게 살아갈 권리요."라고 이야기한다. 꼭 병이 없더라도 지금 현재를 즐기고, 시간 나면 꼭 하고픈 일들을 미리 해보는 것도 좋을 것이다.

톨스토이는 『참회록』과 『인생의 길』에서 죽음을 기억하면 누구나 참되게 살 수밖에 없다면서 '항상 죽음을 기억하라'고 하였다. 또한 죽음이 임박했다는 의식은 사람들에게 자기 일을 완성하는 방법, 즉 '사랑하라'고 하였다. 다음으로 죽음에 대한 준비는 오직 하나 착하게 사는 것이라면서, 신의 뜻에 따라 선한 삶을 살아가라고 하였다.[8]

죽음이 결코 좋은 순간이라고는 할 수 없지만, 우리가 결국 죽을 수밖에 없다는 진실을 받아들여야 한다. 그리고 좀 더 멋진 마무리를 할 수 있는 시간을 갖고 의미 있는 삶을 살아가는 것이다. 아툴 가완디[9]는 "우리의 궁극적인 목표는 '좋은 죽음'이 아니라 마지막 순간까지 '좋은 삶'을 사는 것이다"고 하였다.

1) 강영안 등(2016). 나는 어떻게 죽을 것인가. 파주, 21세기북스.
2) 박충구(감신대 교수) 죽음을 바라보는 세 가지 시선, 기독교사상.
3) 황혼, 노인요양원에서 보낸 3일 [다큐멘터리 3일]. KBS Media, 2010.
4) 목숨 The Hospice, 2014, 다큐멘터리, 감독; 이창재.
5) 고인은 5년간 순천, 진해, 제주. 서귀포, 정읍, 김해 등 전국 6개 소도시에 '기적의 도서관'을 지었다.'감응의 건축가' 정기용을 되새기다. 부산일보 2012-09-09.
6) [영화, 건축을 말하다] 전설이 된 건축가 영화로 남다. 주간조선 2012-06-11.
7) "영화 보기 전과 후 삶의 태도 달라질 것." LA 중앙일보 2019-07-30.
8) 석영중. 톨스토이, 도덕에 미치다. 예담, 2009.
9) 아툴 가완디, 김희정 (역). 어떻게 죽을 것인가 - 현대 의학이 놓치고 있는 삶의 마지막 순간. 부키, 2015, 원제: Being Mortal.

연리지

연리지, 비익조, 혼인목

Now and Forever, Yeolliji, 2006

    당나라 시인 백거이는 '장한가'에서 당나라 현종과 양귀비의 사랑 이야기를 "하늘을 나는 새가 되면 비익조(比翼鳥)가 되고, 땅에서 나무로 자라려면 연리지(連理枝)가 되고자 원한다"고 노래하였다. 비익조는 반쪽만 있는 새(눈도 하나 날개도 하나, 다리도 하나여서 서로 다른 쪽을 만나야 완전한 새가 된다)이고, 연리지는 가지가 다른 나무와 서로 연결되어 있는 것을 말하는데 진정한 연리지는 어느 한쪽의 뿌리가 손상되어도 같이 살 수 있다고 한다.

    영화 〈연리지〉[1]는 〈겨울연가〉의 한류스타 최지우의 첫 번째 멜로 영화이다. 큰 성공은 거두지 못한 영화였지만 촬영지 제주도 우도가 관광명소로 되었다. 주인공 혜원(최지우)은 원발성 폐고혈압이라는 희귀병을 가지고 있는 이야기로 전개되는데, 외국의 성(城)처럼 생긴 순천 성가롤로 병원에서 촬영하였다.

    백거이가 노래한 '연리지' 속의 주인공들은 죽을 때까지 사랑

바람둥이 남자 민수(조한선 분)와, 불치병으로 시한부 인생을 살고
있지만 항상 밝은 모습에 순수함을 가득 머금고 있는 혜원은 비 오
는 날, 우연한 사건으로 운명처럼 만나게 되고 어느새 포근하고도 아
련한 사랑의 감정을 느끼게 된다. 또 하나의 커플은 황당한 사건으
로 만나지만 조심스러운 성격 때문에 다가오는 사랑 앞에서 주춤하
게 된다. 상처받는 게 두려워, 상처를 줄까 두려워 자신의 감정 앞에
망설이는 두 커플. 하지만 이들은 감출 수 없는 사랑의 감정 앞에 서
서히 솔직해지게 되고, 더불어 다른 커플의 사랑까지 서로 도와주며
그들만의 행복하고 포근한 사랑을 만들어가게 된다.

이 지속되는 것이지만, 영화에서는 여자 주인공이 먼저 죽는다. 연리지와 비익조 이야기는 결혼 주례사의 단골 메뉴이기도 하고 나도 자주 인용한다. 결혼하고 나면 부부는 일심동체라고 하는 것을 보면 둘이 만나서 하나가 되는 것은 확실하다. 그런데 우리는 온전한 몸으로 태어나는데 하나 더하기 하나가 다시 하나라는 것이다. 처음부터 반쪽만으로 태어난 비익조라면 가능하겠지만(1/2 + 1/2=1), 언뜻 계산이 어렵다. 하긴 철학적인 문제를 과학이나 수학적으로만 이해하려고 하다 보니 어려움이 많은 것 같다.

그런데 사실은 둘이 만나서 하나가 되려면 서로 반은 포기하여야만 한다. 그것도 서로 다른 쪽의 반을 잘라내는 희생을 하지 않으면 하나가 될 수 없다. 최근에는 이혼도 많이 하지만, 서로 반쪽이기를 거부하거나, 설령 희생하였다고 하더라도 같은 쪽을 버리고 같은 쪽끼리 만났을 가능성이 있다. 서로 상대방이 가지고 있는 내 반쪽을 버려야 잘 살 수 있고 행복할 수 있다.

다른 부부들과 이야기를 해보면 서로 더 많이 양보하면서 산다고들 한다. 부인은 남편보다 훨씬 더 많이 양보한다고 하고, 남편 역시 부인보다 많이 양보하면서 산다고 주장한다. 핵심은 남자가 오른편에 서 있으면 본인의 왼편을 양보해야 하고 여자는 오른편을 양보하여야 한다. 남자가 오른편에 서 있으면서 오른편 일부를 양보해 놓고 양보하였다고 한다면 그것은 양보한 것이 아니다. 더욱이 한 몸을 이루는 중요한 부분을 잃어버리는 것이고 잘 날아 오를 수 없다.

결혼이 사회에 미치는 수학적인 면은 하나 더하기 하나가 둘이 아니라 셋이나 다섯, 아니면 열이 되어야 정말 잘한 결혼이다. 수련의들이 결혼 전에는 능력도 좋고 응급실이나 병실에서 무슨 일이 생기면 제일 먼저 달려가곤 하였지만, 결혼 후에 병실에서 찾아도 빨리 나타나지 않는다면 하나 더하기 하나가 둘이 아니라 오히려 1.5나 1이라는 것이다. 이것은 좀 문제가 있다. 결혼하고 나서 생산성이 늘어야, 이전보다 능력을 더 발휘하여야 잘된 결혼이라고 할 수 있다. 그런다고 어느 쪽 한 편을 위하여 다른 쪽이 희생한다는 것이 아니고 두 사람 모두 능력이 올라가야 한다.

두 사람이 만나 한 마리의 큰 새가 되어 힘차게 날아 올라가고, 두 사람이 서로 의지하여 보다 큰 능력을 발휘하려면, 서로 양보하고 서로 부족한 점을 채워주고 보강해 줘야 한다. 그렇지만 노벨상 수상자의 삶을 바라보면 어느 한 편이 많이 희생해야 하는 것도 같다.

언젠가 제주도 관음사에서 한라산 정상을 가는 산행 중에 이상한 나무를 보았는데, 서로 다른 나무가 밑 부분에서 합해져 있었다(사진 1 왼쪽). 이를 찾아보니 혼인목이라고 하는데, 서로 같거나 다른 종류의 나무 두 그루가 한 공간에서 자라면서 마치 한 그루 나무처럼 그 모양을 만들어갈 때 그 한 쌍의 나무에 붙여주는 이름이라고 한다.[3] 서로를 위해 각자의 욕망을 덜어내어야 완성되는 아름다운 사랑이다. 상대에게 그늘이 될 수 있는 가지를 거두어들이고 영양분을 차단하지 않아야 한다. 서로 다른 둘이 함께

사진 1. 혼인목. (왼쪽) 한라산 중턱. (오른쪽) 모 골프장에서 발견하였다.

사진 2. 스페인 부르고스의 가로수. 가지들이 인공적으로(?)
연결되어 있고 연결 부위에서 새로운 가지가 솟아 있다.

자라는 꿈을 이루어가는 것이며, 서로를 오랫동안 바라보면서 순간순간 불편함을 겪으며 긴 세월을 버티지 않고는 생길 수 없는 나무이다. 모 골프장에도 밑 부분에는 두 나무이지만 서로 빙 돌면서 서로 결합하여 한 나무처럼 되었다가 위에서는 서로 분리되어 있었다(사진 1 오른쪽). 그런데 스페인 산티아고 순례 때 부르고스에 있는 인도 양측 가로수들은 모두 서로 붙어 있고 연결 부위에서 새 가지가 나와 있었다(사진 2).

마이클 니콜스는 『듣는 것만으로 마음을 얻는다』[4]에서 "다가서는 사람은 더 가까워지길 바라고 거리를 두는 사람은 점점 더 도망갈 생각만 한다. 그녀가 가까이 다가올수록 압박을 느끼는 그는 점점 더 거리를 둔다. 그가 더 거리를 둘수록 그녀는 점점 더 다가간다. 다가서는 사람은 진저리가 날 정도로 거부당하면 상처와 분노를 안고 물러난다. 그러나 어느 정도 시간이 흐르면 또다시 외로움을 느끼고 이런 패턴은 반복된다."라고 하였다.

부부는 서로 다른 곳에서 태어나 서로 만나 함께 길을 가는데 이는 기찻길과 같다. 기찻길은 그 간격을 완전하게 유지해야 한다. 조금만 더 가까워지거나 멀어지면 탈선할 수 있다. 그래서 이를 기찻길 관계(기찻길 영성)라 부르고 싶다. 기찻길은 대전역이나 서울역 같은 큰 역을 만나면 서로 다른 많은 길을 만날 수 있고, 양쪽 기찻길은 다른 조합이 될 수도 있다. 하지만 때로 백마고지역 철도 중단점처럼 기찻길이 막혀 더 이상 갈 수 없을 때도 있다.

시인 정호성은 「기차(사랑하다 죽어버려라)」라는 시에서 "그 어느 영원한 선로 밖에서 / 서로 포기하지 않으면 / 사랑할 수 없다"고 하였다. 사랑하는 사람들 특히 부부 사이에는 기찻길 관계보다는 서로 희생하고 배려하는 비익조, 연리지, 혼인목 관계가 필요하다.

❄ ─────────────────────────────────

1) 연리지, 2006, 감독: 김성중, 출연: 최지우, 조한선.
2) 네이버 영화 – 연리지 https://movie.naver.com/movie/bi/mi/basic.nhn?code=43495
3) 김용규, 숲에게 길을 묻다, 바이북.
4) 마이클 니콜스, 듣는 것만으로 마음을 얻는다(The Lost Art of Listening) 이은경(역), 2017.

완득이

이름을 불러주다. 낙인 효과와 피그말리온 효과

Punch, 2011

우리 사회는 다문화 가정 및 장애인 가정에 대한 편견이 많다. 영화 〈완득이〉는 이런 사회 문제를 다룬다. 장애인 아버지와 필리핀에서 온 엄마, 친척은 아니지만 언젠가부터 같이 사는 춤을 잘 추는 장애를 가진 삼촌과 그를 둘러싼 학교와 체육관이 배경이다.

담임선생은 완득이에게 '얌마 도완득'이라고 부르고 학생들에게 막말을 하기 일쑤고, 자율학습 시간에는 학생들의 자율에 맡기며 '똥주'라는 별명으로 불린다. 담임선생은 완득이의 감정을 수시로 자극하지만 속내는 엄청난 관심을 갖고 있으며, 다문화 가정 및 이주 노동자를 돕고 있다. 김려령 작가의 동명 소설을 영화로 만들었다.

영화 〈The Doctor〉에서는 담당의가 교수께 환자 이름 대신 '말기 암 환자(Terminal case)'라고 보고하였다가 혼나는 장면이 나오

시놉시스[1]

남들보다 키는 작은 장애인이지만 누구보다 큰 존재인 아버지와 언제부터인가 가족이 되어버린 삼촌과 함께 사는 고등학생 완득이. 완득이는 가난하고 불우한 가정환경에 공부도 못 하는 문제아지만 싸움만큼은 누구에게도 지지 않는다. 옆집에 살면서 사사건건 완득이의 일에 간섭하고 학교에서는 숨기고 싶은 가족사와 사생활을 폭로하여 완득을 창피하게 만드는 담임 동주는 학교에서 받은 햄반마저 탈취하는가 하면 오밤중에 쳐들어와 아버지, 삼촌과 술잔을 기울인다. 그러던 어느 날, 존재조차 모르고 살았던 친엄마를 만나 보라고 하는데….

"제발 똥주 좀 죽여주세요" 그가 내 이름을 불러주었을 때, 내 인생은 꼬이기 시작했다!

고, 영화 〈패치 아담스〉에서는 "그 환자의 이름이 뭐예요?"라는 대사가 나온다. 의료현장에서 환자의 이름보다는 병명으로 부르다 보면 더 빨리 기억이 나서 소통이 잘 되는 경우가 있다. 그러나 진료할 때 병(disease)을 진단하기만 하다 보면 병으로 고통을 받는 사람(Illness)을 놓치게 되는 잘못을 범하는 경우가 많다.

키에르케고르는 "Once you label me you negate me."라는 명언을 남겼는데, 이를 류시화 시인은 "당신이 나를 분류하는 순간 당신은 나를 부정한 것이다."라고 번역하였다. 누군가 나에게 어떤 라벨(꼬리표)을 붙여준다면 나의 본 모습은 없어지고 그 라벨의 모습으로 대치되면서 나의 개성은 감춰 버린다. 그래서 내가 그 라벨을 받아들인다면 나는 그 라벨의 테두리 안에서만 이해가 된다는 것이다.

라벨(Label)은 '종이 등 물건에 대한 정보를 적어 붙여 놓은 표'를 말하지만, 사람이나 물건의 성격 등을 묘사하는 딱지[꼬리표]라는 의미도 가지고 있다. 따라서 낙인(烙印) 효과(Labelling effect)를 말할 때 이 라벨을 사용하며, 하워드 베커가 제창한 스티그마 효과(Stigma effect)와 같은 의미로 사용되고 있다. 이들은 심리학에서 인간의 일탈 행동 혹은 부적응 행동을 설명할 때 주로 사용되는데, 부정적으로 낙인 찍히면 실제로 그 대상이 점점 더 나쁜 행태를 보이고, 또한 대상에 대한 부정적 인식이 지속되는 현상을 말한다.

그런데 이 낙인 효과는 무상급식과 관련되어 많이 인용되고 있다. 즉 무상급식을 반대하는 사람들의 주장은 '복지 포퓰리즘론, 타 교육예산 잠식론, 급식의 질 저하론' 등으로 설명하며, 찬성하는 사람들의 논거는 '의무교육 무상론, 가계부담 경감론, 낙인 효과 방지론' 등이 있다. 즉 무상급식을 하면 낙인 효과가 방지될 수 있다는 것이다. 세월호를 타고 수학여행을 가던 모 학생의 휴대폰에서 발견된 내용 중에 이런 내용이 있었다고 한다.

"잘 안다. 우리 가족 지금 많이 힘든 시기라는 걸 잘 안다. 오죽했으면 단 한 번도 눈길 주지 않았던 저소득층 신청서를 냈을까. 난 하나도 부끄럽지 않다. 솔직히 난 이게 됐으면 좋겠다. 그럼 엄마 아빠의 등이 좀 가벼워질 테니까. 지금 내가 우는 건 왜일까? 난 강해져야 한다. 우리 가족을 책임지고 싶으니까."

저소득층 신청서를 쓰면서 속으로는 얼마나 부끄럽게 느꼈는지, 울고 싶었는지 상상이 되고, 차라리 신청이 탈락되었으면 하는 마음을 가졌을 것이다. 우리는 도움을 준다면서 자선을 베푼다고 하면서 오히려 낙인을 찍을 수 있다. 그래서 예수님께서는 '오른손이 하는 일을 왼손이 모르게 하라'(마태 6,3)고 하였다. 다음은 초등학교 4학년이 쓴 동시 '친환경무상급식, 고마워'라는 동시의 일부이다.

가난하다고 놀리는 / 아이들 때문에
할머니도 울고 / 나도 울었는데,

무상급식아, 고마워 / 우리집 도와줘서
친환경 채소야, 반가워 / 아침밥 안 먹고
급식만 기다리는 / 내 마음 아니?
급식판 열릴 때마다 / 채소들의 싱싱한 소리가
들리는 것 같아 (이하 생략)

우리가 '가난한 사람', '저소득층'이라고 라벨을 붙이는 순간 그
들이 얼마나 공부를 잘하는지, 인성이 좋은지, 얼마나 귀여운지
등등 그들의 특성은 사라지고 가난하고 불쌍한 사람으로 낙인이
찍히고, 그들도 좋지 않은 길로 빠질 수 있다는 것이 낙인 효과라
는 것이다. 제발 포퓰리즘 탓만 하지 말고 무상급식을 확대하였
으면 한다.

낙인 효과와 반대되는 효과는 피그말리온 효과(Pygmalion effect)
이다. 그리스 신화에서 피그말리온이라는 조각가가 자신이 만든
미녀 조각상과 사랑에 빠져 일편단심으로 그 사랑이 이루어지기
를 소망하였는데 이를 가엾게 여긴 아프로디테 여신이 조각상
을 인간으로 변하게 하여 사랑이 이루어지게 되었다는 데서 나
온 효과이다. 긍정적인 기대나 관심이 사람에게 좋은 영향을 미
치는 효과를 말한다. 시인 김춘수는 〈꽃의 소묘〉에서 "하나의 몸
짓"에 지나지 않는 너를 "꽃"으로 호명하면서 피그말리온 효과를
설명하였다.

최근 '프레임'이라는 말을 많이 사용하고 있다. '프레임업'이

라는 것은 정치적 반대자 등을 대중으로부터 차단하거나 고립시키기 위하며 만들어낸 사건을 말한다. 미국의 미디어 연구자 토드 기틀린은 '프레임(인식의 틀, 고정관념, 편견)'이라는 개념을 사용하였으며, 매스미디어의 보도가 프레임에 갇혀 있으며 바로 그러한 프레임 자체가 이데올로기적 효과를 갖는다고 주장하였다. 그는 흔히 '진실이 너희를 자유롭게 하리라'고 생각하여, 대중의 눈앞에 모든 사실을 보여준다면 합리적인 사람들이 올바른 판단을 할 것이라 생각하지만, 이것은 헛된 희망이라는 것이다. 사람을 판단하는 데 중요한 것은 프레임이며, 한번 자리 잡은 프레임은 웬만해서는 내쫓기 힘들다고 주장하였다.

노자도 "도가도비상도(道可道非常道)"라는 유명한 문장 다음에 명가명비상명(名可名非常名, 말로 형상화形狀化된 이름은 늘 그러한 실제의 이름이 아님)이라는 말을 덧붙였다. 너무 철학적인 말로 해석이 학자마다 조금씩 다를 수 있으나, '도가 말해질 수 있다면 영원한 도가 아니고, 이름이 불려질 수 있다면 영원한 이름이 아니다.'라고 해석된다. 특히 사람에게 어떤 꼬리표를 붙이거나 프레임을 씌우고 프레임(편견)으로 바라보면 원래의 모습이 아닐 수 있다.

우리는 살아가면서 이웃의 본모습을 보려 노력하고 그들과 공감하며 포용하려는 노력이 필요하다. 우리도 남들보다 더 나은 사람이 아니고, 우리 각자는 고유한 사람일 뿐 남보다 특별한 사람은 아니기 때문이다.[2]

1) 다음 영화 - 완득이, 이한 감독, 2011.
2) 얀테의 법칙(스웨덴 등 노르딕 국가에 흔히 알려진 일종의 행동 지침)스웨덴 등 노르
   딕 국가에 흔히 알려진 일종의 행동 지침 얀테의 법칙은 다음과 같다.
   1. 당신이 특별하다고 생각하지 마라.
   2. 당신이 남들만큼 좋은 사람이라고 생각하지 마라.
   3. 당신이 남들보다 똑똑하다고 생각하지 마라.
   4. 당신이 남들보다 낫다고 생각하지 마라.
   5. 당신이 남들보다 많이 안다고 생각하지 마라.
   6. 당신이 남들보다 중요하다고 생각하지 마라.
   7. 당신이 모든 일을 잘한다고 생각하지 마라.
   8. 남들을 비웃지 마라.
   9. 누군가 당신을 걱정하리라 생각하지 마라.
   10. 남들에게 무엇이든 가르칠 수 있으리라 생각하지 마라.
   https://ko.wikipedia.org/wiki/얀테의_법칙

유스

Youth, 2015[1]

영화 〈유스〉는 70대 후반의 두 거장 노인을 통하여 노년의 삶을 보여준다. 은퇴를 선언한 세계적 지휘자 프레드 밸린저와 스태프들과 함께 새 영화를 구상하고 있는 그의 오랜 친구 믹이 스위스 알프스에 있는 리조트호텔에서 지내면서 과거를 회상하고 미래를 바라보는 영화이다.

휴양지에는 프레드의 딸과 사위, 배역을 원하는 젊은 배우, 미스 유니버스, 젊은 음악가 및 마사지사, 초고도 비만인 아르헨티나 축구선수 마라도나, 바이올린으로 이 영화의 주제곡인 '심플 송'을 연습하는 소년, 공중 부양을 한다는 동양인 수도승, 암벽 등반가 등 다양한 사람들이 함께 지내고 있어 젊음과 늙음이 공존하고 있다. 성악가 조수미 씨가 주제가를 불러서 유명해진 영화이기도 하다.

프레드의 부인은 요양병원에 입원하여 치료를 받고 있는 상태

267

이고, 이제까지 그저 음악밖에 모르고 살던 프레드는 딸 멜라니와 함께 한 방에서 지내고 있는데, 이제까지 한 번도 나누지 못하였던 부녀간의 대화가 시작된다. 모르는 줄 알고 있었던 나쁜 아빠의 과거와 좋은(Beautiful mind) 엄마의 이야기가 딸을 통하여 적나라하게 폭로된다. "아빤 여자가 많았지만 엄마는 단지 모른 척 했어요. 나를 위해서가 아니라 아빠를 위해서요. 엄마는 아빠를 사랑해서 용서한 거예요." "모든 걸 엄마가 짊어졌죠. 엄마가 내게 한 말이라곤 고작 '조용히 해, 멜라니', '조용히 해, 아빠 작곡하시잖아.' '조용히 해, 아빠 쉬신다. 오늘밤 공연이 있어.' '조용히 해, 지금 아빠 전화로 중요한 대화 하고 있어'" "우리가 발견한 편지에서 아빤 다른 남자에게 사랑을 고백했어요. 엄마는 그런 수모조차 견뎌냈어요." 서로 모르는 체하고 살고 있지만 가족들은 다 알고 있는 것이다.

프레드 딸과 믹의 아들은 결혼한 사이인데, 여행을 다녀와서는 이혼을 하겠다고 한다. 둘 사이에 아이가 없기는 하지만 무엇 하나 부족함이 없을 듯한 이 부부에 대하여 아버지들은 난감해한다. 이혼이 확정될 쯤에 딸 멜라니가 시아버지 믹에게 말한다. 서로 '자유의 냄새(Sense of freedom)'를 맡기 시작하였다는 것이다. 어쩌면 그들은 가면(Painted veil) 속에 감추어진 결혼생활(쇼윈도 부부)을 하고 있었는지 모른다.

매년 8월 13일은 '세계 왼손잡이의 날'이라고 한다. 인구의 5퍼센트 정도가 왼손잡이인데 이들은 바른손(오른손)잡이의 세계에

시놉시스[2]

은퇴를 선언한 세계적 지휘자 프레드가 휴가를 위해 스위스의 고급 리조트호텔을 찾는다. 그의 오랜 친구이자 영화감독인 믹은 젊은 스태프들과 새 영화의 각본 작업에 매진하지만 의욕을 잃은 프레드는 산책과 마사지, 건강체크 등으로 무료한 시간을 보낸다. 이때 영국 여왕으로부터 그의 대표곡인 '심플 송'을 연주해 달라는 특별 요청이 전해지지만 프레드는 더 이상 무대에 서지 않겠다고 거절한다. 한편 노장 감독인 믹은 생애 마지막 작품 준비를 위해 새 영화의 각본 작업에 매진한다.

"젊었을 때는 모든 게 정말 가까워 보이지 그게 미래야.
그리고 늙었을 때는 모든 게 멀어 보이지 그건 과거야."

서 살다보니 불편한 경우가 많다. 희소성 때문이기도 하지만 유명한 운동선수들도 왼손잡이인 경우가 있다. 본 영화에서도 프레드가 바이올린을 켜는 왼손잡이 소년의 팔 위치를 고쳐주면서 왼손잡이들은 '비정상적'인 위치가 도움이 된다는 말을 한다. 이 말을 듣고 축구 스타 마라도나가 자기도 왼손잡이라고 한다. 영화를 처음 볼 때는 마라도나 선수가 카메오로 출연한 것으로 알았는데, 사실은 그와 빼닮은 배우이고 이 영화의 감독은 마라도나의 과거와 현재, 미래에 대하여 대스타에 대한 오마주[3]를 담아내고 있다.

믹이 스태프들과 영화 각본 작업이 끝날 즈음 주인공 여배우가 나타난다. 그런데 감독과 53년을 알고 지내고 열한 편의 영화를 같이 제작한 여배우가 영화를 안 찍겠다고 선언한다. 마지막으로 찍은 세 편의 영화는 너무 형편 없었다고, 감독이 이제는 늙고 지쳐서 영화를 이해하지 못한다고, 아는 것은 죽음뿐일 것이니 현실을 직시하라고 '직언'을 한다. 또 노장 감독을 둘러싸고 있는 스태프들은 솔직한 이야기를 못 하고 있다는 것이다. 여배우는 돌아가는 비행기에서 본인의 잘못을 뒤늦게 알아 돌아가려 하지만 불가능하고, 큰 충격을 받은 믹은 극단적인 선택을 하게 된다.

영화 말미에 프레드가 '심플 송' 연주를 거부한 연유에 대한 상황 설명이 나온다. 부인과 가장 사랑하였던 순간에 작곡한 곡이었고 성악가였던 부인이 초연을 하였는데, 부인이 아니면 아무도 이 곡을 부를 수 없고 부인이 못 부르니 그도 지휘를 할 수 없었다는 것이다. 하지만 프레드는 휴양지에 있는 소의 워낭소리와 시계 백화점의 시계 소리 등 자연의 소리를 듣고 감흥이 살아나 여왕 앞에서 지휘를 하게 되는데, '심플 송'은 소프라노 조수미 씨가 부른다.

나이가 들어가면 추억(과거)을 먹고 산다고 하는데, 소변이 잘 나오지 않기도 하고 젊음의 힘, 육체의 힘이 빠지다 보니 뭔가 행동하기를 원해도 할 수 없는 경우가 많다. 또한 과거에 가지 않은 길에 대한 추억이 아련하기만 할 때도 있다. 그때 다른 길을 선택했다면 내 인생은 어떻게 변하였을까 하는 생각도 든다. 잠이 오지 않아 공상의 날개를 펼 때면 만일 미스 코리아의 나신을 몰래 본다면 어떨까 하는 생각이 들 때가 있다. 이 영화에서는 미스 유니버스가 나신으로 활보를 하다가 야외 목욕탕에 몸을 담근다. 꿈인지 생시인지 생의 마지막으로 위대한 감상을 하게 되는 것이다.

젊은 사람들은 이해하기 힘든 영화일 수도 있지만 노인의학을 이해하는 데 도움이 되는 영화이다. 과거 추억에 붙잡혀 사는 노인과 여전히 명작을 제작하려는 꿈에 부푼 모습을 보여주는 노인의 모습을 통하여 여전히 인생의 아름다운 순간을 포착해 내려는 영화이다.

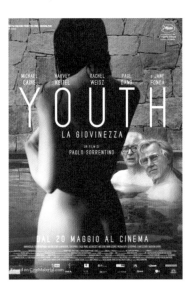

미국의 시인 사무엘 울먼(Samuel Ullman, 1840-1924)은 "청춘이란 두려움을 물리치는 용기, 안이함을 뿌리치는 모험심, 그 탁월한 정신력을 뜻하므로 때로는 스무 살 청년보다 예순 살의 노인이 더 청춘일 수 있다. 나이를 먹는다고 누구나 늙는 것은 아니며 이상을 잃어버릴 때 비로소 늙는 것이다."라고 역설한다. 자주 가보고 낯익고 익숙한 길만 가지 않고, 낯설고 생소한 길이라도 열정을 가지고 늘 새로운 도전을 하는 것이 청춘으로 사는 삶이라는 것이다.

> "청춘이란 인생의 어떤 기간이 아니라 마음가짐을 말한다.
> 청춘이란 장밋빛 볼, 붉은 입술, 나긋나긋한 무릎이 아니라
> 씩씩한 의지, 풍부한 상상력, 불타오르는 정열을 가리킨다.
> 청춘이란 인생의 깊은 샘에서 솟아나는 신선함을 뜻한다."[4]

---

1) 유스, Youth, 2015, 드라마, 감독; 파올로 소렌티노.
2) 네이버 영화 - 유스, http://movie.naver.com/movie/bi/mi/basic.nhn?code=139438
3) 두산백과 - 오마주 (hommage). 영화에서 존경의 표시로 다른 작품의 주요 장면이나 대사를 인용하는 것을 이르는 용어.
4) 박명윤, 영화 '유스'와 울먼의 명시 'YOUTH', 아시아엔, 2016-01-28,http://kor.theasian.asia/archives/156686

제보자

의학 연구 윤리

The Whistleblower, 2014

2005년 5월, 황우석 당시 서울대 석좌교수는 환자의 체세포를 이용해 줄기세포를 만들었다고 발표했으며, 이에 우리는 그 경제적 가치가 수조 원에 이를 것이라고 열광하였지만 얼마 후 거짓말이라는 것이 밝혀졌다.

〈제보자〉는 전 세계를 뒤흔들었던 서울대학교 수의학과 황우석의 '줄기세포 조작 사건'을 모티브로 만들었다. 이 사건은 당시 MBC 'PD수첩'을 이끌었던 최승호, 한학수 두 PD에 의해 세상에 알려지게 되었는데, 황우석의 '줄기세포 논문'이 조작되었음을 밝혀내려는 제작진들의 이야기를 재구성한 작품이다.[1) 연구윤리 및 방송의 역할과 사회 정의를 생각하게 하는 영화이다.

당시 어렵게 방송이 되자, '제보자 때문에 국익이 날아갔다.' '과학적으로 세계를 호령할 기회를 놓쳤다'와 같은 애국적 과학주의가 득세하였다. 국익(애국)이 중요한지 진실(정의)이 중요한지를

"제가 줄기세포를 연구하는 이유는 난치병 환자들에게 희망이 되기 위해서입니다." 세계 최초로 인간배아줄기세포 추출에 성공한 이장환 박사의 연구 결과가 국민적인 관심사로 떠오르고 있는 가운데 'PD추적'의 윤민철 PD는 익명의 제보자로부터 한 통의 전화를 받게 된다. "전 아무런 증거도 없습니다. 그래도 제 말을 믿으시겠습니까?" 얼마 전까지 이장환 박사와 함께 줄기세포 연구를 해오던 심민호 팀장은 윤민철 PD에게 논문이 조작되었다는 사실과 함께 줄기세포 실험 과정에서 벌어진 비윤리적 행위에 대해 양심선언을 하게 된다. "이 방송 꼭 내보낼 겁니다." 제보자의 증언 하나만을 믿고 사건에 뛰어든 윤민철 PD는 이장환 박사를 비판하는 것은 국익에 반하는 것이라는 여론과 언론의 거센 항의에 한계를 느끼게 되고, 결국 방송이 나가지 못하게 되는 위기에 처하게 되지만 대한민국을 뒤흔든 줄기세포 스캔들의 실체가 밝혀진다.

놓고 격론이 벌어졌고 일부 시위대는 촛불시위를 하였다. 한국의 대표적 진보 언론인이자 언론학자인 고 리영희 교수는 "내가 종교처럼 숭앙하고 목숨을 걸고 지키려고 하는 것은 국가가 아니라 진실이다."[3]며 진실에 입각하지 않은 애국은 거부한다고 하였다. 마하트라 간디의 손자이며 비폭력간디협회 설립자 아룬 간디(Arun Gandhi)는 "위기의 순간에 국기를 흔들며 하나 되어 애국심을 발휘하는 일이 중요한 것은 아니다."[4]라고 하면서, 18세기 영국 작가 새뮤얼 존슨의 '세상에서 가장 사악한 것들은 애국이란 말 뒤에 숨는다.'[5]라는 말을 인용하였다.

인간 배아줄기세포 논문조작을 처음 제보한 당시 닥터 K라고 알려진 류영준(당시 전공의)은 8년 만에 자신을 공개하여 "당시 10살 소년의 목숨을 구하기 위해 제보하게 되었다"고 말하였다.[6] 진실을 원한 젊은 과학도들의 노력도 결정적인 도움을 주었다고 하는데, 연구자들의 온라인 커뮤니티인 생물학연구 정보센터인 브릭(BRIC)에서 DNA 분석 자료가 통째로 조작했다는 것도 밝혀냈다고 한다.[7]

언론은 처음에 황우석 박사의 편이었으나 나중에는 진실 찾기에 동참하였으며, 한학수 PD는 "다른 매체들의 도움이 없었다면 여론 반전은 어려웠다."면서 "어떻게 보면 황우석 사건은 언론의 패배이기도 하시만 쓰라린 승리이기도 하다."라고 하였다. 한학수 PD는 황우석 사태의 취재 파일을 『진실, 그것을 믿었다』(2014)라는 책으로 펴냈다.

너무 멀리 왔어 / 멈추었어야 했는데… / 다들 나만 보고 있어서 그
럴 수가 없었다. / 하나를 보여주면 둘을 원하고 / 둘을 보여주면 셋
을 / 또 항상 그 이상을 원했어. /결국 멈출 때를 놓쳤어 / 멈출 때를
(영화 후반부 이장환 박사의 독백)

　몇 년 전 공군 전투기의 추락에 관한 〈1급 기밀〉(Discloser, 2018)
이라는 영화가 개봉되었는데, 전투기 부품 공급업체 선정에 둘러
싼 의혹을 제보하면서 주인공이 고난을 겪는 이야기이다. 또한
해군에서 군납 비리를 제보한 김영수 전 해군 소령에 대한 이야
기도 알려졌다. 그의 인터뷰에 의하면 "정의를 행함에 따르는 고
난을 감내할 수 있는가?"라는 말이 해사(海士)의 생도훈(訓)에 나
와 있다고 하는데, 생도 시절에는 군인이 군인의 길 말고 정의에

수반되는 고난이라는 말을 잘
이해하지 못하였다고 한다.
그러나 제보자들은 조직에서
해임이나 퇴직 등 인사상 불
이익에 따른 고난을 받는다.
반대로 제보에 의해 형사처벌
등을 받은 관련자 대부분은
버젓이 복직하거나 파면이 아
닌 명예퇴직을 한다고 한다.
　내부 고발자를 휘슬블로어

(Whistle Blower) 또는 딥스로트(Deep Throat)라고도 하는데, 조직의 내부자로서 그 조직의 불법행위나 비리를 내부 책임자 또는 외부에 고발하는 사람을 말한다. 딥스로트는 '워터게이트 사건'의 단서를 제공했던 정보제공자의 암호명에서 따왔다고 한다. 지금까지 우리나라에서 잘 알려진 내부 고발자는 김주언 전 한국일보 기자(1980년 신군부 보도 지침), 이문옥 감사관(1990년 재벌 감사 외압), 윤석양 전 이병(1990년 군 보안사 민간인 사찰), 이지문 중위(1992년 군 부정 선거 강요), 김영수 전 해군 소령(2009년 군납 비리) 등이 있다.

내부 고발자들은 조직에서 방어적이고 보복적인 대응에 의해 인사상 보복을 받기 때문에 미국은 1989년 내부고발자보호법, 영국은 1998년 공익폭로법을 시행하고 있다. 우리나라에서도 2002년 부패방지위원회가 설립되고 2011년 공익신고자보호법을 제정하여 시행하고 있으나 아직 미흡한 점이 많다. 또한 최근에 내부 고발자가 부정적 어감이 있어서 공익제보자라고 명칭을 바꾸어 부르기로 하였다.

제보자에 관한 외국영화는 〈스노든〉(Snowden, 2016, CIA와 미 국가안보국 NSA의 개인정보 수집), 〈시티즌 포〉(Citizen four, 2015, 스노든 이야기), 〈인사이더〉(1999, 담배회사의 위험성 및 암모니아 화합물 첨가 고발), 〈더 트루스: 무언의 제보자〉(2008, 기자의 제보자 보호), 〈내부 고발자〉(2010, 평화유지군의 인신매매), 〈제5계급〉(2013, 줄리언 어산지의 위키리크스 정보 공개) 등이 있다.

제1계급은 성직자를 말하고, 귀족, 평민에 이어 매스커뮤니케

이션을 제4계급(the fourth estate)이라 하여 입법 · 사법 · 행정과 나란한 권력이라 하고, 제5계급은 제4계급에 대항하는 위키리크스 같은 폭로언론을 말한다. 〈제5계급〉에서 줄리언 어산지는 세상을 바꾸는 두 가지를 언급하였다. '좋은 아이디어'와 '헌신'이라고 하였으며, 헌신은 희생이 따른다고 하였다. 좋은 아이디어가 있다 하더라도 머리로만 생각해 봐야 소용이 없고 실행(행동)해야 하는데, 실행하다 보면 희생이 따른다는 것이다.

그렇다고 해서 우리 모두가 희생을 감수하는 공익제보자가 되라는 것은 아니다. 욕하고 비난하기는 쉬우나 칭찬하고 격려하기는 어려운 것이 세상 이치일 수 있으나 칭찬은 고래도 춤추게 한다는 말이 있듯이 그들에게 칭찬의 말, 격려의 말이라도 해줄 줄 알아야 한다. 아니 칭찬, 격려는 아니더라도 최소한 제보자들을 비난하지는 말고 가만히 지켜보기라도 하며, 가능하면 그들을 감싸 안아야 한다. 이렇게 온정을 베푸는 사람들이 많아질수록 보다 정의로운 사회가 되지 않을까 한다.

2017년 1월 종교계와 시민단체가 모여 '내부제보 실천운동'을 출범하면서 내부고발자 보호법 제정을 추진하였다. 그들은 국민들의 희망과 용기 있는 행동이 부패한 권력과 자본으로 인해 짓밟히지 않도록 결연한 공동의 행동으로 맞서 싸울 것이라며 동참을 호소하였다.[8]

영화 〈제보자〉는 의료인의 연구 윤리를 다시 생각하게 하고, 불의에 맞서 감히 '안 돼(Say No)'라고 말할 수 있는 정의감과 용기를 말하고 있는 영화로 연구 분야뿐만 아니라 의료인들이 꼭 봐야 하는 의학 관련 영화이다.

그후 이야기

황우석이 연구하던 분야인 성체 줄기세포는 일본 교토대학의 야마나카 신야 교수와 영국의 존 거든 박사가 함께 받았다.[9] 그런데 세계적인 줄기세포 연구소인 일본 교토대 유도만능줄기 세포(iPS) 연구소 소속 연구원의 논문에서 자료 조작 등 부정이 발견되어 논문이 취소되었다는 뉴스가 보도되었다.[10] 연구가 많아지고 성과에 집착하다 보면 연구 부정의 확률도 그만큼 높아지는 것 같다.

닥터 K라고 알려진 류영준(당시 원자력병원 전공의)은 현재 강원대 의대 병리학 교수이자 줄기세포 연구자로 근무하고 있는데, 황우석이 2018년 5월 명예훼손으로 고소하였으나,[11] 무죄를 선고받았다고 한다.[12]

1) 위키백과 제보자(영화) https://ko.wikipedia.org/wiki/

2) 네이버 영화 - 제보자 https://movie.naver.com/movie/bi/mi/basic.nhn?code= 128235

3) 리영희 - 나무위키 https://namu.wiki/w/리영희

4) 마셜 로젠버그, 캐서린 한(역). 비폭력 대화. 2011.

5) Patriotism is the last refuge of a scoundrel; 애국심이란 불한당(건달)들이 가는 최후의 피난처이다.

6) '황우석 논문조작' 제보 류영준 "난 분노했다" 침묵 깨고 네이처와 인터뷰 "가족과 여섯 달 숨어 살아" Ohmynews, 2014-01-30.

7) "황우석 사기는 언론의 쓰라린 승리… 지금 언론은 더 암울" 한국일보 2014-11-03.

8) 정치·자본 권력에 맞서 싸운 '내부고발자'… "이젠 함께 도와야 합니다." 천지일보 2017-01-17.

9) 2012년 노벨 생리의학상은 유도만능줄기세포(iPS Cell, 역분화 줄기세포)를 연구한 일본 교토대학교 야마나카 신야 교수[山中伸弥]와 영국 케임브리지대의 존 거든 박사가 공동 수상하였다.

10) '노벨상 수상한 곳에서"… 일본 iPS세포 간판 연구소에서도 논문 부정. 경향신문 2018-01-23.

11) 황우석, 13년 전 폭로자 '닥터K' 법정에 세운 이유. 조선일보 2018-05-10.

12) '황우석 논문 조작 최초 제보 류영준 교수, 명예훼손 무죄…' 톱스타뉴스 2018-12-03.

제이콥의 거짓말

홀로코스트와 하얀 거짓말

Jakob The Liar, 1999[1]

영화는 다음과 같은 주인공 제이콥의 독백으로 시작한다.

히틀러가 점술가에게 물었다, "내가 언제 죽겠나?" 점술가가
대답했다, "유태인들의 공휴일입니다." 그러자 히틀러가 물었다,
"그걸 어떻게 알지" 점술가가 말했다, "그날은 유태인의 공휴일
이 될 테니까요." 넌 내게 물었지, "그런 상황에서 어떻게 그런 농
담을 하죠?" "그게 우리가 살아남은 비결이지. 그것이 우리를 지
탱하게 해 준 거야. 그 외의 것은 전부 독일인들이 가져갔어. 우
릴 '게토'에 가둬놓고 높은 철조망을 쳤지. 우린 수년간 외부와 단
절되어 있었던 거야. 우리가 의지한 건 사소한 것들이었지. 썰렁
한 농담, 화창한 날씨, 희망적인 소문, 그게 우리가 게토의 벽에
앉아있던 이유이지. 나는 한나와 첫 키스를 했던 나무를 바라보
곤 하였지."

게토(ghetto)[2]는 중세 이후의 유럽 각 지역에서 유태인을 강제

1944년 겨울, 폴란드, 나치 독일이 점령한 폴란드 내 유태인 게토 지역에서 카페를 운영하는 제이콥은 오랫동안 가게를 열지 못하고 있고, 부인은 얼마 전 총에 맞아 사망하였다. 어느 날 저녁 게토 담장 옆에 앉아 나무를 보고 있던 제이콥은 바람에 날리는 신문지를 따라가다가 야간 통행금지를 어긴 죄로 독일군 사령부에 불려간다. 그곳에서 당직 장교를 기다리는 동안 제이콥은 라디오 방송에서 소련군이 폴란드의 가까운 지역까지 진출하였다는 놀라운 소식을 듣게 된다. 제이콥은 정말 운 좋게 처벌을 면하고 귀가한다. 통행금지 시간을 훨씬 넘긴 시간에 집으로 돌아오던 제이콥은 유태인 수용소로 가던 기차에서 탈출한 10살 소녀 리나를 우연히 만나 집으로 데려와 숨겨주고 부족한 배급 식량을 나눈다. 다음 날, 제이콥은 자살을 시도하는 친구와 독일군 보초를 죽이려는 권투선수 출신 미샤에게 소련군이 가까이 왔다는 전쟁 소식을 전하면서 이들의 행동을 막는다. 그러나 소문은 꼬리에 꼬리를 물어가면서 제이콥이 라디오를 가지고 있다는 헛소문이 퍼져나간다.

라디오를 가지고 있으면 사형을 당할 수 있는 중죄인데, 위험에도 불구하고 제이콥은 소련군이 나치를 물리치고 진격하고 있다고 말한다. 거짓으로 꾸며낸 이 소식은 게토에 있는 주민들에게 활기와 희망을 가져다주지만, 제이콥은 자신이 전하는 그 모든 희망의 소식 때문에 점점 더 게슈타포에게 체포될 위험에 빠지게 된다.

격리하기 위해 설정한 유태인 거주지역을 말한다. 독일 군대가 들어와 높은 철책과 감시탑 등으로 봉쇄하여 외부와의 소통은 불가능하다. 그저 시키는 대로 두 줄로 짝을 이루어 작업을 하고 식량 배급을 받는다. 지난 하루 몇 명이 죽고(자살하고) 몇 명이 태어났는지 정도가 그들의 뉴스이며, 때로 구약의 예언자가 유태인을 위험에서 구해 주겠다고 한 말은 거짓말한 것이나 다름없다고 비난(?)하는 등 시시콜콜한 농담을 하면서 생명을 유지하고 있다.

권투선수 출신 미샤는 옆집의 처녀를 좋아하지만 희망이 없는 상황에서 청혼은 꿈도 꿀 수 없었지만, 제이콥의 말을 듣고 나서 청혼을 한다. 장인을 설득하기 위하여 강조한 이런 희망적인 이야기가 소문을 크게 만들어 버린다. "라디오에서 들었다"와 "나는 라디오가 없다"는 소위 팩트다. 또한 제이콥은 거짓말하였다고 고백하였다가 그 말을 들은 친구는 자살한다. 그러나 절망 상태에서 살아가던 사람들에게 희망적인 이 말은 보고 싶은 것만 보고 듣고 싶은 것만 듣고 믿고 싶은 것만 믿는 확증편향에 빠져 있던 사람들에게 이 희망적인 거짓말은 꼬리를 물고 커지기만 한다.

> "진실이 사람을 죽이는군,
> 희망에 굶주리면 음식에 굶주리는 것보다 더 나빠."

그런데 소문이 퍼져가면서 게토에서 자살하는 사람이 줄어들고 유태인들의 얼굴이 밝아진다. 제이콥의 말은 상상력에서 나온 것이었지만 텔레파시가 통해서 그런지 일부는 사실과 일치하기도 한다. 상상력은 역사를 만들어내고 전환시키는 힘을 갖는다. 죽음에서 생명으로, 공포와 절망에서 희망으로 사태를 전환시킨다.[4)]

제이콥은 거짓말을 그만두려고 '나는 거짓말쟁이'라고 고백하여도 사람들은 아예 믿지 않는다. 어찌할 바를 모르고 방황하는 그에게 심장병 전문의인 노교수는 이야기를 계속하라고 격려한다. 그런데 거짓말을 할 때도 위트가 있어야 하며 순간순간 들킬 위기를 잘 넘겨야 한다. 그러나 혼자서는 힘들 때도 있지만 옆에서 도와주는 사람이 있다면 가능하다. 제이콥은 뉴스를 얻기 위해 화장실에 있는 신문지를 확보하려고, 목숨을 걸고 독일인 전용 화장실을 들어가지만 그 신문에는 스포츠 뉴스뿐이고 전쟁 상황이나 연합군 이야기는 없다. 한편 독일인 전용 화장실에 들어간 제이콥을 구하기 위해 그의 친구는 작업장의 포대 더미 위에서 춤을 추고 노래를 부르다가 경비병에게 실컷 두들겨 맞는다.

세계적인 명성을 가진 심장병 전문의가 이곳에서 맡은 일은 화장실 인분을 퍼다 버리는 것이다. 어느 날 독일군 고위장교가 이곳에 오는데 차에서 내릴 때부터 그는 가슴에 통증을 느낀다. 허리를 제대로 펴지 못

하고 주먹을 쥔 오른손을 가슴에 대고 안절부절 한다. 이것은 협심증에서 나타나는 신체언어(Body language, Levine's sign)인데 노교수는 이를 바로 알아챘다. 노교수는 이곳에서 왕진을 다니면서 환자를 진료해 주지만 그에게 남아 있는 것은 빈 약병뿐이다.

노교수가 한밤중에 열이 나는 리나를 직접 방문하여 진찰하고 처방한 것은 따뜻한 물을 마시라는 것과 제이콥이 그 아이에게 희망을 주는 이야기를 해 주라는 것이다. 제이콥은 쇠약해져가는 리나를 위해서 BBC의 라디오 방송까지 거짓으로 꾸며내기도 하는데, 며칠 후 리나의 병이 낫는다.

할머니 손은 약손이어서 만져주면 낫는다는 것을 '플라시보(위약) 효과'라고 하는데, 플라시보는 '기쁨을 주다' 혹은 '마음에 들다'라는 라틴어에서 유래한다. 약이 잘 들을 것이라고 믿는 사람들은 비록 치료성분이 전혀 없어도 좋은 효과를 낸다고 알려졌으며 심지어는 부작용도 진짜 약처럼 나타난다. 그런데 위약 즉 가짜약이 효과가 있으려면 나을 수 있다는 암시에 대한 믿음이 있어야 한다. 이런 믿음이 없으면 효과가 나타나지 않고 반대로 악화될 수 있는데 이를 '노시보 효과'라 한다.

영화가 끝나갈 무렵 노교수는 독일군 고위장교에게 불려간다. 왕진을 하러 출발하기 전에 부인은 호흡곤란용 약은 따로 넣었다고 하면서 왕진 가방을 넘겨준다. 독일군 사령부를 방문한 노교수는 고위장교를 진찰한다. 그리고 고위장교는 라디오를 가진 자를 알려주면 살려주고 본인의 주치의가 될 수 있다고 회유한다. "의사로선 응당 도와야겠지만 반면에 제가 당신을 구하면 당신은 게토를 박살내겠죠?" 이 말을 마친 노교수는 부인이 챙겨준 독약을 마시고 죽는다.

고위장교는 라디오를 가진 자를 색출하라고 명령하고, 독일군은 자수하지 않으면 10명의 인질을 죽이겠다고 방송한다. 제이콥은 친구 이발사와 마지막 담배를 피우고 자수하는데, 인질을 풀어주지 않으면 말하지 않겠다고 버티면서 고문을 견디어 낸다. 마침내 장교 책상 위에 있던 닭다리를 먹으면서(최후의 만찬), 본인이 들은 것은 독일군 사령부에 있는 라디오라고 말한다. 지난번 통금 위반으로 잡혀 왔을 때 들었다는 것인데, 장교 입장에서 보면 그때 살려준 것이 일을 키운 것이다.

다음날 아침에 게토에 있는 모든 주민이 모인 곳에서 라디오는 없었으며 모든 것이 거짓말이었다는 것을 밝히라는 강요를 받지만, 사실을 말하면 유태인들의 희망이 없어지기 때문에 그는 아무 말도 하지 않고 죽음을 택한다. 옳은 일을 위해 목숨을 버리는 살신성인이다.

그날 주민들을 모두 열차에 태워 유태인 수용소로 보내고 독일군은 철수한다. 그렇지만 영화 〈인생은 아름다워〉에서처럼 기적이 일어난다. 러시아 탱크가 주민들을 싣고 수용소로 향하던 기차를 가로막은 것이다. 벼락 맞을 확률보다 로또 당첨 확률이 낮다고 한다. 그렇지만 확률이 낮다고 해서 1등 당첨자가 없는 것은 아니다. 당첨되지 않은 많은 사람들에게 로또가 당첨된다는 것은 거짓말이나 다름없고 허황한 꿈이다. 나치 지배를 견디어 낸 유태인들의 믿음도, 우리가 경험하는 신앙의 기적도 그런 것 같다. 내가 기적을 경험하지 못하였다고 기적이 없는 것은 아니다. 이 영화 여러 장면에서 보여주는 비록 소소한 것이지만 세상은 기적으로 가득 차 있음을 알 수 있다. 기적을 믿고 살아가는 사람에게 기적은 널려 있다.

세상은 사실(팩트)이나 진실만이 중요하다고 이야기하지만 이 영화는 거짓말이 진실보다 위대할 수 있다는 점을 이야기한다. 〈사랑의 기적〉(1990), 〈굿 윌 헌팅〉(1997), 〈패치 아담스〉(1998) 등 의학 관련 영화에 많이 출연하였던 코미디언 배우 고 로빈 윌리엄스가 주인공 제이콥을 맡아 열연하였다. 이 영화는 코미디 드라마로 분류되어 있다.

1) 제이콥의 거짓말 Jakob The Liar, 1999, 코미디, 드라마, 감독; 피터 카소비츠, 출연; 로빈 윌리엄스.
2) [네이버 지식백과] 게토 [ghetto] 중세 이후의 유럽 각 지역에서 유대인을 강제 격리하기 위해 설정한 유대인 거주지역. (두산백과) https://terms.naver.com/entry.nhn?docId=1059235
3) 네이버 영화 - 제이콥의 거짓말, 1999년.
4) 조창현(2006). "거짓말이 필요한 시대: 피터 카소비츠(Peter Kassovitz), 「제이콥의 거짓말」(Jakob The Liar, 1999)." 조형미디어학 9(1): 58-65.

제8요일

다운증후군

The Eighth Day, 1996

"신은 제8요일에 조르주를 만드시고 즐거워하셨다."

성경에 의하면 하느님은 육일 동안 세상 모든 것을 창조하고 칠일째 되는 날(안식일)은 쉬었다고 한다. 그런데 그 다음날인 여덟 번째 날(Eighth day) 조르주를 만들었다는 것이다.

〈제8요일〉은 자코 반 도마엘이 감독을 맡은 벨기에 영화이며, 다운증후군에 관한 영화이다. 주연 역의 조르주는 파스칼 뒤켄으로 다운증후군이다. 지적장애를 앓고 있는 조르주는 기분이 좋으면 좋다고, 싫으면 싫다고 마구 소리를 질러대고, 하고 싶은 것은 무조건 행동에 옮기는 등 다운증후군 환자의 특성을 잘 보여준다. 이 영화는 장애인과 비장애인의 끈끈한 우정을 보여주는 따뜻한 영화이다.

다운증후군은 가장 흔한 염색체 질환으로서 1866년 랭던 다운이라는 영국 의사가 처음 보고하였는데, 21번 염색체가 정상인

시놉시스[1]

아리는 성공한 세일즈 기법 강사이다. 그러나 그는 자신의 차갑고 계산적인 삶의 태도에 염증을 느끼는 부인 줄리와 별거 중이다. 아리는 부인 줄리와 어린 딸들과 함께 다시 화목한 삶을 되찾는 것이 꿈이나, 한번 돌아선 줄리의 마음은 차갑기만 하다. 어느 날 아리는 비오는 밤길에 차를 몰고 가다가 우연히 강아지를 치게 되고 그 개의 주인은 다름 아닌 요양원에서 탈출한 다운증후군 조르주이다. 조르주는 정신박약으로 요양원에서 생활하는데, 어머니가 이미 수년 전에 죽었는 데도 현실을 인정하지 않고 환상과 현실 사이를 오락가락하며 어머니를 찾아다니고 있다.

아리는 때묻지 않고 순진한 영혼을 가진 조르주에게 점점 매료되고 특히 초콜릿 알레르기가 있는 조르주에게 책임감을 느끼게 된다. 아리는 조르주와 함께 부인의 집으로 가서 아이들에게 선물을 주려고 하지만 부인에 의하여 거절당한다. 아리는 딸들을 만나지도 못한 채 문전박대를 당하는데 오히려 조르주가 그를 위로한다. 요양원으로 다시 돌아온 조르주는 재탈출을 감행하는 한편, 아리는 가족에게 거절당한 자신에 대해 무기력한 나날을 보낸다. 아리가 모처럼 세일즈 강의를 하는 중에 조르주는 요양원 친구들을 데리고 나타난다. 갑자기 나타난 그들을 보며 아리는 강의를 팽개쳐 둔 채 함께 나간다. 버스를 탈취하여 해변으로 향하는 그들은 줄리의 집 부근으로 가고 그날이 마침 아리 딸의 생일이다. 조르주와 아리는 부인의 집 앞에서 밤새 폭죽과 불꽃놀이로 딸의 생일을 축하한다. 이제 그들은 둘도 없는 친구가 되고 해변의 밤하늘을 수놓은 불꽃들은 얼어붙은 부인 줄리의 마음을 녹이게 된다. 아리는 다시 따뜻한 가정으로 돌아가게 된다. 조르주는 친구의 행복한 모습을 보면서 쓸쓸히 떠난다.

보다 1개 더 많은 3개가 존재하여 발생한다. 특징적인 얼굴 모습과 인지 장애를 동반하며 일반인에 비해 수명이 짧다(평균 IQ 50, 평균 수명 40세). 선천성 심장질환(심방중격결손증 등)을 동반하는 경우도 많다. 다운증후군 환자는 봉사정신과 인내심이 강한 특성이 있어 '천사병'으로도 불리기도 한다.

영화 초반에 조르주는 자기가 몽골에서 태어났을 거라고 말하기도 하고 칭기즈칸과 유사한 복장을 하고 말을 타고 초원을 달리는 모습이 나오는데, 이는 다운증후군의 다른 이름이 몽골증(Mongolism)이라고 불린 연유에서다. 다운증후군 환자의 특징적 외모가 몽골 사람과 같은 동양인을 닮았다는 이유에서 붙여진 명칭인데, 비하하는 것 같은 용어이고 최근에는 인종차별적이라는 이유로 잘 사용되지 않는다. 영화에서 특히 엄마를 회상할 때 자주 나오는 음악은 스페인 출신의 테너 가수 루이스 마리아노가 부른 'Maman la plus belle du monde'(세상에서 가장 아름다운 엄마)라는 샹송이다.

조르주 역의 파스칼 뒤켄(벨기에, 1970~)은 이후에도 〈미스터 보바니〉, 〈이웃집에 신이 산다〉 등의 영화에 출연하였다. 두 주인공 조르주 역의 파스켈 뒤켄과 아리 역의 다니엘 오떼이유는 이 영화로 1996년 칸영화제에서 남우주연상을 공동 수상하였다. 다운증후군의 장애인이 영화제에서 남우주연상을 받았다는 사실은 실로 놀랍다. 그런데 2009년 스페인 배우 파블로가 제57회 산세바스티안 국제영화제에서 영화 〈미 투〉(Me too)로 남우주연상을 수상하였는데 파블로도 다운증후군이다. 이 영화는 유럽 최초로 학사학위를 받은 34살의 다운증후군 다니엘이 난생 처음으로 사랑의 감정을 느끼게 해 준 라우라와 특별한 우정을 통해 성장해 나가는 이야기를 다룬 작품이다.

그 외에도 다운증후군이 배우로 활동하는 사례는 2004년 영국 아카데미상을 받은 영국 폴라 세이지, 미국의 크리스 버크, 호주의 대니 알바바흐 등이 있다. 우리나라에서도 2005년 개봉한 영화 〈사랑해, 말순씨〉에 출연한 강민휘가 다운증후군이다. 그는 이후 〈달자의 봄〉, 〈안녕하세요, 하나님〉 등의 드라마를 비롯해 〈꿈빛 도서관〉, 〈배우수업〉, 〈슈퍼스타〉 같은 뮤지컬에도 출연하였다.

다운증후군 환자 중에 자폐증을 동반하기도 하고, 춤 · 노래를 잘 하는 사람이 있는 등 그 증상 범위가 다양하다. 춤(댄스)을 통해 지적장애인의 신체능력을 향상시킬 수 있고 성격이 활발해지며, 다운증후군의 고질적인 근력저하 등을 막아줄 수도 있다고 한다. 요즈음 다운증후군을 유발시키고 자폐환자에게서 가장 많이 발견되는 DYRK1A 유전자에 대한 연구가 활발히 진행되고 있다.

방탄소년단의 노래 '봄날Spring Day'의 뮤직비디오와 가사에는 '오멜라스를 떠나는 사람들'의 내용과 깊은 연관이 있다고 한다. 어슐러 르귄의 소설집 『바람의 열두 방향』에 나오는 단편 중의 하나인데 그 내용은 다음과 같다.

오멜라스는 왕도 노예도 광고도 주식거래도 원자폭탄도 없이, 모두가 행복한 곳이다. 하지만 이 도시에는 모두가 애써 외면하는 끔찍한 비밀이 있다. 한 아이가 창문도 없는 지하방에서 짐승처럼 살려달라고 비명을 지르며 소리 내어 운다는 것이다. 이 아이의 불행이야말로 오멜라스의 행복을 담보하는 조건이다. 오멜라스의 사람들은 모두 이 아이의 존재를 알고 있다. 더욱이 자신들의 아이들이 열 살 즈음이 되면 이 아이에게 데려가 그 모습을 보게 하는데, 이 비참한 삶을 목격한 아이들은 충격을 받는다. 그러나 이 불행한 아이에게 단 한마디의 친절한 말만 건넨다면, 그들이 누려온 모든 행복과 아름다움과 즐거움은 순식간에 사라져버리기 때문에 누구도 아무 말도 할 수 없다. 결국 가슴 아파하면서 흘리던 눈물은 현실의 끔찍한 정의를 받아들이고 메말라간다. 하지만 사람들 중에는 오멜라스를 떠나 어둠 속으로 들어가서 다시 돌아오지 않는 이들도 있다.[2]

숨겨져 있고, 우리의 관심을 받지 못하는 불쌍한 아이가 다운증후군 등 장애인이며, 만일 그들이 사라진다면 행복한 우리 사회가 유지되지 않을 수 있다.

일본 만화 영화 〈날씨의 아이〉에서 주인공 소녀 가장 하나가 빌면 비가 오다가도 멈추고 햇볕이 나오는데, 영화 칼럼니스트 허희는 '희생양 이데올로기에 순응하는 지금의 일본이 바로 오멜라스라는 것이 신카이 감독의 현실 인식'이라고 하였다.[3] 주인공 하나가 오멜라스에 나오는 고통을 받고 있는 아이, 희생양이고 오멜라스가 일본이라는 것이다.

병원에서 신경외과 중환자실 환자를 볼 때마다, 나는 운 좋게 다치지 않고 생활하고 있는데, 어떤 사람은 정말 운 나쁘게 다치거나 아파서 생사의 기로에 서 있는가 라는 생각이 마음속에 맴돈다. 그런데 세상에 남녀비율이 그래도 일정하게 유지하듯이 장애인의 비율도 일정 비율을 유지해야 하는 것이 아닌가 하는 생각도 든다. 따라서 히틀러가 유태인을 학살하기 전에 장애인들을 몰살시켰듯이, 우수한 인자를 가진 사람만 남기고 그렇지 않은 사람을 도태시키는 우생학의 한계라고 생각된다. 좀 모자라거나 양호하지 못한 사람을 아무리 없앤다 하여도 또다시 생겨날 수 있기 때문이다. 어떤 질병이 없어지면 다른 질병이 나타나는 것도 이런 자연의 법칙이라는 생각도 든다.

얼마 전 장애아동의 특수학교 설립을 위해 학부모들이 무릎을 꿇고 호소한 사건이 있었는데, 우리 사회의 님비 현상이 문제이다. '혐오ㆍ기피시설을 왜 운영하냐?'고 하고, '시설이 운영되면 땅값이 떨어진다.'면서 주로 경제적인 논리로 반대한다.

우리는 진정한 이웃인 주변의 장애인과 잘 어울려서 살아야 한다. 우리도 살아가면서 장애인이 될 수 있다.

∴ 장애인과 그들의 삶을 이해하는 데 좋은 영화

— 포레스트 검프 Forrest Gump, 1994

— 말아톤 Malaton, 2005

— 내 이름은 칸 My Name Is Khan, 2010

— 템플 그랜딘 Temple Grandin, 2010

---

1) 네이버 영화 – 제8요일, 자코 반 도마엘 감독, 1996.

2) 박종현. 오멜라스를 떠난 이들은 어디로 갔나? 한겨레21, 2016-05-18.

3) 허희. 한 사람의 불행쯤은 괜찮다? 日 '희생양 이데올로기' 비판. 서울신문 2019-10-13.

칠드런 액트

"법정은 도덕이 아니라 법을 다루는 곳입니다."

The Children Act, 2018

최근 불법 의료행위나 의료사고에 대한 법적 소송은 많아졌지만, 의료행위 시행 여부에 대한 판결은 많지 않으며, 연명의료를 시행할지 말지를 판결하는 소송도 있었으나 수술이나 수혈 등을 시행할지 말지를 법이 판결하는 경우는 드물다. 이 영화는 종교적인 소신으로 수혈을 받지 않겠다는 백혈병 환자에게 수혈 여부를 결정하는 판결에 관한 것이다. 이 시대 최고의 작가 중 하나로 꼽히는 이언 매큐언의 동명소설을 기반으로 하고 있으며 실화를 바탕으로 하였다고 한다.

책과 영화의 제목이자 내용의 핵심이기도 한 〈칠드런 액트〉는 1989년 제정된 영국의 유명한 '아동법(The Children Act)'에서 따온 것으로, 법정이 미성년자와 관련한 사건을 판결할 때 최우선적으로 '아동의 복지'를 고려해야 함을 명시하고 있다. 재판 당시 애덤의 나이는 만 17세 9개월, 법적으로 성인(만 18세)이 아닌 미성년

시놉시스

영국에서 존경받는 피오나 판사는 일과 결혼생활에 대한 중년의 위기를 겪고 있는 상황에서 종교상의 이유로 수혈을 거부한 백혈병 환자 애덤의 생사가 달린 재판을 맡는다. 수혈을 받지 않으면 목숨이 위태로운 상황에서 신속한 재판을 진행해야 하는 상황이고 병원 관계자와 환자의 변호사 간 논쟁 중에, 환자의 본심을 확인하고 싶어 병원을 찾는 파격적인 행보를 한다. 그런데 이 두 사람의 운명적인 만남은 예기치 않은 파장을 일으킨다.

이었기에 아동법에 의해 보호받아야만 한다.

우리 주변에도 종교상의 이유로 수술이나 응급상황에서 수혈을 거부하는 특정 종교인들이 있고, 의료인들은 이런 상황에서 어떤 결정을 해야 할지 딜레마에 빠지는 경우가 있다. 실제로 모 병원에서는 수술 전에 수혈을 하지 않겠다고 굳게 약속하였지만 수술 중에 너무 출혈이 심하여 수혈을 감행(?)하였다가 소송에 휘말리는 사건도 있었다.

환자나 보호자에게 수혈하였다는 사실을 말하지 않았지만 병원에서 청구한 계산서에는 수혈료가 포함되어 있었다. 다행히 잘 마무리되었지만 의료행위와 윤리 도덕 더 나아가서 법적인 문제에 관해서 깊이 생각해 봐야 할 문제이다.

수혈은 현대 의료에서는 다량 출혈 등 응급상황에서 필수적인 것으로 받아들이고 있다. 수혈 치료는 비교적 안전하다고 하지만 다소의 합병증 위험이 있다. 또한 모든 의료행위가 그렇지만 득이 있으면 실이 있기 때문에 득실을 따져서 판단하는 지혜가 필요하다고 할 수 있다.

2020년 노벨 생리의학상은 C형 간염 바이러스 발견을 공로로 수여되었는데, C형 간염은 대부분 수혈로 감염이 된다. C형 간염, 에이즈 같은 감염병 외에도 기증자의 DNA뿐만 아니라 백혈구 문제, 면역성 질환 등이 있다고 알려져 있다. 다큐 〈Primum Non Nocere〉(2012)에서는 수혈로 발생할 수 있는 부작용 등을 자세히 설명하고 가능하면 수혈을 받지 말기를 권유하고 있다. 반

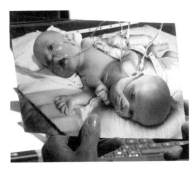
몸통이 붙은 샴쌍둥이(영화의 한 장면)

면 그 대체 방법으로 자가수혈(Autotransfusion)이나 에리스포오이에틴 같은 조혈촉진 인자 사용 등을 제시하고 있다.[1][2]

영화의 도입부에서 피오나 판사는 몸통과 다리는 하나지만 머리가 둘인 샴쌍둥이의 수술에 판결을 내리는 장면이 나온다. 샴쌍둥이가 붙어 있으면 둘 다 죽게 되지만, 분리 수술을 한다면 한 명은 죽지만 나머지 아이는 정상적인 삶을 살 수 있다. 요점은 둘 다 죽이느니 하나라도 살리자는 것인데, 어차피 죽는다는 이유로 한 아이의 동맥을 끊는다면 그 죽음이 정당할지도 의문이다. 부모는 신이 부여한 생명이니 인간이 그걸 판단할 수 없고 신만이 거두어 갈 수 있다고 주장한다. 그러나 피오나 판사는 '법정은 도덕이 아니라 법을 다루는 곳'이라는 소신이 흔들리지 않고 분리수술을 할 것을 판결한다. 『칠드런 액트』의 저자 매큐언은 인터뷰에서 종교적 혹은 도덕적 분쟁 및 가정 문제 관련 판결에서 '판사는 최선이 아니라 차악을 선택해야 하는 경우가 많다.'고 하였다.

백혈병으로 죽어가는 아이(애덤)에 대한 수혈 여부를 판단하기 전에, 피오나 판사는 '부모는 순교자가 될 수 있을지언정 아이에게 순교를 강요할 수 없다'는 생각으로 병원을 방문한다. 판결을 내리기 전에, 병원에 누워 죽음을 기다리고 있는 이 소년을 직접 만나기로 한 것이다.

성인의 경우는 '자율성 존중의 원칙'에 의하여 본인이 결정할 수 있지만, 18세 이하의 아동은 '선행의 원칙'에 의해 판단하는 것이 현재 통용되고 있는 의료윤리의 원칙이다. 성인이 되기 몇 달 남지 않은 애덤은 종교적 소신을 주장하면서, 판사와 팽팽한 줄다리기를 계속한다. 그러나 음악(아이가 친 잘못된 기타 코드를 판사가 지적)으로 서로 소통하게 되며, 마침내 아이는 수혈을 받고 살아난다. 샴쌍둥이 재판에서 흔들리지 않는 단호함을 보여주던 피오나였지만, 애덤과의 만남으로 자신의 삶을 되돌아보게 되면서 영화는 의학 분야와는 전혀 다른 방향으로 진행된다.

재판정에서 수혈 여부를 결정하는 과정에서 의사들의 과학적 사실과 부모의 종교적 신념의 차이를 논쟁적으로 보여준다(수혈 금지의 성경 근거, 언제부터 이런 교리가 시작되었는지 등). 역사적으로 지동설을 주장하던 갈릴레오 시대부터, 다윈의 진화론을 거쳐 프로이트의 정신분석학뿐만 아니라 상대성 이론과 양자역학 시대로 발전하면서 과학과 종교는 서로 충돌하고 있다.

다윈의 『종의 기원』이 출간된 지 7개월 지난 1860년 6월 30일 영국 옥스퍼드 대학교에서 진화론에 관한 공개토론이 있었다. 옥스퍼드교구 주교인 새뮤얼 윌버포스가 "댁들의 주장에 따르면 댁들의 조상 중에 원숭이가 있다는 거지요? 그렇다면 그 원숭이가 할아버지 쪽입니까? 아니면 할머니 쪽입니까?"라고 물었다. 동물학자 토머스 헉슬리는 "내 조상이 원숭이라는 사실은 부끄럽지 않습니다만 주교님처럼 뛰어난 재능을 가지고도 진실을 왜곡하는 사람과 혈연관계라는 점이 부끄럽습니다."라고 대답하였다고 한다.

2013년에도 세계에서 가장 유명한 무신론자인 리처드 도킨스 박사와, 전 영국 캔터베리 대주교 로완 윌리엄스가 '21세기에 종교는 설 자리를 잃었다'는 주제로 토론을 벌였다. 뉴스에 의하면 도킨스 역시 종교기관들만큼 근본주의적이라고 하였고, 윌리엄스 대주교는 "사람이 다른 피조물과 달리 스스로를 돌아보고 삶의 목적을 생각할 수 있다."고 주장하여 도킨스 박사보다 더 많은 지지를 받았다고 한다.

한편 미국 테네시 주에서는 진화론을 가르친 젊은 고등학교 과학 선생 존 토머스 스콥스가 진화론을 금지한 테네시 주의 법률을 위반하였다 하여 이른바 '스콥스 재판(원숭이 재판)'으로 불리는

재판이 열렸다. 스콥스 선생은 결국 백 달러의 벌금형을 선고받았는데. 이 과정은 〈침묵의 소리〉(Inherit The Wind, 1960)라는 영화로 제작되었다. 창조론과 진화론의 논쟁에 관한 법적인 판단과 사회적 이슈를 위한 이 재판에서

법을 어긴 과학 선생이 진 것처럼 보이지만, 이 법정 논쟁 과정이 전국으로 중계되면서 진화론을 옹호하는 세력은 대중적 지지를 얻는 데 성공하였다.

플로리다 주립대 철학교수 마이클 루스(다윈주의자)는 '과학과 종교 화해를 위하여'라는 칼럼에서 "과학은 인간에게 물리적 세계의 존재와 작용 원리에 대해 설명한다. 종교는 그 세계와 그 안에서 우리의 위치에 대해 의미를 부여하려는 목적을 갖고 있다. 과학자들은 즉답이 가능한 질문을 하고 있지만, 종교는 궁극적인 질문을 하고 있는 것이다."라면서 "사람들이 어느 한 영역에서 얻어야 할 해답을 다른 영역에서 구하는 실수를 저지르지 않는다면 갈등은 생기지 않는다. 과학과 종교, 그리고 진화론과 기독교가 인간 생활에 있어서 각자의 위치를 이해하고 그 경계 안에 머문다면 서로 갈등을 일으킬 일은 없는 것이다."라고 주장하였다.

〈칠드런 액트〉에서처럼 본인의 종교 교리대로 수혈을 받지 않는 것이 옳은 것인지, 미성년자 자녀에게도 그 믿음을 강요하는 것이 옳은 것인지, 자녀가 성인이 되면 자율성을 존중하여 스스로 결정하는 것이 옳은 것인지는 알 수 없다. 특히 과학과 종교의 관계는 스티븐 제이 굴드가 주장하는 것처럼 중첩되지 않는 것도 아니고(중첩되지 않는 교도권), 대립적인 것도 아니며, 그 중간쯤 어디에 해답이 있는 것도 아닌 것 같다. 우리가 하루하루를 살아가는 일상에서처럼, 그 두 분야는 개개인의 일상 속에서 부딪히고, 중첩되고, 때론 서로에게 무관심하기도 하다.[3]

그렇지만 과학만 바라보거나 종교만 바라본다면 인류의 미래는 불확실할 가능성이 있다. 마이클 루스의 제언대로 서로의 분야를 인정하고, 부족한 부분을 보충해 가면서 존중하고 함께 살아가는 것이 좋을 것이다.

1) Corwin, H. L. (1999). "Blood Transfusion: First, Do No Harm!" Chest 116(5): 1149-1150.
2) Learoyd, P. (2012). "The history of blood transfusion prior to the 20th century—part 2."
3) 과학과 종교의 관계는 단순하지 않다. 종교를 과학으로 재단하거나, 분리시키지 말자. The Science Times. 2011-03-23.

크리에이션, 신은 죽지 않았다

진화론 VS 창조론

Creation, 2009 / God's Not Dead, 2014

2017년 모 공과대학 소속 교수 장관 후보자가 사퇴하게 되면서 진화론과 창조론뿐만 아니라 창조론을 과학적으로 해석하고 증명하는 창조과학회가 주목받았다.

창조론과 진화론에 대한 논쟁은 다윈 이후 지속되어 왔으며, 1925년 미국 테네시 주에서는 진화론을 가르친 과학 교사가 벌금형을 받은 적도 있었다.(원숭이 재판이라 불리기도 하지만 진화론 교육을 금지한 법안의 위헌성을 전국에 알리는 성과를 거두었다.) 1987년 미국 연방대법원은 창조론을 진화론과 함께 가르쳐야 한다고 못박은 루이지애나 법이 헌법에 어긋난다고 판결하기도 하였다(진화론만 가르쳐야 한다는 취지).

최근의 논란은 2017년 6월 터키 정부가 고등학교 교과서에서 진화론을 삭제하기로 했다고 한 것이다. 미국의 근본주의자를 제외한 주류 기독교는 대체로 진화론을 문제 삼지 않는다고 한다.(장로교는 2002년도에 진화론이 기독교 교리에 위배되지 않는다고 선언한 바가 있고, 감리교도 창조론을 학교에서 가르치도록 하자는 것에 대하여 반대하는 입장을 발표한 적이 있다.)[1] 가톨릭에서는 지동설을 주장한 코페르니쿠스, 갈릴레오도 받아들였으며 수도원 안에 살던 수사 신부 멘델은 '멘델의 법칙'을 발견함으로써 진화론을 보강하였다. 1996년 교황 요한 바오로 2세는 진화론을 과학이론으로 인정했으며,[2] 프란치스코 교황은 빅뱅으로 세계가 시작되고, 생명 진화의 과정을 통해 발달했다는 생각이 가톨릭의 가르침과 충돌하는 것은 아니라고 말하였다.[3]

창조론과 진화론에 관한 영화 중 이번에 소개할 영화는 2009년 영국에서 만들어진 〈크리에이션〉으로 찰스 다윈의 삶을 그린 영화이다. 랜달 케인즈라는 찰스 다윈의 후손이 쓴 책 『Annie's bos』가 있는데, Annie는 폐렴으로 사망한 다윈의 장녀 이름이다. 진화론을 주장한 다윈의 삶을 그린 영화 제목에 〈창조〉(Creation)[4]라는 이름을 붙였는데, 진화론을 만들어내는 고난에 찬 여정을 그렸다.

실제 부부인 폴 베타니와 제니퍼 코넬리가 부부로 열연을 하였다. 그러나 영국에서 제작되었고 호주 등 기독교 국가에서 상영되었지만 큰 흥행을 거두지 못하였다. 더구나 할리우드의 대형 배급사가 배급을 거부하여 미국의 주요 극장에서는 상영되지 못하였다. 또한 다윈의 부인으로 열연한 제니퍼 코넬리마저 이 영화 이후 영화 섭외가 잘 안 들어오고 인기 역시 예전 같지 않았다. 미국은 기독교 국가이며, 다양성을 존중하고 관용정책을 유지하

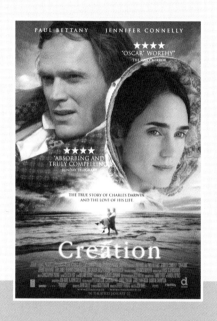

시놉시스

다윈이 『종의 기원』을 쓴다는 것을 안 동료들은 그에게 빠른 완성과 출판을 재촉한다. 하지만 그는 종교계와의 갈등을 우려하면서 마무리를 못 하고 있는데, 다른 연구자가 같은 연구를 하였다고 주장하는 편지를 보고 불안해한다. 다윈은 외사촌과 결혼하여 많은 아이들은 낳지만 아이들이 일찍 죽어가고 크게 의지하였던 큰딸마저 폐렴으로 죽어 낙담한다. 하지만, 당시 유행하던 수(水)치료와 아내의 신뢰로 우울증을 극복해 가면서 세상에 없던 진화론을 완성한다.

고 있는 것 같지 보이지만 이런 사례를 보면 그렇지 않은 것 같다.

종교에서 위안을 받지 못하지만 신을 믿지요?

당시 영화 개봉을 앞두고 진화론과 창조론 사이의 논쟁이 새삼 화제가 되자 영국의 데일리 텔레그래프 신문은 창조론의 대표적 주장 5가지를 들고 이에 대한 진화론 쪽의 답변을 정리해 주었다.[5] 다음은 그 내용의 요약이다.

① 진화의 증거가 없다. ↔ 진화의 모든 단계에 대한 화석 증거를 내놓으라는 것이 창조주의자들의 요구지만, 동물의 뼈나 식물의 재질이 모두 영원히 썩지 않는 종류가 아닌 이상, 모든 단계의 화석이 남아 있을 수는 없다.

② 진화론이 주장하듯 지구의 역사가 45억 년쯤 된다면 더욱 많은 화석이 나와야 할 텐데 그렇지 않다. ↔ 진화의 모든 단계가 화석 증거로 남아 있는 것은 아니지만, 그간 수집-연구된 수많은 증거들이 박물관에 전시되어 있다.

③ 인간의 눈, 파리의 눈처럼 정교한 것이 어떻게 저절로 만들어지나 ↔ 진화론에 대한 과학적 증거는 수많은 논문과 실험으로 뒷받침되기에 세계의 과학계가 진화론을 정설로 인정하고 있다.

④ 성경은 비유다. ↔ 성경에 나온 예수의 계보를 전부 계산해 보니 지구의 창조 날이 6000년 전이라는 게 '지구 나이 6000년설'의 시작이다. 그러나 창조론자들은 성경을 글자 그대로 읽지 말고 비유로 읽으라고 하면서, 창조에 걸린 시간도 6개의 시대에

걸쳐 창조되었다는 것으로 해석될 수 있다고 주장한다.

⑤ 도대체 진화론의 목적이 무엇인가(기독교적 세계관은, 세상의 종말과 하느님의 구원, 즉 세상에서 벌어지는 모든 일들에 어떤 목적이 있음을 주장하지만 진화론의 목적은 무엇인가) ↔ 목적론적 세계관은 기독교적 세계관이면서 동시에 18세기 유럽의 계몽주의 시대에 맹위를 떨친 역사관이고 계몽주의를 거쳐가면서 소멸되어 가고 있으며, 진화 자체에 목적은 없다는 것이다.

그 외에도 창조론과 진화론이 주제인 영화는 〈믿음의 문제〉(A Matter of Faith, 2014, 감독: 리치 크리스티아노), 〈신은 죽지 않았다〉(God's Not Dead, 2014, 감독: 해롤드 크론크), 〈신은 죽지 않았다 2〉(God's Not Dead 2, 2016, 감독: 해롤드 크론크), 〈스토리 오브 갓〉(The Story

of God with Morgan Freeman 2016) 등이며, 참고할 만한 영화는 〈예수는 역사다〉(The Case for Christ, 2017, 감독: 존 건)이다. 이들 중 가장 추천할 만한 영화는 2014년 제작된 〈신은 죽지 않았다〉(하버드대 출신의 중국인 의사 '밍 왕'의 실화를 바탕으로 하였다.)인데 그 내용은 다음과 같다.[6]

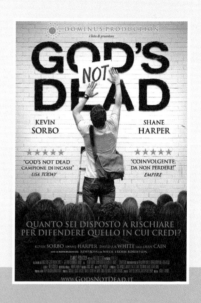

시놉시스

대학 신입생 조쉬 휘튼은 고집스러운 무신론자 철학 교수로부터 학과목 첫 강의에서 종이에 "신은 죽었다(God is dead)"라고 쓰라는 강요를 받는다. 신의 존재를 부정할 수 없는 조쉬는 홀로 그의 요구에 반론을 제기하게 되고, 자신의 자존심을 건드려 대단히 화가 난교수는 조쉬에게 '신'이 존재함을 증명하여 학생들과 자신의 마음을 바꿔보라는 과제를 내주며, 만약 증명하지 못할 경우 낙제를 시킬 것이라고 한다. 하지만 주인공 조쉬는 이를 슬기롭게 해결해 나가며 교수의 잘못된 사고를 일깨워 준다.

〈신은 죽지 않았다〉는 저예산을 들인 독립영화로 제작되었으나, 상당한 인기를 얻어 개봉 한 달 동안 미국 박스오피스 10위권에 머무르는 성과를 냈으며, 차기작인 〈신은 죽지 않았다-2〉가 제작되기도 하였다. 이 영화의 결론은 '있다·없다'로 귀결되는 것이 아니라 '믿느냐·믿지 않느냐'의 문제 즉 '믿음의 문제'로 유도된다.

최근 '영성적이지만 종교적이지 않은'(SBNR, Spritual But Not Religious) 사람들이 증가하고 있다고 한다. 영적인 생활을 중요하게 생각하지만 종교적 형식·관습은 싫어하는 사람들이다.[7] 대부분 1980년대 초반부터 2000년대 초반 출생한 소위 밀레니얼 세대로 구성되어 있으며, 그들은 신을 믿지만 종교적 테두리 안에 갇히는 걸 좋아하지 않고, 명상이나 요가 등을 통해 영적인 삶을 추구하는 경향을 보인다고 한다. 반면 이슬람 근본주의자뿐만 아니라 기독교 근본주의자와 신복음주의자도 문제가 되고 있는데, 이들은 성경의 절대적 무오류성을 강조하고 보수적 정치운동과 민족주의 등에서 중요한 역할을 하고 있다.

또한 무신론자 수도 증가하였지만, 미국과 유럽의 무신론자들은 사회적인 억압·탄압을 받을 수도 있기 때문에 자신이 무신론자라고 굳이 밝히지 않는다.[8] 반면에 사실상 무신론자임에도 불구하고 교회에 다니는 사람들도 있다고 하는데, 교회라는 공동체가 제공하는 소속감 등이 사회경제적 이해타산과 맞아떨어지기 때문이라고 한다. 더구나 무신론자 중에는 반신론자도 있는데,

『이기적 유전자』를 쓴 리처드 도킨스 등이 대표적인 인물이다.

권선징악이나 사후 심판은 종교의 근본 지향이기는 하지만 가장 공격받고 있는 점인데, 종교인들이 그렇게 살지 못하기 때문일 것이다. 마하트라 간디는 "나는 예수를 좋아하지만 기독교인은 좋아하지 않는다. 그들이 예수와 닮지 않았기 때문이다."라고 말하였다는데, 종교인은 좋아하지 않으나, 신앙인(성인의 삶을 따르는 사람으로 인격의 성장을 위해 노력하는 사람)을 좋아한다는 뜻일 것이다.

"네 이웃을 네 자신처럼 사랑하라."(마태 22,39)

의학을 전공하는 종교인의 한 사람으로서 창조론과 진화론 중어느 것이 '옳다 · 옳지 않다'라고 강력히 주장하기도 어려운 점이 없지는 않으나, 정치와 종교 · 도덕의 분리를 주장한 마키아벨리처럼 종교 · 과학을 분리하고 이를 방관하거나 도피하고 싶은 생각도 있다. 그러다가 문득, 창조설이 시공을 초월한 총론이라고 하면 진화론은 각론적인 문제가 아닐까? 하는 생각이 든다. 향후 연구가 지속되면 빅뱅이나 중력이론 이외에 다른 이론이 발견되고 보안되어, 보다 더 포괄적이고 종합적인 이론이 탄생하지 않을까 하는 생각도 해본다.

『사피엔스-유인원에서 사이보그까지, 인간 역사의 대담하고 위대한 질문』의 저자 예루살렘 히브리대학 교수 유발 하라리는 '어떻게 인간만이 빨리 진화하였을까'라는 TED 강의에서 상상력과 가상현실을(보이지 않는 것을) 믿고 공유하면서 유연하게 협력하여 지구상에서 가장 치명적이고 위대한 동물이 되었다고 주장하였다. 성 아우구스티누스는 '보이지 않는 것을 믿는 것이 신앙이다. 신앙은 우리가 믿은 것을 보여준다.'라고 하였다.[9] 창조론이나 진화론 모두 확실하게 증명할 수 있는 문제가 아니기 때문에 어떤 것을 믿느냐라는 것은 사실의 문제(A matter of fact)라기보다는 믿음의 문제(A matter of faith)[10]라고 생각된다.

---

1) 김기석, 아이오나 대학 교수 블로그 http://blog.naver.com/theriverruns/ 120017019678

2) 오경환 프란치스코 하비에르(신부) 창조에 대한 성경구절의 올바른 해석1. 빛고을 2013-11-17.

3) "진화론-빅뱅이론, 가톨릭 가르침과 충돌 안해" 위키트리 2014-10-29.

4) 크리에이션 Creation, 2009, 드라마 영국, 감독; 존 아미엘.

5) 최영태. 창조론이든, 박성진의 창조신앙이든…팩트 무시하고 도약하는 인물이 과기행정 맡아서야. 씨앤비저널, 553호 2017-09-15.

6) 네이버 영화 – 신은 죽지 않았다. http://movie.naver.com/movie/bi/mi/basic.nhn?code=122193

7) 장열. LA중앙일보 2017.05.02. http://www.koreadaily.com/news/read.asp?art_id=5228343

8) 김환영. 대한민국은 종교의 천국? 아니, 무신론 강국! 월간중앙 2017년 2월호.

9) 제임스 볼. 그 누구에게도 당신의 꿈을 빼앗기지 말라. 엔타임. 2016, p62.

10) 믿음의 문제(A Matter of Faith), 2014, 감독; 리치 크리스티아노.

킨제이 보고서

생물학적 다양성 포용하기

Kinsey, 2004

2009년 월등한 기량 차이로 세계육상선수권 여자 800m 결승에서 우승한 남아프리카공화국의 여자 육상스타 세메냐 선수에게 성별 논란이 일었다. 세메냐 선수는 남성과 여성의 생식기를 모두 가진 간성(중성)이었다는 발표도 있었지만 성별검사 결과를 공개하지 않았고 이후 여성 경기에는 출전할 수 있는 권한을 받고 출전하였다는데 뭔가 좀 이상하다.[1] 이처럼 생물학적으로 남성(XY)과 여성(XX)이 있고(생물학적 성), 이들 유전자를 같이 갖고 태어난 경우를 간성(Intersex)이라고 하는데, 대부부 고환이 복강 내에 있기 때문에 정자 형성이 안 된다. 본인의 의사를 존중하여 결정하지만 대부분 남성을 포기하고 여성의 삶을 산다고 한다.

한편 하리수하면 떠올리는 트랜스젠더는 '사회적 성'이다. '생물학적 성'과는 다른 성으로 살아가는 경우를 트랜스젠더(Two sprit, third gender)라고 한다. 그러나 항상 하리수처럼 여성스러운

시놉시스[2]

킨제이는 보수적인 아버지 밑에서 어린 시절을 보낸다. 엄격한 신
앙심을 가진 아버지는 킨제이가 공대에 진학하기를 바랐지만, 그
는 반대를 무릅쓰고 어릴 때부터 키워왔던 꿈을 이루기 위해 생물
학과에 진학한다. 킨제이는 하버드 대학을 졸업하고 인디애나 대학
에서 생물학 교수로 재직하던 중, 현실적인 성교육을 바라는 학생
들의 요구에 따라 '결혼강좌'라는 강의를 맡게 된다. 하지만 '섹스'
와 관련된 학생들의 궁금증을 해결해 줄 만한 학술적인 자료가 너무
없다는 것을 알고 유례없는 섹스 리서치에 돌입한다. 그리고 킨제이
의 열정적인 노력에 의해 현대인의 비밀스러운 성생활에 대한 놀라
운 사실이 밝혀진다.

사람만이 있는 것이 아니고 체중 80킬로그램이 넘는 트랜스젠더도 있다.

킨제이 보고서[3]에 의하면 절대적인 이성애자를 0등급, 절대적인 동성애자를 6등급으로 등급화하였다. 결과를 보면 만 20세에서 35세 사이의 백인 남성 중 11.6%가 3등급(양성애자)에 해당하며, 동일 연령대의 미혼 여성의 7%, 이혼한 여성의 4%가 3등급에 해당한다고 한다. 또한, 만 20세에서 35세 사이의 여성 중 2~6%는 5등급, 동일 연령대의 미혼 여성의 1~3%는 6등급인 절대적 동성애자에 해당한다고 한다. 시내에 돌아다니다 보면 특히 젊은 여성들이 손을 잡고 걸어가는 경우가 많은데 외국인들은 이 모습을 보고 깜짝 놀란다고 한다. 물론 동서양의 정서적인 차이가 있기는 하지만 킨제이 분류에 의하면 0등급은 아니고 1등급 정도는 될 가능성이 높다.

영화 〈킨제이 보고서〉에서는 생물학자인 킨제이의 일대기를 관찰할 수 있는데, '개인설문조사 시 어떻게 인터뷰를 하는가?(중립성을 유지하는 방법)' 등이 잘 설명되어 있다. 설문을 통한 의학리서치에 관심이 많은 의료인들은 꼭 한번 봐야 할 영화이다.

2009년 프랑스에서는 보건부와 체육부 주관으로 '제3자의 시선에서 바라본 청소년 동성애자'라는 공모전을 개최하였는데 이 공모전은 동성애 혐오주의에 반대하는 목적으로 마련되었고, 공모의 주제는 '우리 사회에서 자신의 동성애 성향이나 양성애 성향을 발견하는 것'이었다. 총 905편의 각본이 접수되었고 영화감독 앙드레 테시네를 심사위원장으로 하여 다섯 편의 각본을 선정해 단편영화로 제작하였다. 이 중 하나가 〈농구와 수학〉(Basket et Math, 2009)'4)이다.

2015년 서울시에서 퀴어 문화 축제를 허락하는 문제로 사회적 이슈가 된 적이 있다. 2000년 연예인 홍석천이 동성애자임을 공개적으로 밝히고 2001년 트랜스젠더(성전환) 연예인 하리수가 등장하였다. 당시에는 성소수자에 대한 진지한 인식이 없어 그들을 향해 비하하고 손가락질하는 분위기가 주를 이루었고,5) 지금도 여전히 차갑기만 하다. 최근 미국에서도 특히 중고등학교에서는 성적 소수자[LGBT; 레즈비언(lesbian)과 게이(gay), 양성애자(bisexual), 트랜스젠더(transgender)의 앞 글자를 딴 것으로 성소수자를 의미]에 대한 문제가 많아지고 있으며 보건 진료에도 큰 영향을 주고 있다고 한다.6)7) 이전에는 정신의학 질환으로 분류되었으나 이들이 이제는 질병으로 분류되지 않고 있다. 그러나 소수자의 삶은 힘들기 때문에 의료인들의 폭넓은 이해와 관심이 필요하다.

---

1) 허재현. 남자였는데… 25살, 여성의 성기가 발견됐다. 한겨레 2013-12-06.
2) 킨제이 보고서 (Kinsey), 2004 드라마 미국, 독일, 118분 감독: 빌 콘돈, 출연: 리암 니슨(알프레드 킨지), 로라 린니(클라라 맥밀란).
3) [네이버 지식백과] 킨제이 보고서 (시사상식사전, 박문각).
4) 농구와 수학(Basket et Math, 2009), 단편, 프랑스, 6분, 감독: 로돌프 마르코니.
5) 김민지. 성소수자 '다름'을 이해하는 일, 제도적 지원 필요. 경남도민일보 2015-07-24.
6) Duvivier, R. J. and E. Wiley (2015). "WHO and the health of LGBT individuals." Lancet 385(9973): 1070.
7) Makadon, H. J. (2011). "Ending LGBT invisibility in health care: the first step in ensuring equitable care." Cleve Clin J Med 78(4): 220.

트로이

자비, 고통을 함께하다

Troy, 2004

영화 〈트로이〉[1]를 잘 이해하려면 그리스 신화에 대하여 조금 알아 두어야 한다. 특히 고대 그리스 호메로스의 작품인 「일리아드」(일리아스 Ilias)[2]에 나오는 이야기를 영화로 만들었기 때문에 고대 「일리아드」 서사시 이전 신화를 체계적으로 알 필요가 있다.

많은 사람들이 트로이 목마(컴퓨터 바이러스 때문에 더 유명)는 알고 있지만 인물들의 배경 등은 잘 못 알고 있는 경우가 많은데, 이 영화에서도 트로이 전쟁의 배경 신화는 알려주지 않고 아킬레스 등 일부 인물을 중심으로 영화가 진행된다. 특히 아킬레스 역할을 하는 브래드 피트의 명연기 때문에 더 유명해졌다.

그리스 신화의 가장 높은 주신 제우스(Zeus)는 소문난 바람둥이로 알려져 있으며, 많은 영웅들이 제우스와 관련이 있다. 제우스가 어느 날 바다의 여신 테티스(Thetis)의 미모에 반하였으나,

시놉시스[3]

가장 잔인하고 불운한 사랑에 빠지고 만 비련의 주인공 트로이의 왕자 파리스와 스파르타의 왕비 헬레네. 사랑에 눈 먼 두 남녀는 트로이로 도주하고, 아내를 빼앗긴 스파르타의 왕 메넬라오스는 치욕감에 떨며 미케네의 왕이자 자신의 형인 아가멤논에게 복수를 부탁한다. 이에 아가멤논은 모든 그리스 도시국가들을 규합해 트로이로부터 헬레네를 되찾기 위한 전쟁을 일으킨다. 그러나 전쟁의 명분은 동생의 복수였지만, 전쟁을 일으킨 진짜 이유는 모든 도시 국가들을 통합하여 거대한 그리스 제국을 건설하려는 야심이었다.

그러나 프리아모스 왕이 통치하고 용맹스러운 헥토르 왕자가 지키고 있는 트로이는 그 어떤 군대도 정복한 적이 없는 철통 요새이다. 트로이 정복의 결정적인 열쇠는 바다의 여신 테티스와 인간인 펠레우스 사이에서 태어난 불세출의 전쟁 영웅이고 위대한 전사 아킬레스뿐이다. 그러나 아킬레스는 전리품으로 얻은 트로이의 여사제 브리세이스를 아가멤논 왕이 빼앗아가자 몹시 분노해 더 이상 전쟁에 참가하지 않을 것을 선언하고 칩거해 버린다. 결말이 나지 않는 지루한 전쟁이 계속 이어지고 양쪽 병사들이 점차 지쳐갈 때쯤, 이타카의 왕인 지장 오디세우스(호메로스의 다른 작품인 「오디세우스」의 주인공)가 절묘한 계략을 내놓는다. 그것은 바로 거대한 목마(트로이 목마)를 이용해 트로이 성을 함락시키자는 것이다.

테티스는 아버지(남편)보다 더 나은 아들을 낳을 것이라는 신탁을 받고, 제우스는 테티스를 인간과 결혼시킨다. 테티스는 도망을 다니다가 어쩔 수 없이 펠레우스(Peleus) 왕과 결혼을 하게 되는데, 제우스는 모든 신들을 초대해 화려한 결혼식을 올려준다(이 부부의 아들이 아킬레스이다).

그런데 전쟁과 불화의 여신 에레스는 초대를 받지 못한다. 분노한 에레스는 황금 사과에 '가장 아름다운 여신께'라고 써서 결혼식장에 놔두는데, 모든 여신들은 그 사과가 자기 것이라고 주장한다. 이들 중 가장 유력한 후보 3인은 제우스의 부인인 헤라와 전처의 딸인 아테나(미네르바), 그리고 아프로디테(비너스)이다. 당연히 제우스에게 심판을 요청하였으나, 제우스는 부인과 딸이 관련이 되어 있어서 누구의 편을 들지 못하고 망설이다가, 순진한 목동 파리스에게 판단하라고 한다.

파리스는 본래 트로이의 둘째 왕자였지만 트로이를 불태우게 할 것이라는 신탁 때문에 높은 산 절벽에 버려졌다. 그를 목동이 데려다 키웠다고 하는데, 이 아이가 운명적인 심판을 하게 된다. 헤라는 부귀영화와 권세를 약속하였고, 아테나는 전쟁에서 승리와 명예를, 아프로디테는 인간 중에서 가장 아름다운 여자를 주겠다고 약속하였지만, 파리스는 부귀영화와 권세, 명예를 포기하고 아프로디테에게 이 황금사과를 주게 되면서 비극적인 트로이 역사가 시작된다.

한편 헬레나(헬레네Helen)는 제우스와 레다의 사이에서 태어난 딸인데, 레다는 스파르타의 왕 튄다레오스의 왕비였다. 어느 날 이 왕비가 제우스 눈에 띄게 되고, 제우스가 백조로 변신하여 왕비의 환심을 사게 되면서 헬레나와 쌍둥이 형제가 태어난다. 운명의 헬레나는 워낙 미모가 출중하여 어릴 때부터 많은 사람들에게 환심을 사지만, 팜므파탈처럼 헬레나 옆에 접근하는 사람은 모두 죽음을 맞이하게 된다.

영화 〈트로이〉보다 한 해 먼저인 2003년에 〈헬렌 오브 트로이〉[4]라는 TV 영화가 상영되었는데, 헬레나에 대하여 조금 다른 해석을 하고 있다. 영화 〈트로이〉의 주연인 아킬레스는 조연으로 나오고 헥토르를 죽이고 파리스에게 죽임을 당하지만 성격이 불같으며 약간 이상한 모습으로 나온다. 헬레나는 워낙 예쁘지만 버릇이 없고 말괄량이 같은 딸인데다, 왕자인 동생 및 많은 사람을 죽음에 이르게 하였기 때문에 그녀는 스파르타 왕인 계부에게도 버려지는 운명에 처한다. 이때 모든 도시 국가들을 통합하여 거대한 그리스 제국을 건설하고자 하던 아가멤논과 주변 도시국가의 왕들이 제비를 뽑아 헬레나와 결혼할 사람을 정하는데, 스파르타의 왕 메넬라오스가 선택된다.

하지만 운명은 스파르타와

화친을 청하러 스파르타를 방문한 트로이의 왕자 파리스(목동에서 왕자로 복귀)와 헬레나가 만나게 하고(여신 아프로디테의 약속), 두 사람은 트로이로 도망친다. 메넬라오스와 사령관 아가멤논을 위시한 연합군이 이들 뒤를 쫓는데 도망자를 쫓는 것이라기보다 동서양의 무역중심에 있고 황금의 나라라고 알려진 트로이를 차지하러 나가는 전쟁이다.

냉혹한 야심가 아가멤논은 트로이 방향으로 바람이 불지 않자 외동딸을 제물로 바친다. 그는 트로이로 가면서 주변 국가들을 차지하고 포로들을 잡는다. 포로 중에는 아폴론 신전 제사장인 크리세스와 그의 딸 크리세이스가 포함되었는데, 제사장이 딸을 풀어줄 것을 요구하였으나 들어주지 않아, 신들의 노여움을 사게 되어 병영에 전염병이 창궐하게 되고 많은 병사들이 죽는다. 아무도 아가멤논에게 크리세이스를 풀어주라는 말을 하지 못하지만 새파랗게 젊은 아킬레스가 용감하게 진언을 한다. 아가멤논은 화가 나서 크리세이스를 풀어주는 대신에 아킬레스의 포로인 사랑스러운 여사제 브리세이스를 빼앗아 가버린다(영화에서는 조금 다르게 나온다). 아킬레스는 화가 나서 전장에 나가지 않고 칩거한다. 「일리아드」 서사시에서는 "노래하소서, 여신이여! 펠레우스의 아들 아킬레우스의 분노를"이라고 시작한다.

앞에서 서술하였지만 아킬레스는 펠레우스 왕과 바다의 여신 테티스의 아들이다. 여신의 아들이지만 인간이어서 죽음을 피할 수 없기 때문에 어머니 테티스는 스튁스(이승과 저승을 나누고 있는 황천) 강에 아들을 담가 불사의 몸으로 만들지만, 발목 아킬레스를 잡고 있었기 때문에 이 부분이 치명적인 약점이 된다.

트로이 원정이 계획되었을 때 아킬레스에게 신탁이 주어지는데 "만일 네가 트로이에 가면 엄청난 명예를 얻고 후세에 이름을 남기게 되겠지만 단명할 것이고, 가지 않는다면 오래 살지만 아무런 명예도 얻지 못하리라."는 것이었다. 이 신탁을 듣고 어머니 테티스는 아들을 여장을 시켜 왕궁 공주들 사이에 숨겨 놓지만, 오디세우스와 디오메데스가 박물장수로 변장해 공주들이 있는 곳에 여러 가지 보석과 목걸이 등 패물을 놓아두고, 공주들이 구경하고 있는 사이에 전쟁이 났다는 뿔나팔을 불게 하여 이에 놀란 아킬레스가 칼을 들고 나오는 바람에 들키게 된다.

영화 〈트로이〉에서 아킬레스의 참전과 죽음에 대한 교훈은 인간이란 "자신의 운명을 직접 선택할 수 있는 주체적인 존재"라는 사실일 수 있으며, 권력(돈)과 명예, 사랑 중에서 아프로디테를 선택한 파리스의 심판일 수 있다(제우스 부인인 헤라나 딸인 아테나 여신을 선택하였다면…). 인간은 흔들리는 갈대에 불과하지만 운명이라고 해도 선택할 수 있는 자유의지를 가진 개체로서, 욕망의 자유보다는 욕망으로부터의 자유를 먼저 생각하고 실천하여야 한다.

황금만능주의 시대에 살고 있는 우리는 파리스의 선택을 잘 못되었다고 생각할 수 있다. 하지만 파리스는 본인이 왕자인 줄 몰랐던 아주 순진한 목동이었다. 그렇기 때문에 제우스가 파리스를 선택하였고, 그리하여 권력과 돈, 명예, 미인 등 뇌물에 흔들리지 않고 '가장 아름다운 여신'을 뽑을 수 있었다. 이때의 파리스가 가장 순진한 인간다운 인간일 것이다.

그렇지만 이 영화의 다른 관점들이 논의되고 있는데, TED 강의와 '자비의 헌장'으로 유명하고 종교학자이며 종교비평가로 활동하고 있는 카렌 암스트롱은 「일리아드」(트로이)에서 헥토르 부친인 불쌍한 프리아모스가 아킬레스를 만나서 죽은 아들을 내어 달라고 하는 장면이 자비(Compassion)를 설명하고 있다고 말한다. 종교학자 배철현도 그리스 문명은 바로 이 정신, '남의 아픔을 자신의 아픔으로 여기는' 서(恕)의 정신으로 시작되었다고 주장한다.[5]

"나는 지금 세상 어느 것과도 바꿀 수 없는 그 시체를 가지러 왔습니다." "오, 아킬레우스여! 신들을 생각하고 당신의 아버지를 기억하십시오! 당신의 아버지를 위해 내게 은총을 내리십시오!"

아킬레스는 자기 발 앞에 무릎 꿇고 애원하는 프리아모스의 백발을 보고 그를 일으켜 세우면서 말한다.

"프리아모스여! 당신은 여기까지 신의 도움이 아니면 올 수가 없습니다. 어떤 인간도 감히 내 앞에 설 수 있는 존재는 없습니다. 저는 당신의 간청을 받아들입니다. 저는 당신의 아들 헥토르에 대한 사랑에 감동받았습니다."

아킬레스는 눈물을 흘리며 말한다. 프리아모스는 사랑하는 아들 헥토르를 위해 울고 아킬레스는 아버지와 친구 파트로클로스를 위해 울었다. 이들의 울음소리가 얼마나 컸던지 온 집안에 가득 찼다. 아킬레스는 헥토르를 내어주고, 장례식을 위하여 12일간 휴전한다.

카렌 암스트롱는 『신을 위한 변론』(the Case for GOD)[6]에서 자비(Compassion)라는 말은 '고통을 함께 한다'라는 라틴말 'compassio'에서 나왔으며, '남의 고민을 덜어주고 싶은 마음, 남의 고통을 가엾게 여기는 마음'이라고 한다. 이 세상 모든 종교들이 한결같이 주장하는 바에 의하면, 진정한 영성은 다른 사람과 같이 느낄 줄 아는 실천적 공감(Compassion)으로 부단히 표현되어야 한다고 주장한다. 사람들은 동정심을 가지는 대신 올바르게 살고 싶어 하기 때문이고 이런 생각이 종교적 실행 목적을 좌절시킨다고 한다. 즉 옳고 그름을 평가하고 판단하다가 공감은 하지만 자비를 베풀 수 있는 기회(행동)를 놓친다는 것이다.

의학에서 가장 중요한 정신인 Sympathy(동정, 공감), Empathy(공감, 감정이입)라는 개념이 최근에는 Compassion(자비, 실천적 공감)의 개념으로 진보해가고 있는데, 자비(慈悲)는 남을 깊이 사랑하고 가엾게 여김 또는 그렇게 여겨서 베푸는 혜택을 말한다. 어머니의 마음으로 사랑하고, 남을 불쌍히 여기는 마음과 행동으로 도와주는 긍휼(矜恤)의 정신이라고 할 수 있다.

대부분 머리로는 알고 있으나 행동은 부족한 경우가 많은데 이런 영화를 보고 덕을 실천하여 심의(心醫[7] : 다른 사람으로 하여금 늘 마음이 편안케 하는 인격을 지닌 인물이고 환자가 그 의사의 눈빛만 보고도 마음의 안정을 느끼는 경지, 환자에 대해 진실로 긍휼히 여기는 마음가짐)가 되어야 한다. 그러기 위해 힘들고 고된 여정을 가는 것이고, 이것이 좋은 의사가 되는 길이 아닐까 한다.

✿ ───

1) 트로이 Troy, 2004, 감독: 볼프강 페터젠.

2) 고대 그리스 호메로스의 작품으로 유럽인의 정신과 사상의 원류가 되는 그리스 최대 최고의 민족 대서사시. 《일리아스》는 도시 트로이의 별명 일리오스(Ilios)에서 유래한 것이며, '일리오스 이야기'라는 뜻이다. 두산백과 일리아스(Ilias).

3) 네이버 영화 - 트로이 https://movie.naver.com/movie/bi/mi/basic.nhn?code= 37742

4) 헬렌 오브 트로이 Helen Of Troy, 2003, 감독; 존 켄트 해리슨.

5) [배철현 교수의 인간과 신] ⑧ 恕 (恕=心+如) 매일경제 2012-09-07.

6) 카렌 암스트롱. 정준형 (역) 신을 위한 변론 - 우리가 잃어버린 종교의 참의미를 찾아서. 웅진지식하우스, 2010.

7) 원재훈 [21세기 '사기열전(史記列傳)' ⑧] 편작 창공 열전, 신동아 2009-08-01.

팀 바티스타 파이널 : 케르베로스의 초상

사인 규명을 위한 영상 부검

Team Batista Final, 2014

최근 모 제약회사에서 항암제를 개발하다가 사망사고 때문에 무산되었다는 뉴스가 보도된 적이 있는데, 약을 개발하려면 신약의 안정성과 환자의 요구, 약의 임상시험 허가(식약청) 등 서로 상충하는 복잡한 문제가 발생할 수 있다.

〈팀 바티스타 파이널〉[1]에서도 이런 문제를 다루고 있다. 이 영화는 약을 개발하던 인물들의 살해 사건에 대한 범죄 스릴러이며, 일본의 인기 의학 드라마인 '팀 바티스타' 시리즈의 완결판이다. 또한 부제로 케르베로스의 초상이라는 어려운 말을 사용하였는데, 케르베로스는 그리스 신화에 등장하는 머리가 세 개 달린 지옥의 파수꾼 사냥개를 말한다. 따라서 케르베로스의 초상은 본 영화의 주제 중의 하나인 AI(Autopsy Imaging) 즉 죽은 사람의 사망원인을 규명하기 위한 영상부검(影像剖檢)[2]을 간접적으로 표현한다고 볼 수 있다.

시놉시스

바티스타 수술 팀의 영광 3 – 아리아드네의 탄환에서는 '사인 불명 사회'라는 일본의 불명예에 대한 신랄한 비판과 더불어 사후 검시 체계인 AI(영상부검)센터 설립을 위한 사법 기관과 병원 측의 대결이 긴장감 속에 펼쳐지는 내용이다. 이 영화에서도 의약품 개발에 관여하였던 연구자, 실무자와 의사 등 10명이 별장 지하에서 사망하는 사건이 발생하는데, 정밀한 차세대 MRI를 사용하여 완전범죄로 미궁에 빠질 뻔한 사건이 해결된다.

〈팀 바티스타〉 시리즈

1. 팀 바티스타의 영광 (The Glorious Team Batista), 2008, 감독 : 나카무라 요시히로.
2. 제너럴 루주의 개선 (The Triumphant Return of General Rouge, 2009, 감독: 나카무라 요시히로
3. 바티스타 수술 팀의 영광 3 - 아리아드네의 탄환(Team Batista 3: Ariadne no Dangan, 2011, 감독: 호시노 카즈나리
4. 바티스타 수술 팀의 영광 4 - 나전미궁(Team Batista 4 螺鈿迷宮), 2014, 감독: 이마이 카즈히사
5. 그 외에도 '바티스타 수술 팀의 영광 - '나이팅게일의 침묵', '바티스타 수술 팀의 영광 - 새로운 미궁으로 초대' 등 드라마가 있다.

1970년대 후반부터 『코마』를 집필한 로빈 쿡을 비롯한 많은 의사 출신 작가들이 메디컬 스릴러 분야에 진출하게 되는데, 일본에서 전직 외과의사이며 현재 병리전문의로 대학병원 AI 정보연구 추진실장을 맡고 있는 가이도 다케루는 2004년 『바티스타 수술 팀의 영광』으로 데뷔하였으며,[3] 이후 많은 드라마 및 책을 집필하는 등 베스트셀러 작가이다(동명의 소설들이 영화 혹은 드라마로 제작되었다).

최근 연구에 의하면 발굴 시 황금가면을 쓰고 있었던 이집트의 소년 파라오의 사인이 기존에 알려졌던 말라리아와 골절이 아니라 발목뼈(주상골, navicular bone)가 괴사되는 '쾰러병'(Kohler disease)이라고 하는데, BBC 다큐에 의하면 과학자들이 시신을 컴퓨터 단층촬영으로 2000차례 이상 촬영하여 처음으로 실물 크

기의 디지털 이미지를 구현해 냈으며 유전자 분석을 통하여 유전병으로 사망하였다는 것을 규명하였다는 것이다.[4] 이렇게 미라, 시신을 컴퓨터 단층촬영 등 영상검사를 하여 사망원인 등을 검사하는 것을 가상부검(Virtual autopsy, Virtopsy)이라고 한다.[5]

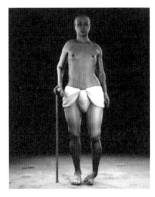

CT 촬영을 통해 실제 크기로 구현한 고대 이집트의 파라오 투탕카멘 [자료=CNN][6]

일본에서도 높은 영유아 사망의 원인을 규명하기 위해 부검(Autopsy)을 시행하지만 모든 사망자를 시행할 수 없고 부검을 한다고 해도 100% 알 수 없다. 특히 사인에 대해 제대로 된 검사 한번 실시하지 못한 채 억울하게 죽음을 맞이하는 사람이 없도록 하기 위해 컴퓨터 단층촬영이나 MRI 영상을 이용한다고 하는데 이를 AI라고 한다. 사망 후에 검사하는 영상진단 방법이며 진단율은 컴퓨터 단층촬영이 30%, MRI가 60% 정도 된다고 하는데, 이 영상들을 정밀 분석할 수 있는 국가 중앙센터로 보내 전문가들의 의견을 첨부하여 정밀도를 높인다고 한다. 즉 사인 규명에는 부검이 중요하지만 이들 영상이 법의학적으로 사인을 규명하는 데 중요한 단서를 제시하기도 한다는 것이다. 특히 사인에 납득하지 못하는 병원이나 유족들의 원인 규명 요구가 점점 높아지고 있는 추세여서, 부검과 달리 시신을 손상시키지 않아 유족의 심리적 저항이 적은 것도 큰 장점이다.

몇 년 전 큰 사회적인 반향을 일으킨 백남기 농민 사건에서와 같이 부검을 주장하는 경찰(정부)과 부검을 거부하는 유족 간에 논쟁이 많았는데, '외인사가 확실하지만 부검이 필요하다'는 주장도 있었다. 그렇지만 수술 전후에 찍은 컴퓨터 단층촬영에 대한 영상부검 전문가의 분석이 있었다면 좋지 않았을까 하는 생각도 든다. 전 대한의사협회 회장의 말대로 '의료에는 좌우가 없다'고 하지만 보수적인 의사와 진보적인 의사들 사이에 사안을 보는 시각 차이가 있는 것은 어쩔 수 없는 현실인 것 같다. 옳고 그름으로 싸우는 것보다 서로의 차이를 존중하면서 진실에 접근해 가는 것이 중요하다.

이 영화의 작가인 가이도 다케루는 본인의 여러 책과 영화에서 컴퓨터 단층촬영 등 영상검사를 통하여 원인이 규명되는 이야기를 전개한다. 이번 영화에서는 리바이어던이라는 거대한 MRI(9테슬라)가 소개되는데 현미경 수준의 해상도를 가지고 있어서 중수(중수소와 산소의 결합으로 만들어진 물)의 존재를 규명하는 등 사망원인을 더 정밀하게 분석할 수 있다고 한다. MRI에서 나오는 자기장 단위인 테슬라(Tesla)의 숫자가 높아질수록, 즉 자기장이 셀수록 정밀한 영상을 얻을 수 있다. 많은 병원에 설치된 3T MRI의 분해능이 약 1mm 단위였다면 7T MRI은 약 $200\mu m$ 단위의 미세혈관까지 분석할 수 있다. 7테슬라 MRI의 무게는 48톤으로 3T MRI보다 6배 무겁고 가격도 수십 억에 이른다(3테슬러의 3배). 영화에서는 이보다 더 정밀한 9테슬라라고 한다. 작가의 의학적인 지식도 엄청나지만 원인 미상 사망자에 대한 영상부검의 도입을 적극적으로 주장한다.

몇 년 전 소위 신해철법을 탄생시킨 병원 내 사망 사건에서도 최선을 다했다는 의사와 의료사고라는 환자 가족 사이에 많은 논란이 있었다. 부검을 통하여 많은 사실이 알려지기도 하였지만 시술한 의사의 주장과는 다른 결과도 있었으며 결과에 이르게 한 중요한 경과에 대한 것은 무시되는 것 같은 느낌을 받았다.

영화 주인공인 후생성의 시라토리 씨의 직책처럼 '의료과실사 관련 중립적 제3기관'이 활성화되고 좌우 어느 쪽으로도 치우치지 않은 진실만을 말하는 사람이 많아지고 이런 사람들이 존중받는 시대가 오기를 기대해 본다.

1) 팀 바티스타 파이널 – 케르베로스의 초상 (2014) 감독; 시노 카즈나리.
2) Autopsy Imaging를 '사망 시 화상 진단'이라 번역하는 사람들이 많으나 영상부검(影像剖檢) 혹은 영상검시(影像檢屍)이라고 번역하는 것이 좋을 것 같다.
3) 윤영천 [decca의 미스터리 탐구] 의사 출신 작가들 http://ch.yes24.com/Article/View/32026
4) Roberts, Michelle (16 February 2010). 'Malaria and weak bones' may have killed Tutankhamun. BBC News
5) Bolliger, S. A. and M. J. Thali (2015). "Imaging and virtual autopsy: looking back and forward." Philos Trans R Soc Lond B Biol Sci 370(1674).
6) 투탕카멘 컴퓨터로 부활시켜보니, 사인은 유전병? 헤럴드경제 2014-10-22. http://biz.heraldcorp.com/view.php?ud=20141022000585

히어애프터

죽음 이후의 세계가 궁금하다

Hereafter, 2010

저 세상(내세)이라는 의미의 영화 〈히어애프터〉는 클린트 이스트우드 감독이 만든 것으로 '죽음을 겪은 여자'와 '죽음을 보는 남자', 그리고 '죽음과 함께 하는 아이'를 통하여 죽음과 관련된 세 가지 기적에 관한 내용이다.

2004년 인도네시아에 쓰나미가 발생하여 많은 사상자가 발생하였는데, 정치 르포 기사를 쓰던 기자이며 여자 주인공 마리는 심폐소생술로 다시 살아나면서 근사체험을 한다. 또한 남자 주인공 조지는 사고로 뇌를 다친 후에 다른 사람의 전생을 볼 수 있고 죽은 자와 통신할 수 있는 능력이 생긴다. 또 다른 주인공 마커스라는 아이는 쌍둥이 형이 사고로 죽었는데 이 쌍둥이 형과 이야기(사후통신)를 하고 싶어 영매들을 찾지만 그 뜻을 이루지 못한다. 영화는 이들이 서로 교차하면서 근사체험과 내세, 사후통신 등을 풀어간다.

미국에 사는 조지는 평범한 듯 보이지만 사후세계와 소통할 수 있는 특별한 능력을 지니고 있다. 하지만 본인이 원하지 않은 능력 때문에 사랑하던 여인마저 떠나보내고 남모를 고통을 겪는다. 갑작스러운 쓰나미에 죽음의 문턱까지 가는 경험을 한 프랑스 출신 마리는 그 후 사후세계를 파헤쳐 가면서 그동안 보이는 사실만을 믿던 기자로서의 삶에 커다란 변화를 맞이한다. 한편, 런던의 소년 마커스는 사고로 자신의 반쪽과 같은 쌍둥이 형을 잃고 삶 저편 세계에 대한 해답을 얻으려 간절히 찾아다닌다. 각기 다른 방식으로 죽음을 접하고 각자의 삶을 찾던 세 인물은 우연히 한 시점에서 만나게 되고, 그 기적을 공유한다.

근사체험(Near-Death Experience, 임사체험)은 사람이 죽음에 이르렀다가 다시 살아난 체험을 의미한다. 이것은 1970년대 레이몬드 무디 2세와 엘리자베스 퀴블러-로스 등에 의해 본격적인 연구가 시작됐다. 육체와 분리되어(유체이탈) 본인의 육체를 내려다보기도 하고, 이제까지의 인생 경험이 짧은 시간 동안 파노라마처럼 펼쳐지는 것을 경험하기도 하며, 어두운 터널을 통과하여 밝은 빛이 빛나는 아름다운 공간을 경험하기도 한다. 또한 작고한 가족이나 친지 혹은 절대자를 만나서 황홀경이나 충만한 기쁨을 경험을 하다가 현세로 돌아온다는 공통점을 가지고 있다. 그러나 인종이나 사는 곳의 문화, 종교적 배경에 따라 그 경험이 약간씩 차이가 난다고 알려져 있다.

근사체험을 직접 경험해 본 사람은 그 경험을 오랫동안 잊지 못하며, 이후 정신세계가 변하여 종교를 갖거나 삶이 바뀌는 경우가 많다고 한다. 이전에 특히 기독교 등에서는 영혼불멸과 사후세계 등의 증거로 받아들여 신자들에게 희망을 주기도 하였으나, 최근에는 새로운 의미에서 과학적 연구의 대상으로 삼고 있다. 신경생물학의 발달에 따라 현재 가장 지지받고 있는 이론은 '죽어가는 뇌(Dying brain)' 가설이며 기능적 자기공명영상(Functional MRI, fMRI) 등이 발달하면서 새로운 이론이 정립되어 가고 있다.

사후세계 혹은 내세는 모든 종교의 고유영역이라 볼 수 있다. 사후세계에 대해 침묵하는 종교는 없으며, 구약 성경을 같이 사용하고 있는 유대교 · 그리스도교 · 이슬람교 등에서는 천국 · 지옥을 중시하고, 힌두교·불교에서는 윤회·해탈을 중시한다. 종교의 기본이며 필요조건은 내세와 심판이다. 그러나 우리나라에서는 내세 개념이 뚜렷하지 않은 유교의 영향을 받아서인지 죽음이나 사후세계에 대해 적극적으로 생각하지 않는 것 같다. "개똥밭에 굴러도 이승이 좋다." "거꾸로 매달아도 사는 세상이 낫다." 는 속담처럼 고생스럽게 살더라도 사는 것이 낫다고 생각하는 것이며, 죽음이나 사후세계에 대해 살피는 것은 최대한 미루고 싶어한다. 종교의 기본은 착하게 살면 상을 받고 악하게 살면 벌을 받는다는 상선벌악(賞善罰惡)이지만 그보다 높은 차원이 요구된다. 불교에서는 깨달음(成佛)이라 볼 수 있고 기독교에서는 '네 이웃을 네 몸같이 사랑하라.'를 실천하는 것이다. 사후세계(천국)는 믿는 사람 모두에게 보장된 것이 아니라 지상명령인 희생과 봉사를 통해, 이웃을 잘 사랑하여야(행동으로 실천) 도달한다는 것이다.

영화 〈디스커버리〉(The Discovery, 2017)에서 어떤 저명한 물리학자가 사후세계가 실제로 존재한다는 것을 과학적으로 밝혀냈는데, 400만 명이 넘는 사람들이 현재의 삶을 포기하고 새로운 삶을 시작할 수 있는 곳으로 가기 위해 스스로 목숨을 끊는 상황이 발생하게 된다. 이에 물

리학자인 아들이 아버지의 위험한 연구를 막기 위해 비밀 실험을 하는 섬으로 찾아가면서 신비한 경험을 하는 이야기이다. 그러나 죽은 사람의 뇌를 연결해 보니, 그 사람들이 가지 않은 길 혹은 정말 되돌아가고 싶은 곳으로 되돌아가는 여정이라는 것이고, 사후세계 개념과는 차이가 있었다는 것이다.

〈히어애프터〉의 남자 주인공처럼 사고 이후에 특별한 능력을 획득하는 것을 후천적 석학 증후군(acquired savant syndrome)이라고 한다. 올리버 색스라는 유명한 신경과 의사가 쓴 책『뮤지코필리아』에서는 '번개를 맞고 갑자기 음악을 사랑하게 된 남자'의 이야기를 전하고 있는데, 뇌손상을 입거나 뇌졸중, 뇌종양, 전측두엽성 치매에 걸린 뒤에 이런 능력들이 갑작스럽게 발생하는 경우가 있다. 특히 왼쪽 측두엽에 손상이 있을 때 이런 능력이 나타나는 경우가 많다고 한다. 2002년 미국의 제이슨 패지튼은 강도에게 무차별 폭행을 당하여 뇌출혈 수술을 받은 후, 모든 사물이 프랙털(Fractal, 기하학적이고 단순한 구조가 전체적으로 끊임없이 반복되는 구조) 구조로 보이는 수학 천재가 되었다고 한다.

이 영화에서 남자 주인공은 사고 후에 다른 사람의 신체를 접촉하면 그 사람의 전생이 보이고, 사후세계 사람들과 소통할(영매靈媒) 수 있다.

영매는 우리말로는 무당이라고도 한다. 세상에는 죽은 자들과 소통할 수 있다고 주장하는 사람들도 많고, 그들이 사기라는 것을 쫓아다니며 증명하는 단체도 있다. 그런 이야기 중에 사이비 종교

단체의 교주 헬레나 블라바츠키와 유명한 영매 유사파아 팔라디노가 거짓이라고 밝혀낸 심령연구학회 회원 리처드 호지슨이라는 사람이 유명하다. 그런데 그 사람이 인정한 레오노라 파이퍼라는 출중한 능력을 가진 영매도 있다. 그는 "까마귀가 검다는 법칙을 뒤집으려고 모든 까마귀가 검지 않다고 증명할 필요는 없다."면서 "단 한 마리라도 흰 까마귀가 있다는 것을 증명하면 그것으로 충분하다. 내가 말하는 흰 까마귀란 레오노라 파이퍼다."라고 하였다. 검은색 백조가 한 마리라도 발견된다면 흑조(Black swan)가 있다는 것이 증명된다는 것이다.

영화 〈사랑과 영혼〉(Ghost, 1990)에서는 죽은 사람의 영혼이 영매를 통하여 자기를 죽인 살인자를 제보하지만, 경찰은 영매의 유령 이야기를 믿지 않으며 오히려 영매가 사기꾼 전과가 있는 것을 밝혀내고 그녀를 비난한다.

한편 〈히어애프터〉의 쌍둥이 동생 아이는 죽은 형의 말을 듣기 위하여 많은 영매를 찾아다니지만 그 뜻을 이루지 못하다가, 남자 주인공 영매를 만나 죽은 쌍둥이 형과 소통(사후통신)하게 된다.

인간의 영혼과 육체와의 관계 중에는 인간은 결국 물질적인 존재라고 보는 유물론적 관점이 있다. 이들에 의하면 인간의 지성, 정신, 영혼이라는 것들도 결국은 물질이 거듭 발전해 나가는 과정에서 생겨난 산물이라고 본다. 그러니 인간이 수명을 다하면 정신도 함께 소멸될 수밖에 없다는 것이다. 둘째로는 영혼은 영원히 존재하고 육체는 악하고 유한하다는 이원론의 관점이다. 영혼은 이성의 힘으로 육체에 얽매여 있는 욕망을 극복해야 하고, 영혼이 자유로워지는 길은 결국 육체를 떠나는 것이라 보았다. 끝으로, 영혼과 육체의 완전한 합일체로서 인간을 보는 관점이다. 그리스도교의 관점은 분명히 영혼과 육신은 하나라고 주장한다. 육체가 있기 때문에 인간은 선을 행할 수 있고 다른 사람과 정서적인 교류를 할 수 있게 되었다는 것이다.[2] 쉽게 말하면 하나이면서도 둘이고 둘이면서도 하나라는 것이다. 육체는 원수가 아니고 생명, 기쁨, 평화를 받아 늘 행복을 표현해야 하는 곳이며, 몸이 건강해야 마음도 건강하다는 말이 있듯이 둘은 분리할 수 없는 하나이다. 성 이냐시오회 유시찬 신부는 존재의 대사슬(영원의 철학)에서 물질(material), 몸(body), 정신(mind), 혼(soul), 영(spirit), 신성(die Gottheit) 등 여러 개념을 단계별로 설명하고 있다.

"우리는 영적인 체험을 하는 인간이 아니라,
인간 체험을 하고 있는 영적인 존재이다." – 테야르 드 샤르댕

죽음 이후의 세계를 증명할 어떤 증거는 없다. 그러나 임사체

험이라는 간접(?) 체험을 한 사람들의 인생이 바뀌는 것을 보면 무엇인가 좋은 것이 있을 가능성이 있다. 그러니 죽음이 멀리 있을 때부터 좋은 삶을 사는 사람이 많아진다면 세상이 더 좋아질 것이다.

당연히 이들 영화는 사실을 기반으로 한 영화가 아니고 작가와 감독의 있음직한 일들에 대한 상상의 날개를 편 허구(픽션)지만, 한 번쯤 사후세계에 대해 관심을 기울이면서 영적 수준(영성)을 높이는 것도 좋지 않을까 생각된다. 죽음이 다가왔을 때 두렵고 슬프게 느껴진다면 불행한 사람이고, 죽음을 긍정적으로 맞아들인다면 영적 성장을 이룬 사람일 것이다.

---

1) 네이버 영화 - 히어애프터 Hereafter, 2010.
2) 신나고 힘나는 신앙: 차동엽 신부의 「가톨릭교회 교리서」 해설 - 육신은 죄 덩어리가 아니다. 인간의 영혼과 육신은 하나다! 가톨릭신문 2014-01-05.

About Ray ——————————————————————— 216

The Agony And The Ecstasy ————————————— 189

Awakening ——————————————————————— 178

Billy Elliot ——————————————————————— 166

The Children Act ————————————————————— 295

Collateral Beauty ————————————————————— 063

Concussion ——————————————————————— 023

Creation ————————————————————————— 303

The C World ——————————————————————— 207

The Danish Girl ————————————————————— 216

David And Bathsheba ———————————————————— 089

Delivery Man ——————————————————————— 117

Don Quixote ——————————————————————— 106

Doubt ————————————————————————— 125

The Eighth Day ————————————————————— 288

Ending Note ——————————————————————— 243

First Do Not Harm ————————————————————— 172

Garden of Wind ————————————————————— 152

Gattaca ————————————————————————— 015

원제로 영화 찾아보기

God's Not Dead — 303
Hector And The Search For Happiness — 049
Her — 032
Hereafter — 331
The Hunt — 041
I Feel Pretty — 072
I Just Didn't Do It — 041
I Origins — 200
I, Daniel Black — 055
In the Wood — 125
Isn't It Romantic — 072
Jakob The Liar — 281
A Job, Who Is Near Us — 243
Kinsey — 312
Millions — 138
The Monuments Men — 131
Nobel's Last Will — 082
Now And Forever, Yeolliji — 253
Pay It Forward — 195
The Professor — 243
Punch — 260
Secret Sunshine — 145
Shadow Hal — 072
Team Batista Final — 325
Troy — 316
Unbrocken — 232
Unbrocken:Path to Redemption — 232
The Unknown Girl — 223
Veronica Decides To Die — 160
The Whistleblower — 273
The Wife — 098
Youth — 267

341

심장 내과 의사의
따뜻한 영화 이야기

글쓴이 장경식

1판 1쇄 인쇄 2021. 8. 1.
1판 1쇄 발행 2021. 8. 15.

펴낸곳 예지 **| 펴낸이** 김종욱
표지 · 편집 디자인 예온

등록번호 제 1-2893호 **| 등록일자** 2001. 7. 23.
주소 경기도 고양시 일산동구 호수로 662
전화 031-900-8061(마케팅), 8060(편집) **| 팩스** 031-900-8062

ⓒ Chang, Kyoung-Sig 2021
Published by Wisdom Publishing, Co.
Printed in Korea

ISBN 979-11-87895-22-0 03680

예지의 책은 오늘보다 나은 내일을 위한 선택입니다.